POLICE

福建警察学院实训教材系列

侦查学实训教程

主　编：褚红云

副主编：林　伟　黄小英　雷　阳

撰稿人（按撰写章节为序）：

褚红云　王连蒲　陈拥滨　黄小英　洪容容　黄泽政

林　伟　闫霞飞　阮书敏　唐俊强　雷　阳

厦门大学出版社
XIAMEN UNIVERSITY PRESS
国家一级出版社
全国百佳图书出版单位

图书在版编目(CIP)数据

侦查学实训教程/褚红云主编.—厦门:厦门大学出版社,2021.6
ISBN 978-7-5615-8269-5

Ⅰ.①侦… Ⅱ.①褚… Ⅲ.①刑事侦察学—高等学校—教材 Ⅳ.①D918

中国版本图书馆 CIP 数据核字(2021)第 122526 号

出 版 人 郑文礼
责任编辑 甘世恒

出版发行 厦门大学出版社
社　　址 厦门市软件园二期望海路 39 号
邮政编码 361008
总　　机 0592-2181111　0592-2181406(传真)
营销中心 0592-2184458　0592-2181365
网　　址 http://www.xmupress.com
邮　　箱 xmup@xmupress.com
印　　刷 厦门集大印刷有限公司

开本 720 mm×1 020 mm　1/16
印张 21.25
插页 2
字数 365 千字
版次 2021 年 6 月第 1 版
印次 2021 年 6 月第 1 次印刷
定价 87.00 元

厦门大学出版社
微信二维码

厦门大学出版社
微博二维码

目 录

总论　侦查训练*

项目一　侦查人员应具备的能力体验训练

(一)训练目的

通过实训,学员能够对侦查人员应具备的能力产生感性认识。

(二)训练方案设计

对侦查人员应具备的能力进行分解。学员围绕各种能力,进行具体化的理解与模拟化操作。

(三)训练要求

1.实训时数:2 课时。

2.人员分工:以班为单位进行训练,每班 12 人,一个班即一个小组。根据侦查能力进行人员具体分工。

3.场所:学校实训场所办案区。

4.器材设备:侦查办案所需的各种器材设备。

5.要达到的效果:透彻理解各种侦查能力,通过实际操作使学员对应具备的能力产生感性认识。

(四)训练依据

本训练属观察性、操作性模拟训练。实训依据是《侦查学总论》之侦查主体。

---

* 撰稿人:褚红云。

(五)组织实施

1.指导教师对侦查能力进行科学准确的分解并选择可以训练的能力类别。

2.实训分小组进行,学员各负其责,在指导教师的指导下,围绕相关能力,用已备好的器材进行实际操作。

3.一种能力训练结束,再训练下一种能力,直至所有选定的能力训练结束。

4.训练结束,学员写出实训报告。

(六)考评依据及方式

1.组织管理(10分):根据人员到位、器材设备准备、规定任务按时完成情况评分。

2.器材的选择与使用(20分):根据选择器材设备的合适程度及使用情况评分。

3.程序步骤的合规(20分):根据能否依照规定实施进行评分。

4.相关能力展示及感知(30分):根据是否正确展示相关能力及对相关能力的感知情况进行评分。

5.实训报告的制作(10分):根据实训报告的质量评分。

6.其他(10分):指导教师自由评判。

在以上指标中,组织管理、器材的选择与使用、程序步骤的合规、相关能力展示及感知、其他等由指导教师临场观察、群内考察评分;实训报告由指导教师根据实训组所完成的实训报告评分。

(七)其他

注意实训中的安全与器材保护等。

项目二 同一认定原理理解训练

（一）训练目的

通过实训，学员能够对同一认定原理产生感性认识。

（二）训练方案设计

围绕鉴定型与非鉴定型同一认定的区分、形象特征与运动习惯特征同一认定的区分、同一认定的条件设计训练方案。

（三）训练要求

1.实训时数：2 课时。

2.人员分工：以班为单位进行训练，每班 12 人，一个班即一个小组。

3.场所：学校实训场所办案区。

4.器材设备：相关造型客体、侦查办案所需的各种器材设备。

5.要达到的效果：对同一认定原理产生一定深度的感性认识。

（四）训练依据

本训练属观察性、操作性模拟训练。实训依据是《侦查学总论》之侦查学原理。

（五）组织实施

1.指导教师对同一认定原理训练的内容进行选择，并设计具体的训练方案。

2.实训分小组进行，学员各负其责，在指导教师的指导下，围绕设计的项目，使用已经准备好的器材进行实际操作。

3.联系侦查学原理对相关现象进行分析。

4.训练结束，学员写出实训报告。

(六)考评依据及方式

1.组织管理(10分):根据人员到位、器材设备准备、规定任务按时完成情况评分。

2.器材的选择与使用(10分):根据选择器材设备的合适程度及使用情况评分。

3.鉴定型与非鉴定型同一认定的区分(20分):根据区分的科学性、准备性评分。

4.形象特征与运动习惯特征同一认定的区分(20分):根据区分的科学性、准备性评分。

5.同一认定的条件设计训练方案(20分):围绕客体的物质性、反映性,客体特征的特定性、相对稳定性、可识别性的把握情况评分。

6.实训报告的制作(10分):根据实训报告的质量评分。

7.其他(10分):指导教师自由评判。

在以上指标中,组织管理、器材的选择与使用、其他等由指导教师临场观察、群内考察评分;鉴定型与非鉴定型同一认定的区分、形象特征与运动习惯特征同一认定的区分、同一认定的条件设计训练方案、实训报告由指导教师根据实训组所完成的实训报告评分。

(七)其他

注意实训中的安全与器材保护等。

第一章　侦查程序、步骤训练

项目一　侦查流程实训*

(一)训练目的

通过实训,学员能明确刑事案件侦查总流程。

(二)训练方案设计

学员把自己的身份定位为福州市公安局仓山分局刑侦大队的侦查员。正在值班的侦查员接到报案:有一位叫陈云山的老年人在仓山盖山汽车站被人骗去 2.1 万元。于是,侦查人员启动侦查程序,先根据《公安机关办理刑事案件程序规定》指出应制作的侦查文书,而后根据法律规定制作相关的侦查文书。

(三)训练要求

1.实训时数:4 课时。

2.人员分工:以班为单位进行训练,每班 12 人,一个班即一个小组。每组设指挥人员 1 人,在指挥员的指挥下各组成员分工负责,指出侦查诈骗案件需要关注的环节,列出各个环节需要制作的侦查文件,并根据需要制作相关的侦查文书。

3.场所:学校实训场所办案区。

4.器材设备:制作侦查卷宗所需材料(制作侦查卷宗整套材料)。

* 撰稿人:褚红云。

5.要达到的效果:明确侦查诈骗案件需要关注的环节;列出各个环节需要制作的侦查文件;制作相关的侦查文书。

(四)训练依据

本训练属操作性模拟训练。通过实训,学员进一步巩固侦查程序知识,提升侦查文书制作能力。实训依据是《公安机关办理刑事案件程序规定》。

(五)组织实施

1.指导教师指明案件设计方向,即指明案件类别、发案地点、被害人,其他案件情节由学员自行设计。实训前,学员应将案件重要情节设计清楚。

2.在规定的时间内,在指挥员的指挥下,小组成员分头完成侦查流程、各环节需要制作的法律文件、相关文书制作等任务。最后,将文件制成简要侦查卷宗,并写出实训报告。

(六)考评依据及方式

1.组织管理(10 分):根据人员到位、器材设备准备、规定任务按时完成情况评分。

2.诈骗案件侦查流程(15 分):根案件侦查流程列的准确度评分。

3.各环节需要制作的法律文件罗列(15 分):根据所需法律文件的完整度、准确度评分。

4.侦查卷宗(30 分):根据侦查卷宗的质量评分。

5.实训报告(20 分):根据实训组表现、对侦查程序的认识及总结评分。

6.其他(10 分):指导教师自由评判。

在以上指标中,组织管理、其他等由指导教师临场观察、群内考察评分;诈骗案件侦查流程、各环节需要制作的法律文件、侦查卷宗、实训报告由指导教师根据实训组所完成的实训报告评分。

(七)其他

注意实训中的安全与器材保护等。

项目二　受案训练*

(一)训练目的

通过训练,学员能够熟练掌握受理案件的一般程序,并针对报案情况作出合理的紧急处置,做到能够依法、规范受案与调查核实,学会受案登记表与受案笔录的制作。

(二)训练方案(情节)设计

2016年5月12日上午8点30分,首山市公安局刑侦大队接到高盖山公园派出所报案称:今天上午8点20分左右接到一晨练人员报告,该公园东面靠围墙的一块空地上发现一具尸体,公园派出所接到报告后就赶到了现场。

1.现场情况:现场位于公园东面,离派出所约500米的一块空地上,尸体头东脚西呈卷曲状,头部布满血痕,身上衣服口袋被翻到外侧,手上握着似提包的提把,尸体附近有一片杂乱的脚印,还有一大片散状血迹。

2.尸体情况:该尸体为男尸,身上有多处伤痕,其中致命伤为头部。初步尸检系受重物敲击,颅骨骨折,颅内大出血死亡。

3.报告人情况:为一晨练人员(李清杨),每天固定到这边空地上锻炼,已退休,当天因家中有事稍迟才来。其已经被挽留在公园。

4.当时天气情况:阴暗闷热,原本早上很好的太阳,但没多久天上布满乌云,同时显得很热,没有一丝风。

刑侦大队接到公园派出所报告后,迅速指令侦技人员前往现场,大队长指派侦查员吴元、郑植负责对退休的晨练人员做好询问等受理案件工作。

(三)训练要求

1.实训时数:2课时。

2.人员分工:以班为单位进行训练,每班12人。设实训指挥人员1人(仅

* 撰稿人:王莲蒲。

限于实训的指挥)，现场警戒人员2人；侦查人员2人：扮吴元、郑植；技术人员2人沈辉煌(法医)、王明辉；派出所警员1人：扮刘庆元；晨练人员1人：扮李清杨；见证人2人：扮见证人郑明星、苏小斌。余下1人组织些人员扮演围观群众，侦技人员负责实训报告的制作。

3.场所：在高盖山公园实地进行初步的受案、勘验等工作，后期移至警院实训场馆内办案中心的询问室等。

4.器材设备(工具)：交通工具、勘验器材、制作笔录材料、受案所需的法律文书、法律手续(询问通知书等)、警察常规设备(含执法记录仪)等。

5.要达到的效果：根据设计的内容、情节由学员扮演各角色实施受理案件实训，并当场制作"受案登记表"、询问笔录以及训练报告。

(四)训练依据

本训练属观察性、操作性模拟训练。通过实训，巩固知识、训练技能、提高操作能力。实训依据：《公安机关办理刑事案件程序规定》第169条至第177条之规定、侦查学教材中侦查程序受案的内容。

(五)组织实施

1.指导教师进行方案设计，并在实训前将设计的情节(脚本)提交给本实训小组成员。

2.在规定的时间内，在指挥员的指挥下，参与实训的人员到达训练现场；指挥员指挥，各角色根据脚本实际操作；扮演群众的学员就近观察。

3.勘验、受案结束后，指导教师当场提出以下问题(书面)：

(1)侦查人员如何通过先期到达现场的派出所警员刘庆元了解现场及现场保护情况以及案件的其他方面情况？

(2)询问晨练人员(李清杨)重点内容是什么？

(3)本案中受案线索来源是什么途径？

(4)受案应注意的问题是什么？

(5)如何制作"受案登记表"及"受案回执表"？

4.最后各组要完成实训报告。

(六)考评依据及方式

1.组织管理(20分)：根据人员到位、器材设备准备、规定任务按时完成情况评分。

2.角色扮演(20 分):根据与规定情节的相符度与真实度评分。

3.规定情节、动作完成(20 分):根据完成的规范程度、合法程度、合理程度评分。

4.实训报告(30 分):根据实训组表现、对规定问题的回答情况及其他评分。

5.其他(10 分):指导教师自由评判。

在以上指标中,组织管理、角色扮演、规定情节完成、其他等由指导教师临场观察,当场评分;实训报告由指导教师根据实训组所完成的实训报告评分。

(七)其他

注意实训中的安全与器材保护等。

项目三　立案训练*

(一)训练目的

通过训练,学员熟练掌握立案的条件和程序,做到能够依法、规范立案,学会制作"呈请立案报告书"和"立案决定书"。

(二)训练方案(情节)设计

2018 年 4 月 1 日夜 11 点左右,在首山路一个小吃店刚吃好饭准备回家的尹强发现姜三丰正在往前妻马珊珊住处走去。妒火中烧的尹强立刻打电话给开出租车的同学包立山和自己在"110"工作的警察妹夫潘涛。尹对潘说:"你嫂子给我戴绿帽子了,我要把那人腿打断,你要帮我!"潘当即答应。

三人赶往马珊珊住处后,潘某以警察身份喊门,姜三丰一开门,尹某看到马珊珊和姜衣衫不整的样子,立即和潘、包二人上前殴打姜,在马珊珊的跪地哀求下,三人暂时停止了殴打。潘随手拿起姜放在床头的手机对姜说:"你可

* 撰稿人:王莲蒲。

认识我？我就是公安局110指挥中心的潘涛，如果你今天不老实，我喊两个蛮子过来治死你！”随即，潘又掏出自己的手机打电话喊人，10分钟后，过来两个30岁左右的东北人（身份不明），进来问清情况后即和潘一起对姜进行再次殴打，在阻拦过程中，马珊珊的白金项链不知被谁拽走。

打完后，潘等人让姜掏钱了事。尹、潘在姜的手包中翻出银行卡数张，逼其说出密码。根据潘涛的安排，潘和一个东北人在马珊珊住处守着马珊珊，另外三人和姜一起去取钱，先后在县城农业银行和工商银行自动取款机上取得现金计18000元。回到住处，潘、尹等人又威逼姜写下10万元借条，称姜三丰今借尹强人民币10万元，自愿用宝来汽车作抵押。后潘涛、尹强等人随姜一起去某洗浴中心将汽车开出，交给潘涛。第二天，潘涛又数次打电话威胁姜三丰尽快将借条上的10万块钱交出，不然就弄死他。

姜三丰无奈，随即于4月2日上午10点向首山市公安局刑侦大队报案，值班民警李强、王朝接受了报案。

（三）训练要求

1.实训时数：2课时。

2.人员分工：以班为单位进行训练，每班12人。设实训指挥人员1人（仅限于实训的指挥，同时扮演局领导）；值班民警2人：李强、王朝；刑侦大队侦查人员2人：扮吴元、郑植；受害人2人：姜三丰、马珊珊（女）；侦技人员负责实训报告的制作。

3.场所：警院实训场馆内办案中心的询问室等。

4.器材设备（工具）：交通工具、勘验器材、制作笔录材料、受案所需的法律文书、法律手续（询问通知书等）、警察常规设备（含执法记录仪）等。

5.要达到的效果：根据设计的内容、情节由学员扮演各角色实施受理案件实训，并当场制作“立案登记表”、相关笔录以及立案训练报告。

（四）训练依据

本训练属观察性、操作性模拟训练。通过实训，巩固知识、训练技能、提高操作能力。实训依据：《公安机关办理刑事案件程序规定》第178条至第185条之规定、侦查学教材中侦查程序立案的内容。

(五)组织实施

1.指导教师进行方案设计,并在实训前将设计的情节(脚本)提交给本实训小组成员。

2.在规定的时间内,在指挥员的指挥下,参与实训的人员到达训练现场;指挥员指挥,各角色根据脚本实际操作。

3.具体完成以下项目内容:

(1)进行立案前的审查;

(2)制作"立案决定书";

(3)本案定性;

(4)立案中应注意的事项。

(六)考评依据及方式

1.组织管理(20 分):根据人员到位、器材设备准备、规定任务按时完成情况评分。

2.角色扮演(20 分):根据与规定情节的相符度和真实度评分。

3.规定情节、动作完成(20 分):根据完成的规范程度、合法程度、合理程度评分。

4.实训报告(30 分):根据实训组表现、对规定问题的回答情况及其他评分。

5.其他(10 分):指导教师自由评判。

在以上指标中,组织管理、角色扮演、规定情节完成、其他等由指导教师临场观察,当场评分;实训报告由指导教师根据实训组所完成的实训报告评分。

(七)其他

注意实训中的安全与器材保护、保密等。

项目四 分析案情训练*

(一)训练目的

通过训练,学员能够明确分析案情的基本依据及主要内容,掌握分析案情的方法,做到规范研判。

(二)训练方案(情节)设计

2016年1月9日下午14时,陈珍爱(女,41岁,安溪县湖头镇上格村人)向南安公安局刑侦大队报案称:其于11时30分在溪美办事处河滨公园外侧河边树丛下发现一具女尸(余香菇,女,45岁,安溪县湖上乡人),下身赤裸,身上沾有血迹,疑为凶杀。要求进行现场勘查。

勘验检查情况:现场位于南安市溪美办事处河滨公园北侧河边(溪美河滨路五州门诊对面50米处)的树丛中,五州门诊门前为河滨路,河滨路呈东西走向,东面通往泉州,西面通往安溪,河滨路北侧为河滨公园,河滨公园北面是一条宽5米东西走向的土路,土路的北侧为树丛。中心现场位于该树丛中,现场北侧是西溪南岸,东侧是空地,西南面是一些土堆,土堆的东面是一条从土路通往现场的小路。中心现场是一块6米×5米的空地。地上布满落叶及干树枝,该空地分为两个部分,靠北面的是一处4米×3米的空地,靠南面的是一处2米×2米的空地,南面的空地要比北面的高40厘米,两个空地及小路和现场连接的地方有一些长条状的石材和一些芦苇、竹子等植物,北面空地靠北侧见一女尸。尸体头朝北,腿朝南,头部有明显的伤痕(详见尸检报告),头及身上沾有血迹,地面上有大量血迹。死者上外着红色毛衣,上内着紫色秋衣、白色内衣,下外着灰色长裤,内着白底带红色碎花秋裤、白色内裤。毛衣及秋衣卷至胸部,内衣内翻到乳房上,长裤的左裤腿完全脱掉,右裤腿位于右脚脚踝处,秋裤右裤腿及内裤位于右大腿中部,鞋袜完好。外裤里面的口袋内见有两个"双一"牌避孕套,在尸体两大腿间的地上见有血

* 撰稿人:王莲蒲。

迹、一带血的石块及一个撕开并带血的避孕套外包装袋。尸体东侧 1.7 米处见一处血泊，血泊上方的竹叶上（离地面高 80 厘米）沾有一些血迹，竹子南面的地面上见有一带血的卫生纸，血泊北面 10 厘米处的地上见有大量血迹及一块带血的石块。尸体东南面 40 厘米处见有大量血迹及一块带血的石块。尸体东南面 1.5 米处也见有一带血的石块，上述四块带血的石块上见有新鲜的断裂痕迹，且可以拼合成一个长 18 厘米、高 11 厘米、宽 10 厘米的石块。尸体东南面距尸体 2.0 米的地面上见有一团卫生纸及一个带血的避孕套，该避孕套外翻，血迹位于内侧，外侧上未见有明显的精液残留。北面与南面空地中间的石板上见有血迹，尸体南面 2.7 米处是南面的空地，南面的空地靠西侧地面铺有芦苇及海绵等物。

现场勘验检查提取避孕套、石块等痕迹。

通过现场访问，了解到河滨公园等地存在中老年人在这里进行卖淫嫖娼的行为。

（三）训练要求

1.实训时数：2 课时。

2.人员分工：以班为单位进行训练，每班 12 人。设实训指挥人员 1 人（仅限于实训的指挥，同时任刑侦大队长）；其余 11 人均作为侦技人员参加现场分析会议，就本案的案情进行全面的分析研判，并负责实训报告的制作。

3.场所：警院实训场馆内办案中心。

4.器材设备（工具）：电脑、投影仪、多媒体设备、记录材料、警察常规设备（含执法记录仪）等。

5.要达到的效果：根据设计的内容、情节由学员扮演侦查员，就现有材料对案件中的各个问题进行分析研判。并当场制作《现场勘验检查情况分析报告》，分析案情，这是一场智力、知识、能力的综合考量。

（四）训练依据

本训练属观察性、研判性（思维性）模拟训练。通过实训，巩固侦查知识，训练分析判断、表达、思考技能、提高操作能力。实训依据：《公安机关办理刑事案件程序规定》第 155 条至第 161 条之规定、侦查学教材中侦查程序受案的内容。

(五)组织实施

1.指导教师进行方案设计,并在实训前将设计的情节(脚本)提交给本实训小组成员。

2.在规定的时间内,在指挥员的指挥下,参与实训的人员到达训练现场;指挥员指挥,各角色根据脚本实际操作、进行分析研判;并当场制作《现场勘验检查情况分析报告》。

3.具体完成以下问题的分析研判:

(1)对案件性质的判断;

(2)对犯罪时间的分析;

(3)对犯罪地点的推断;

(4)对犯罪工具、手段方法的推断;

(5)对实施犯罪人数的推断;

(6)对犯罪动机的推断;

(7)对罪犯在现场活动过程的判断;

(8)对犯罪嫌疑分子条件的分析;

(9)确定侦查方向和范围。

(六)考评依据及方式

1.组织管理(10分):根据人员到位、器材设备准备、规定任务按时完成情况评分。

2.角色扮演(10分):根据与规定情节的相符度和真实度评分。

3.规定情节、动作完成(40分):根据对案情相关问题分析研判的完成规范程度、合法程度、合理程度评分。

4.实训报告(30分):根据实训组表现、对规定问题的回答情况及其他评分。

5.其他(10分):指导教师自由评判。

在以上指标中,组织管理、角色扮演、规定情节完成、其他等由指导教师临场观察,当场评分;实训报告由指导教师根据实训组所完成的实训报告评分。

(七)其他

分析研判中的思维方法、能否用科学的方法进行推导,以及其他注意事项等。

项目五　制定侦查方案训练*

(一)训练目的

通过训练,学员掌握制定侦查方案的基本要求,做到能够及时、规范地制定侦查方案,以指导侦查实践。

(二)训练方案(情节)设计

2014 年 1 月 1 日晚 8 时 40 分,辽明钢铁厂女工在上厕所途中被砸重伤。1 月 2 日凌晨 6 时 15 分,辽明化工厂 230 车间开水房女工张苗花被杀死在水房并被奸尸。经查,自 2012 年以来,辽钢、辽化两厂连续发生了十余起跟踪守候单独活动女工进行伤害、流氓、强奸等犯罪的系列案件。从所发的案件来看,作案时间多在夜间及凌晨,作案工具多为铁棒或砖头等物,作案手段多采取尾随或预伏,然后趁受害人不备时袭击头部,再进行流氓、强奸等活动。

(三)训练要求

1.实训时数:2 课时。

2.人员分工:以班为单位进行训练,每班 12 人。设实训指挥人员 1 人(仅限于实训的指挥,同时任刑侦大队长);其余 11 人均作为侦技人员参加制定侦查方案的研判会。

3.场所:警院实训场馆内办案中心。

4.器材设备(工具):电脑、投影仪、多媒体设备、记录材料、警察常规设备(含执法记录仪)等。

5.要达到的效果:根据设计的内容、情节,由学员扮演侦查员就现有材料对案件进行分析研判的基础上,当场制作《某某系列案件侦查工作方案》。

---

* 撰稿人:王莲蒲。

(四)训练依据

本训练属研判性(思维性)模拟训练。通过实训,巩固侦查知识,训练分析判断、表达、思维、写作技能、提高办案能力。实训依据:《公安机关办理刑事案件程序规定》第 213 条至第 216 条之规定、侦查学教材中侦查程序与步骤的内容。

(五)组织实施

1.指导教师进行案情设计,并在实训前将设计的情节(脚本)提交给本实训小组成员。

2.在规定的时间内,在指挥员的指挥下,参与实训的人员到达训练现场;指挥员指挥,各角色根据脚本实际操作、进行分析研判;并当场制作《某某系列案件侦查工作方案》,指导教师就本案侦查工作计划当场提出以下问题(书面):

(1)为什么要制定侦查工作方案?

(2)制定侦查工作方案有哪些形式?

(3)侦查工作方案的内容是什么?

(4)制定侦查工作方案时应如何选择侦查途径?

3.最后各组要完成实训报告。

(六)考评依据及方式

1.组织管理(10 分):根据人员到位、器材设备准备、规定任务按时完成情况评分。

2.角色扮演(10 分):根据与规定情节的相符度和真实度评分。

3.规定情节、动作完成(40 分):根据在制定侦查方案前能否全面了解两厂已发案件,并能合理进行串并案的规范程度、合法程度、合理程度与制定侦查方案内容的全面性等评分。

4.实训报告(30 分):根据实训组表现、对规定问题的回答情况及其他评分。

5.其他(10 分):指导教师自由评判。

在以上指标中,组织管理、角色扮演、规定情节完成、其他等由指导教师临场观察,当场评分;实训报告由指导教师根据实训组所完成的实训报告评分。

(七)其他

注意实训中的安全与器材保护等。

项目六　推进侦查方法训练*

(一)训练目的

通过训练，学员掌握推进侦查的方法，做到能够根据案件情况采取针对性的措施开展侦查。

(二)训练方案(情节)设计

2016 年 1 月 25 日，受害人叶菊艳(女，18 岁，在校高中学生)家人从云阳县城租房处回云阳县清水乡老家"杀年猪"，因叶菊艳左膝刚做完手术，遂独自一人在出租房居住。1 月 27 日 11 时许，叶菊艳父亲叶天兵与叶天菊、胡于兵、胡易成从老家返回出租房，敲门无人应答，拨打叶菊艳手机显示关机，以为叶菊艳在家睡觉或不在家，直至当日 16 时许，仍无法联系到叶菊艳。叶天兵遂从隔壁 8-2 房的阳台翻入 8-1 家中，发现叶菊艳仰卧在卧室的床上，身上盖着被子，头上套着一红色塑料袋，颈部和胸腹部有多处刀伤，被子上有大量血迹，已经死亡。胡于兵立即用手机拨打 110 向云阳县公安局报警。该案正处春节前夕，现场地处云阳县城北部新区居民小区，案发后现场聚集群众较多，受害人又系在校学生、单身女性，其影响较为恶劣。

接警后，云阳县公安局高度重视，侦技人员赶赴现场，开展现场勘查、调查走访等工作。确认该案为他杀后，县局迅速启动命案机制。

勘查现场发现：该现场为一室一厨一卫两卧的框架结构，门向东开，防盗门和锁未见撬压痕迹，防盗门内侧锁芯插有一串钥匙；进入现场是客厅，客厅东侧是厨房，厨房北侧是卫生间，卫生间北侧是东西方向并排的两间卧室；客厅、厨房、卫生间、东侧卧室未见其他异常痕迹。

* 撰稿人：陈拥滨。

卧室靠北墙距东墙 15 厘米有一张竹床，床上有一具女尸。尸体呈仰卧状，头朝西南脚朝东北，头顶部距南侧床头 8 厘米，左脚脚尖部距离东墙 10 厘米，右脚呈卷曲状。死者上身裸体，下身穿一条粉红色内裤，左脚膝盖处绑有绷带，赤足。尸体头部套有一个红色塑料袋，口部被白色医用胶带封住，呈“十”字状，嘴里塞有一条红领巾。尸体下面铺有一条粉红色的床单，在床单上面有一处面积为 100 厘米×90 厘米的血泊。尸体上盖有一条红、蓝、灰色相间的棉被，在棉被上发现一面积为 80 厘米×45 厘米的黏附血迹。在竹床西侧地面上凌乱堆放有大量衣物，衣物东南侧地面发现一面积为 10 厘米×9 厘米的滴落血迹。将衣服移开后，地面上发现一个带血卫生纸团。在紧靠竹床南侧床头处摆放有一个纸盒，纸盒上发现一面积为 3 厘米×5 厘米的滴落血迹。纸盒东侧靠东墙有一个木箱，木箱呈开启状，在木箱北侧边沿见一处面积为 1.5 厘米×3 厘米的血迹。卧室靠南墙距房门摆放有一张木桌，在木桌桌面上东北侧摆放有一卷直径为 5 厘米的白色医用胶带。卧室靠西墙抵北墙有一个木质衣柜，衣柜柜门呈开启状态，衣柜内无衣物，在衣柜东侧地面上凌乱摆放有许多衣物。

现场提取了嫌疑 DNA 等物证。

另外，房屋门窗未发现攀爬、踩踏痕迹。

深入调查走访。该房是叶天兵一家 5 口租住；1 月 25 日 9 时许，叶天兵和老婆谢发香、小女儿叶菊兰、儿子叶朝钢 4 人回老家杀猪，大女儿叶菊艳因膝盖刚做了手术，行走不便，便一人留在出租房；叶菊艳表兄胡易成反映，1 月 26 日 19 时许，其与妹妹叶菊艳通过电话；叶菊艳生前使用一部号码为 1359443××××直板智能荣耀牌手机，但现场未发现。

（三）训练要求

1.实训时数：2 课时。

2.人员分工：以班为单位进行训练，每班 12 人。设实训指挥人员 1 人（仅限于实训的指挥，同时任刑侦大队长），其余 11 人均作为侦技人员参加做好推进侦查的工作。

3.场所：警院实训场馆内办案中心及利用社会上的一些资源。

4.器材设备（工具）：电脑、投影仪、多媒体设备、记录材料、视频数据调取处理和利用（下载、拷贝）工具、警察常规设备（含执法记录仪）等。

5.要达到的效果：根据案情设计的内容、情节，由学员扮演侦查员就现阶

段如何推进侦查工作，主要采取哪些措施进行有效的侦查。

（四）训练依据

本训练属操作性的模拟训练。通过实训，明确侦查措施实施的法律依据；掌握各项侦查措施运用的原则、程序、方法和技巧；巩固侦查知识、提高办案能力。实训依据：侦查学教材中侦查程序与步骤的内容。

（五）组织实施

1.指导教师进行案情设计，并在实训前将设计的情节（脚本）提交给本实训小组成员。

2.在规定的时间内，在指挥员的指挥下，参与实训的人员到达训练现场；指挥员指挥，各角色根据脚本实际操作、进行分析研判与侦查分工。

3.在观察同学们操作的基础上，指导教师就本案推进侦查工作当场提出以下问题（书面）：

（1）为什么说在侦查方案制定后，侦查工作就进入了侦查措施的具体落实和实施阶段？

（2）推进侦查的方法有哪些？

（3）推进侦查后发现的侦查线索如何进行查证？

（4）如何确定重点嫌疑对象？

4.最后各组要完成实训报告。

（六）考评依据及方式

1.组织管理（10 分）：根据人员到位、器材设备准备、规定任务按时完成情况评分。

2.角色扮演（10 分）：根据与规定情节的相符度和真实度评分。

3.规定情节、动作完成（40 分）：根据在推进侦查中能否根据本案具体情况采取针对性侦查措施，并能够在采取各种措施时严格按照法定程序进行等指标进行评分。

4.实训报告（30 分）：根据实训组表现、对规定问题的回答情况及其他评分。

5.其他（10 分）：指导教师自由评判。

在以上指标中，组织管理、角色扮演、规定情节完成、其他等由指导教师临场观察，当场评分；实训报告由指导教师根据实训组所完成的实训报告评分。

（七）其他

注意实训中的安全与器材保护等。

项目七　规范取证训练*

（一）训练目的

规范取证贯穿整个侦查的过程，调查每种证据都必须依照法定程序。在具体运用时，每种侦查措施和收集每种证据都有相当的规范，但无论是何种措施或收集何种证据，都应当遵循合法、全面及禁止自证其罪的取证规则。通过实训，学员能够掌握这三种规则在侦查过程中的应用。

（二）训练方案设计

学员把自己的身份定位为福州市公安局仓山分局刑侦大队的侦查员。2018年4月20日晚20时，犯罪嫌疑人黄星（男，1998年9月19日出生，辍学，父母离异）在福州市仓山区首山路万园小区，通过破坏大门锁芯的方式入户3栋201室陈正南家中进行盗窃，盗得手表1块（经鉴定价值为300余元）和现金100余元，后离开现场。福州市公安局仓山分局刑侦大队接到陈正南报案后，于当晚23时，在仓山区上渡街道某夜宵店抓获犯罪嫌疑人黄星，当场查获现金100余元，但未发现被盗的手表及作案工具，犯罪嫌疑人黄星当场供认自己盗窃的事实，但称手表及作案工具扔到河里了。主办该案的侦查人员姚金国、刘志贵，以其涉嫌入户盗窃为由将黄星刑事传唤到仓山分局办案区进行讯问。经依法讯问，犯罪嫌疑人黄星供述作案工具“丁”字螺丝刀和盗窃而来的手表放在租住处，其与父亲租住在福州市仓山区上渡街道上三路的锦绣花园4栋105室，其父亲黄建国晚上在家里睡觉。请结合规范取证的三个规则，到犯罪嫌疑人黄星的租住处进行取证，并制作相应的文书。

* 撰稿人：陈拥滨。

(三)训练要求

1.实训时数:2 课时。

2.人员分工:以班为单位进行训练,每班 12 人,一个班即一个小组。每组设指挥人员 1 人,在指挥员的指挥下各组成员分工负责,指出侦查过程中需要关注的环节,列出各个环节需要制作的侦查文件,并根据需要制作相关的侦查文书。

3.场所:学校实训场所办案区。

4.器材设备:公安网执法系统(模拟训练系统)、打印机、制作侦查卷宗所需材料(制作侦查卷宗整套材料)、执法记录仪(或其他音视频录制工具)。

5.要达到的效果:初步掌握调取某类证据所需的程序,列出该环节需要制作的侦查文件,制作相关的侦查文书及材料。

(四)训练依据

本训练属操作性模拟训练。通过实训,学员能够进一步巩固侦查程序知识,提升侦查材料组织和综合能力。实训依据《中华人民共和国刑事诉讼法》的规定及《公安机关现场执法视音频记录工作规定》等。

(五)组织实施

1.指导教师指明案件设计方向,即指明案件发生的时间、地点、被害人、犯罪嫌疑人、涉案物品、犯罪嫌疑人家属,其他案件情节及笔录材料由学员自行设计。实训前,学员应事先准备电子材料,将案件重要情节设计清楚。

2.在规定的时间内,在指挥员的指挥下,小组成员分头完成侦查流程、各环节需要制作的法律文件、相关文书制作等任务。最后,将文件制成简要侦查卷宗,并写出实训报告。

(六)考评依据及方式

1.组织管理(10 分):根据人员到位、器材设备准备、规定任务按时完成情况评分。

2.审核证据及措施是否可达规范取证的条件(15 分):根据文件准备的准确度评分。

3.审核卷宗材料是否完善(15 分):根据文件准备的完整度、准确度评分。

4.执法系统流程及纸质材料装订(30分):根据侦查卷宗的质量评分。

5.实训报告(20分):根据实训组表现、对破案程序的认识及总结评分。

6.其他(10分):指导教师自由评判。

在以上指标中,组织管理、其他等由指导教师临场观察、群内考察评分;取证流程、各环节需要制作的法律文件、侦查卷宗、实训报告由指导教师根据实训组所完成的实训报告评分。

(七)其他

注意保障执法办案模拟系统正常运行,爱护实训器材等。

项目八　破案训练*

(一)训练目的

通过实训,明确刑事案件侦查破案流程。

实训背景:2013年1月1日起,程序法及相关规定已经取消了破案这一环节,但为了刑侦数据的统计方便,不少实战部门及政法部门仍然在考评或应用系统中保持破案这一环节。

一般来说,除了统计破案率外,还应同时分析立案数、采取强制措施的人数、逮捕数、公诉数、重刑率、案件办结率等案件数据,才能更为客观地衡量当地治安情况和刑侦工作情况。

(二)训练方案(情节)设计

2018年4月20日晚20时,犯罪嫌疑人黄星(男,1998年9月19日出生,辍学,父母离异)在福州市仓山区首山路万园小区,通过破坏大门锁芯的方式入户3栋201室陈正南家中进行盗窃,盗得手表1块(经鉴定价值为300余元)和现金100余元,后离开现场。福州市公安局仓山分局刑侦大队接到陈正南报案后,于当晚在仓山区上渡镇某夜宵店抓获犯罪嫌疑人黄星,当场查获被

* 撰稿人:陈拥滨。

盗的手表、现金100余元和一把自制作案工具“丁”字螺丝刀。主办该案的侦查人员姚金国、刘志贵，将该案立为入户盗窃案进行侦查，以其涉嫌入户盗窃为由对其执行了刑事拘留。犯罪嫌疑人黄星如实供述了自己的违法犯罪行为，侦查人员姚金国在犯罪嫌疑人被刑事拘留后的第三日收集到了犯罪嫌疑人黄星的户籍证明。

（三）训练要求

1.实训时数：2课时。

2.人员分工：以班为单位进行训练，每班12人，一个班即一个小组。每组设指挥人员1人，在指挥员的指挥下各组成员分工负责，指出破案环节中需要关注的环节，列出各个环节需要制作的侦查文件，并根据需要制作相关的侦查文书。

3.场所：学校实训场所办案区。

4.器材设备：公安网执法系统（模拟训练系统）、打印机、制作侦查卷宗所需材料（制作侦查卷宗整套材料）。

5.要达到的效果：掌握破案的条件、列出该环节需要制作的侦查文件；收集本案破案所需的材料、制作相关的侦查文书。

（四）训练依据

本训练属操作性模拟训练。通过实训，学员能够进一步巩固侦查程序知识，提升侦查的材料组织和综合能力。实训依据是福建省公安执法系统及《公安机关办理刑事案件程序规定（修正）》（公安部令第35号，【颁布时间】1998-5-14，【失效时间】2013-1-1）。

破案理由和标准参照原法条，但不引用法条依据，呈批仍按原来的流程，由办案单位逐级报至法制及所属的公安机关负责人批准。

（五）组织实施

1.指导教师进行案情设计，并在实训前将设计的情节（脚本）提交给本实训小组成员。

2.在规定的时间内，在指挥员的指挥下，小组成员分头完成侦查流程、各环节需要制作的法律文件、相关文书制作等任务。最后，将文件制成简要侦查卷宗，并写出实训报告。

(六)考评依据及方式

1.组织管理(10 分):根据人员到位、器材设备准备、规定任务按时完成情况评分。

2.审核证据及措施是否可达破案条件(15 分):根据文件的准备的准确度评分。

3.审核卷宗材料是否完善(15 分):根据文件的准备的完整度、准确度评分。

4.执法系统流程及纸质材料装订(30 分):根据侦查卷宗的质量评分。

5.实训报告(20 分):根据实训组表现、对破案程序的认识及总结评分。

6.其他(10 分):指导教师自由评判。

在以上指标中,组织管理、其他等由指导教师临场观察,群内考察评分;破案流程、各环节需要制作的法律文件、侦查卷宗、实训报告由指导教师根据实训组所完成的实训报告评分。

(七)其他

注意保障执法办案模拟系统正常运行,爱护实训器材等。

项目九　销案训练*

(一)训练目的

明确销案程序,做到能够依法、规范撤销案件,掌握撤销的法定情形及学会材料收集和相关法律文书的制作执行。

(二)训练方案(情节)设计

2018 年 4 月 20 日晚 20 时,犯罪嫌疑人黄星(男,2002 年 9 月 19 日出生,辍学,父母离异)在福州市仓山区首山路万园小区,通过随身携带的匕首、螺丝

* 撰稿人:陈拥滨。

刀等工具技术性地开锁入户盗窃，在受害人陈正南的卧室盗得香烟 3 包(经鉴定价值为 100 余元)和现金 100 余元后正欲离开时，被刚好回家的受害人陈正南发现，受害人陈正南抓住犯罪嫌疑人黄星不让其离开，两人扭打当中犯罪嫌疑人黄星咬住受害人的手臂，受害人陈正南手臂被咬疼放手(经鉴定为轻微伤)，犯罪嫌疑人乘机跑走。

仓山公安分局接到陈正南报案后，于当晚在仓山区上渡镇某夜宵店抓获犯罪嫌疑人黄星，当场查获被盗的香烟、现金 100 余元及作案工具匕首和螺丝刀。主办该案的侦查人员姚金国、刘志贵，将该案立为抢劫案进行侦查，因犯罪嫌疑人黄星故意隐瞒自己的真实身份，故无法查清其真实年龄，侦查人员以其涉嫌抢劫为由对其执行了刑事拘留。

为查清犯罪嫌疑人的真实身份，侦查人员姚金国、刘志贵通过人像比对系统调查了多个疑似该黄星的人员，终于在刑事拘留后的第三日查清了犯罪嫌疑人黄星的真实身份，并收集到了犯罪嫌疑人黄星的户籍证明，确认了黄星的年龄不满 16 周岁。因该犯罪嫌疑人黄星已满 14 周岁不满 16 周岁，情节显著轻微、危害不大，不认为是犯罪，侦查人员于查清黄星身份的当日呈请撤销案件，并立即释放犯罪嫌疑人黄星，将黄星转治安拘留处罚，但因未满 16 周岁，不执行治安拘留处罚，责令其监护人严加管教。

(三)训练要求

1.实训时数：1 课时。

2.人员分工：以班为单位进行训练，每班 12 人。设实训指挥人员 1 人(仅限于实训的指挥)；侦查人员 2 人：扮姚金国、刘志贵；犯罪嫌疑人 1 人：扮黄星(男)；受害人员 1 人：扮陈正南；公安局相关人员 4 人：扮看守所值班民警 1 人、刑侦大队领导 1 人、法制大队值班民警 1 人、分局领导 1 人；犯罪嫌疑人监护人 1 人。余下 2 人负责实训报告的制作。

3.场所：警察学院普通教室。

4.器材设备(工具)：制作笔录材料、警察常规设备(含执法记录仪)、法律手续、户籍证明。

5.要达到的效果：根据设计的内容、情节由学员扮演各角色，实施讯问以及法律手续审批和履行。

(四)训练依据

本训练属程序性、操作性模拟训练。通过实训,巩固知识、训练技能、提高判断、操作能力。实训依据:《中华人民共和国刑事诉讼法》第16条,《公安机关办理刑事案件程序规定》第131条、第186条,《最高人民法院关于审理未成年人刑事案件具体应用法律若干问题的解释之搜查规定》第10条中的相关内容。

(五)组织实施

1.指导教师进行方案设计,并在实训前将设计的情节(脚本)提交给本实训小组成员。

2.在规定的时间内,在指挥员的指挥下,参与实训的人员到达训练现场;指挥员指挥,各角色根据以下脚本进行实际操作:

(1)依据附照片的户籍证明,在福州市第一看守所针对犯罪嫌疑人黄星的身份进行讯问。

(2)在公安机关制作《呈请撤销案件报告书》,填写《撤销案件决定书》,制作《呈请释放报告书》,填写《释放通知书》、《释放证明书》。

(3)文书送达看守所、犯罪嫌疑人(含监护人)、受害人。

(4)将未成年犯罪嫌疑人移交其监护人严加管教。

3.结束后,指导教师当场提出以下问题(书面),并要求说明理由:

(1)办案单位将该案先立为抢劫案进行侦查是否正确?

(2)查清犯罪嫌疑人的身份后,进行讯问是否需要通知其监护人到场?

(3)该案是否符合撤销案件的条件?

(4)撤销案件的相关文书应该呈请哪些部门审批?

(5)撤销案件相关文件应该送达哪些当事人?

4.学员围绕实训组表现及以上问题完成实训报告。

(六)考评依据及方式

1.组织管理(20分):根据人员到位、器材设备准备、规定任务按时完成情况评分。

2.角色扮演(20分):根据与规定情节的相符度和真实度评分。

3.规定情节、动作完成(20分):根据完成的规范程度、合法程度、合理程度评分。

4.实训报告(30 分):根据实训组表现、对规定问题的回答情况及其他评分。

5.其他(10 分):指导教师自由评判。

在以上指标中,组织管理、角色扮演、规定情节完成、其他等由指导教师临场观察,当场评分;实训报告由指导教师根据实训组所完成的实训报告评分。

(七)其他

注意实训中的安全与器材保护等。

项目十　侦查终结(或制作卷宗)训练*

(一)训练目的

通过实训,学员能够掌握案件终结的条件,学会制作相关文书及卷宗。

(二)训练方案(情节)设计

2018 年 4 月 20 日晚 20 时,犯罪嫌疑人黄星(男,1998 年 9 月 19 日出生,辍学,父母离异)在福州市仓山区首山路万园小区,通过随身携带的匕首、螺丝刀等工具技术性地开锁入户盗窃,在受害人陈正南的卧室盗得香烟 3 包和现金 100 余元后正欲离开时,被刚好回家的受害人陈正南发现,受害人陈正南抓住犯罪嫌疑人黄星不让其离开,两人扭打当中犯罪嫌疑人黄星咬住受害人的手臂,受害人陈正南手臂被咬疼放手(经鉴定为轻微伤),犯罪嫌疑人乘机跑走。

仓山公安分局接到陈正南报案后,将该案立为抢劫案进行侦查,主办该案的侦查人员姚金国、刘志贵,于当晚在仓山区上渡镇某夜宵店抓获犯罪嫌疑人黄星,当场查获被盗的香烟、现金 100 余元及作案工具匕首和螺丝刀。侦查人员当晚刑事传唤了犯罪嫌疑人黄星,并在仓山公安分局办案中心讯问了犯罪

* 撰稿人:陈拥滨。

嫌疑人黄星，黄星对自己的犯罪事实供认不讳，4 月 21 日侦查人员以其涉嫌抢劫为由对其执行了刑事拘留，羁押于福州市第一看守所。

4 月 24 日因被盗香烟鉴定价值未完成，侦查人员将黄星的刑事拘留期限延长至 7 日，4 月 27 日被盗香烟价值鉴定意见为 195 元，侦查人员当日向检察机关提请逮捕犯罪嫌疑人黄星，5 月 3 日检察机关批准逮捕犯罪嫌疑人黄星，并由公安机关执行了逮捕。逮捕期间，侦查人员完善了现场勘查材料、受害人的伤情鉴定材料、犯罪嫌疑人的户籍证明及前科材料（其有盗窃前科且刑事释放未达 5 年），也对犯罪嫌疑人是否有余罪进行了深挖讯问。

5 月 11 日侦查人员认为该案可以侦查终结，并制作了侦查终结报告书、起诉意见书、换押证、移送物品清单（作案工具）、返还物品清单（受害人财物），整理相关材料装订成卷宗移送至仓山区人民检察院审查起诉。

（三）训练要求

1.实训时数：2 课时。

2.人员分工：以班为单位进行训练，每班 12 人，一个班即一个小组。每组设指挥人员 1 人。

3.场所：教室、学校实训场所办案区。

4.器材设备：

电子设备类：投影仪、电脑、打印机、公安笔录及文书软件（word 版也可以）；

纸质类：A4 复印纸、文书目录、卷宗封面、万用呈请表；

工具类：黑色钢笔或水毛、打码机、装订勾针、装订线、印泥、模拟印章、胶水、剪刀、美工刀、直尺。

5.要达到的效果：围绕提出的问题做到科学、客观地分析案情。

（四）训练依据

本训练属程序性训练。实训依据是侦查人员的能力要求。《中华人民共和国刑事诉讼法》、《公安机关办理刑事案件程序规定》、《公安机关刑事法律文书式样》（2012 版）。

（五）组织实施

1.指导教师把设计好的案情资料分发给学员，学员事先按照提供的案情

设计准备好材料及电子文档。

2.第1课时，学员完善案件终结相关资料，在规定的时间内，相互担任法制员评判案件是否达到终结的条件，老师当场进行点评。在指挥员的指挥下，小组成员进行讨论，安排一人做好记录。

3.指导教师提供标准参考卷宗与学员对比，分出优劣的侦查员和法制员。

4.第2课时，对材料进行分类，编制目录，装订成卷，成卷后相互从形式上进行检查，老师进行归纳点评。

5.提问和总结。

(1)侦查终结案件的条件有哪些？

(2)侦查终结应制作或开具哪些文书？

必备的有：前科材料、侦查终结报告书、起诉意见书、换押证（未被羁押的可直接带犯罪嫌疑人过去）。有些单位还要求单位制作破案报告、犯罪嫌疑人到案经过、犯罪嫌疑人投案自首等罪轻罪重的证明报告，这些可以整合到侦查终结报告书里。

(3)侦查终结后应做的工作：

①全部案件材料加以整理，按要求装订立卷。

②人、物、材料移送移交。人有取保、监视居住要带到检察院同起诉卷宗一同移送；涉案物品需要返还、追缴、没收或移交的要及时移交；诉讼卷宗移交检察院，侦查卷宗由办案单位存档。

(六)考评依据及方式

1.组织管理（20分）：根据临场组织情况评分。

2.分析情况（40分）

3.记录、得出的结论（30分）

4.实训报告（10分）

在以上指标中，组织管理、分析情况由指导教师临场观察评分；记录、结论及实训报告由指导教师根据实训组所完成的材料评分。

(七)其他

1.学员准备案件材料要齐全，有疑问的材料不方便打印的可先制作成电子文档带至实训课堂请求教师指导。

2.学员应熟悉使用《公安机关刑事法律文书式样》(2012版)。

第二章 侦查思维训练*

项目一 观察力训练

(一)训练目的

观察力是人类智力结构的重要基础,是思维的起点,是聪明大脑的"眼睛",对于需要掌握核心智慧思维的侦查员来说,观察力就是入门级的要求。

本训练方案通过静视、行视、抛视、速视、统视五个环节,来提升学员的观察思维能力,拓宽他们的视野,让学员们勤于观察,善于观察,练出一双"聪明"的眼睛。

(二)训练方案设计

1.静视训练

第一步,在不同光线条件下(可借助灯光来调整亮度),依次给参训学员提供一样静物:如一把榔头、一双穿过的运动鞋、一顶黑色鸭舌帽、一张疾驰车辆的图片等,放在距离参训学员约 60 厘米的位置,要求参训学员平视前方,集中注意力注视静物 1 分钟。

第二步,参训学员闭上眼睛,努力在脑海中勾勒出该物体的形象,尽可能详细地描述出该物品的特征。

第三步,参训学员睁眼重新细看一遍静物,如果与描述有出入,加以调整与补充。

如此反复,直到可以将所观察到的静物细节特征描述准确无误为止。观察的要点是,根据光线条件不断调整目光的焦点,尽可能多地记住完整物体不

---

* 本章撰稿人:黄小英。

同部分的特征，然后闭上眼睛，在脑海中重现物品特征，直到描述与实物完全相同为止。

2.行视训练

在规定路线上设置好 3～5 个或静或动的物体，如遁入小路的黑衣男子、路边草丛中隐约可见的公文包、宣传栏上一则讲座通知等（目标物体参训学员事先不知情）。要求参训学员按给定路线以正常行走速度穿行，并尽可能多地观察沿途的景物；待其到达终点时，要求其回想并详细描述黑衣男子、公文包的特征或讲座联系人电话号码等。

行视训练拓展：参训学员在日常生活中应该培养有意识地观察眼前物品的思维习惯，如马路上疾驶的汽车车牌号，路上遇到的一个陌生人的面孔特征，行走路线经过的大楼高度、广告牌上的画面和文字等。这样可以有效锻炼视觉的灵敏度，强化视觉和大脑在瞬间的注意力。

3.抛视训练

将 25～30 张颜色与内容各异的名片、银行卡等混合在一起。随机抽取其中的 5 张，让参训学员用 10 秒时间观察 5 张卡片被抛起并落地的过程，然后要求其转身说出卡片的颜色及其内容。如此反复，直到能准确说出抛视物品的详细特征。

训练拓展：改用颜色、形状、内容、大小等均不一样的物品进行训练，要求学员通过短暂的观察，能详细描述出抛视物品的具体特征。

4.速视训练

在 PPT 上设置 10 张幻灯片，每一张上面都用正常字体写一行汉字或一串字母、数字等，将幻灯片设置成每张 1 秒的速度自动播放，让参训学员在结束播放时，尽可能多地回忆起幻灯片上所呈现的内容及其顺序。

5.统视训练

模拟一个室内盗窃杀人现场，布置若干个关键物证。要求参训学员进入现场后，在不破坏现场痕迹物证的基础上，用 3～5 分钟的时间统视室内现场，然后退出现场，报告所观察到的关键物证及其特征。

（三）训练要求

1.实训时数：2 课时，每个环节用时依其复杂程序有所区别。

2.人员分工：4 人为一组，每个小组按环节 1～5 的顺序进行训练。训练时 1 人参训、1 人协助训练、1 人负责核对与计时、1 人负责拍照，小组内部循环交替进行训练，其中参训学员与计时学员避免互相核对观察结果。

3.场所：静视训练、抛视训练可以选择任意安静的室内进行，速视训练可以在电脑机房进行，行视训练可以选择校园内任意室外地点，统视训练可以在实训场馆模拟居民房内进行。

4.器材设备(工具)：

(1)静视训练道具：一盏台灯、一把榔头、一双穿过的运动鞋、一顶黑色鸭舌帽、一张疾驰车辆的图片、纸和笔；

(2)行视训练道具：公文包、讲座通知；

(3)抛视训练道具：25～30 张颜色与内容各异的名片、银行卡；

(4)速视训练道具：电脑，10 张写有汉字或字母、数字的幻灯片；

(5)统视训练道具：根据室内盗窃杀人现场具体情节设计而定。

5.要达到的效果：

通过循序渐进的观察力训练，学员能够将每个环节呈现的物品特征详细描述出来，描述的物品越多、用时越少，则得分越高。

(四)训练原理、依据

本训练属观察思维训练，训练的依据是结合日常生活实践，锻炼并提升学员对周围事物的敏感性。

附正确的观察步骤：

1.确立观察目的。对一个事物进行观察时，要明确观察什么，怎样观察，达到什么目的，做到有的放矢，这样才能将观察的注意力集中到事物的主要方面，以抓住其本质特征。目的性是观察力最显著的特点，有目的地观察才会对自己的观察提出要求，获得一定深度和广度的锻炼。

2.制订观察计划。在观察前，对观察的内容作出安排，制订周密的计划。

3.观察现象，探寻本质。要善于把观察的任务具体化，从现象乃至隐蔽的细节中探索事物的本质。

4.培养良好的观察方法。一个良好的观察者必须具备观察事物的技巧，掌握适当的观察方法。如自然观察法可以发现身边事物新的变化，集中观察法可以在集中的一段时间内提高自己的观察力，全面观察法可以形成对事物的整体观感。

静视、行视训练比较适合用重点观察法，以看清一件物品的细枝末节；抛视、速视训练比较适合用对比观察法，对训练物品的颜色、形状、内容进行有比较的对照观察，形成视觉冲击感。

5.遵循感知的客观规律。

（五）组织实施

1.分组：区队内自由分组，选择跟自己相熟的队友，更便于训练的进行。

2.准备训练要用的道具。

3.开始训练：4 人一组，按给定环节顺序进行训练，小组内 4 个人循环进行训练，直到完成 5 个环节。

4.打卡：负责拍照的同学将小组内训练的实景照片上传到指定平台，教师可以依据每个学员的训练情况进行打分。

5.训后总结：每个小组总结训练过程中存在的问题及改进方案，以提高观察力训练效果。

（六）考评依据及方式

1.考评依据

依据每个小组完成训练、观察到的物品数量以及对观察物特征的描述详尽情况来打分，训练时拍照打卡与训练后总结的完成情况可以作为加分项。

2.方式

用时 45 分钟以内，观察物品数量达 90％以上，物品特征描述详尽程度达 90％以上，取分值 90～100；

用时 46～60 分钟，观察物品数量达 80％以上，物品特征描述详尽程度达 80％以上，取分值 80～89；

用时 61～75 分钟，观察物品数量达 70％以上，物品特征描述详尽程度达 70％以上，取分值 70～79；

用时 76～90 分钟，观察物品数量达 60％以上，物品特征描述详尽程度达 60％以上，取分值 60～69。

（七）其他

注意训练过程中对物品道具的保护。

附观察禁忌：

1.忌漫无目的

观察事物时忌东张西望、漫无目的，否则观察过的事物就如过眼烟云，脑子里不会留下丝毫印象，难以形成明确的观点。

2.忌片面观察

观察事物不可只注意它的正面，不注意它的反面；只观察表面，不观察内部；只注意现在，不考虑过去；只注意事物的一个方面而忽视其他方面。片面观察容易导致只看到一些事物的表现假象，因而得出错误的结论。

3.忌无重点

观察事物忌不带目的性，毫无重点地把所有现象都保留，结果抓不住重点，导致观察结果不理想。

4.忌走马观花

观察事物忌走马观花，不深入、不细致，只是粗略地浏览一下。这样既得不到具体的印象，又遗漏许多细节，使观察结果一般化。

5.忌不用心思

观察必须用心去分析、去比较，有时候还需要考虑事物的来龙去脉，才能得出令人信服的结论。

6.忌半途而废

观察忌半途而废，遇到复杂或一时难以看清事物的本质时，如果就停止观察的话，常常会功亏一篑。

项目二　联想思维训练

(一)训练目的

通过训练，学员的联想思维能力得到了提升。

(二)训练方案设计

本次训练任务为破解一个 U 盘的密码。

情境设置：

侦查人员通过前期侦查得知，某起涉毒案件的关键信息存于一个 U 盘中。经过不懈努力，在嫌疑人居住过的公寓内发现了这个 U 盘，将 U 盘插入电脑发现没有密码无法打开，屏幕上只显示这个 U 盘的名称为“鸡蛋”。外围组侦查获知这个U盘需要用一个6位数的密码方能打开，而获取密码的线索就在公寓内。请你帮助侦查员找到打开U盘的密码。

这是一个三室两厅的公寓，进门餐桌上摆放着一包抽纸，餐桌对面的置物架上有几本书和一个小鸡造型的储钱罐，客厅墙壁上挂着一幅画，沙发上散落着几件衣服，茶几上烟灰缸里有三个烟头，房间床头柜上面有一个钱包，钱包里有一张银行卡、一张身份证和300元现金，身份证信息显示为一个35岁男性，另一个床头柜的抽屉里有一本户口本，显示身份证上的男子为户主，还有其妻子的户籍信息，床上没有被子，被子枕头都在衣柜里。

参训学员需要在以上物品及其传递的信息中，首先剔除一些无用的干扰因素。然后运用联想思维，通过思考物品与物品之间的关联、信息与信息之间的关联、数据之间的不同表现形式等，推导出打开U盘的6位数密码。

（三）训练要求

1.实训时数：2课时。

2.人员分工：以小组为单位，每组5人，设一名现场指挥员，仅限负责统筹安排本小组内部的训练。

3.场所：校内实训场馆模拟居民公寓。

4.器材设备（工具）：一台笔记本电脑、一个U盘、一包抽纸、几本书、一个小鸡造型的储钱罐、一幅画、几件衣服、烟灰缸、烟头、一个钱包、一张银行卡、一张身份证、300元现金、一本户口本、被子、枕头等。

5.要达到的效果：学员通过训练，充分调动联想思维，运用相似联想、相关联想、对比联想、因果联想和接近联想等不同联想方式完成训练任务；并在训练结束后，对实训过程中的联想思维能力进行总结，内化提升为开展侦查活动的一项基本能力。

（四）训练原理、依据

本训练属于关联类思维训练。联想思维指的是人脑记忆表象系统中，由于某种诱因导致不同表象之间发生联系的一种自由思维活动。幻想也是联想的一部分，其中科学幻想是人们创造性活动不可或缺的一个重要因素，一位出色的侦查员也需要有异于常人的创造力，才能具备与犯罪分子博弈、暗斗并最终决胜的能力。联想思维训练，就是一种间接的培养创造性能力的方式。

(五)组织实施

1.指导教师设计方案,安排进行现场布置;

2.按学号随机分组,由小组内部推荐产生一名指挥员;

3.各小组依次进入现场进行训练;

4.小组讨论,指导教师点评;

5.撰写实训总结报告。

(六)考评依据及方式

1.考评依据:依据现场训练完成度及用时打分。

2.方式:

45分钟内独立完成密码破解的得90分以上,并依据所用时长在90～100分之间打分;

60分钟内独立完成密码破解的得80分以上,并依据所用时长在80～89分之间打分;

75分钟内完成密码破解的得70分以上,并依据所用时长在70～79分之间打分;

90分钟内完成密码破解的得60分以上,并依据所用时长在60～69分之间打分;

90分钟内未能完成密码破解的,考评不合格。

(七)其他

注意实训过程中的安全与器材保护;

注意对身份证以及户口本上出现的信息事先予以保密、不泄露。

项目三　发散思维训练

(一)训练目的

通过训练,学员的发散性思维能力得到了提升。

(二)训练方案设计

1.案例热身

(1)知识讲解:发散性思维,又称扩散性思维、辐射性思维、求异思维,是一种从不同的方向、途径和角度去设想,探求多种答案,最终圆满解决问题的思维方法。

发散性思维要求充分发挥人的想象力,突破固有的知识圈,从一点向四面八方探求,并通过知识、观念的重新组合,寻找更多更新的设想、答案或方法。

(2)案例热身

①一小偷被警察发现,警察追小偷,小偷跑。跑着跑着,前面出现一条河。这条河宽 12 米,河边有棵树,树高 12 米,树上的叶子都光了。小偷围着个围脖长 6 米。

问:小偷如何过河?

②树上有 10 只鸟,有人往树上开了一枪。

问:树上还有几只鸟?

让参训学员在开始正式训练之前,先查阅相关资料,就以上两个问题,罗列出尽可能多的解答方案。

2.正式训练

任务一:有一只猪 400 斤,一座桥承重 200 斤,请根据以下给定条件,运用发散思维,帮助猪顺利过桥。

条件:

(1)猪是活猪,任何解决方案都不得切割猪;

(2)故事发生在猪王国,不要引入人的因素;

(3)猪是要过桥,不是过河,不能游泳过去;

(4)猪不会飞;

(5)桥是承重 200 斤的桥,把桥挪到平地上或另外造一座承重超过 400 斤的桥都是不现实的;

(6)不是玩文字游戏,不能说“猪晕过去了”。

任务二:鹌鹑蛋落地游戏

请运用房间内现有的道具,如细木棍、A4 纸、胶带、胶水等,让鹌鹑蛋从至少 2 米的高空落下而不破碎,挑战高度越高得分越高。

(三)训练要求

1.实训时数:2 课时。

2.人员分工:以小组为单位,每组 5 人,集思广益,分工协作。

3.场所:校内实训场馆。

4.器材设备(工具):纸、笔、鹌鹑蛋、细木棍、A4 纸、胶带、胶水等。

5.要达到的效果:小组内通过发散性思维的充分讨论,合作完成训练任务。参训学员通过训练,考虑问题更加全面,处理问题不拘一格,并能够将发散性思维引申到生活与侦查活动中。

(四)训练原理、依据

本训练属发散性思维训练。通过实训,学员思维能力得到了提高。训练的依据是关于发散性思维的理论及其在侦查中的运用。

(五)组织实施

1.指导教师设计方案,并进行现场布置;

2.分组并引导小组内部通过案例进行发散性思维热身;

3.参训小组按任务一、任务二的顺序完成训练;

4.指导教师现场讲评;

5.参训学员完成实训总结报告。

(六)考评依据及方式

指导教师根据参训小组在完成任务的过程中,解决方案的多寡及各学员对解决方案的贡献度来打分,分优秀、良好、中等、及格与不及格五档。

(七)其他

注意实训中的安全与器材保护等。

项目四　逆向思维训练

(一)训练目的

在侦查过程中,逆向思维对于查清案件真相、抓捕嫌疑人,有时候会起到出奇制胜的作用。通过本次训练,学员的逆向思维能力得到了提升。

(二)训练方案设计

1.基础版:反口令

要求参训学员做出与指令相反的动作,例如指令为"向左转",则做出"向右转"的动作;指令为"起立",则做出"坐下"的动作;指令为"哭",则做出"笑"的表情等。该游戏旨在训练学员思维的逆向性和敏捷性。

2.升级版:穷极反转

围绕"雪中送炭"这个成语,首先请学员分析其正面含意;然后要求学员展开逆向思维讨论,可逆的观点如:雪中送炭未必好、送炭何必等下雪。

3.终极版:猫鼠游戏

"猫"是侦查员,"鼠"是取保候审必须待在规定范围内的犯罪嫌疑人。为便于管理"鼠",在"鼠"身上配了一个 GPS 传感器,只要其超出活动范围,传感器就会在 20 秒内自动发送其所在位置信息给"猫","猫"必须在接收到位置信息后,5～10 秒内抓获"鼠"。

参训学员以组为单位进行两两(如甲乙两组)对抗赛,每组内 6 人随机抽取 2 猫 4 鼠,分别进行甲组"猫"抓乙组"鼠",乙组"猫"抓甲组"鼠"的比赛。

(三)训练要求

1.实训时数:2 课时。

2.人员分工:6 人一组,依学号随机组合,训练时以组别为单位,两两交替进行。

3.场所:校内活动场所。

4.器材设备(工具):GPS 数据传输器 6 个、计时器、纸和笔。

5.要达到的效果：通过三个阶段循序渐进的训练，充分锻炼学员的逆向思维能力，为侦查活动提供更多的解决思路。

(四)训练原理、依据

本训练属逆向思维训练。通过实训，学员反向思维能力得到了提高。训练的依据是基于逆向思维理论及其在侦查中的运用。

逆向思维的特点：

1.普遍性：逆向性思维在各种领域、各种活动中都有适用性，由于对立统一规律是普遍适用的，而对立统一的形式又是多种多样的，有一种对立统一的形式，相应地就有一种逆向思维的角度，所以，逆向思维也有无限多种形式。

2.批判性：逆向思维是相对于正向思维而言的，正向是指常规的、传统的、公认的或固化的想法与做法；逆向思维则恰恰相反，是对传统、惯例、常识的反叛，是对常规的挑战。

3.新颖性：逆向性思维由于要突破循规蹈矩的思维，不按传统方式解决问题，因此，经常给人以耳目一新的感觉。

(五)组织实施

1.指导教师设计方案，并规划活动时间；

2.学员按顺序分组进行训练；

3.小组讨论与分享；

4.撰写实训总结报告。

(六)考评依据及方式

1.基础版活动(反口令)成绩占比20%

总计20个口令，口令顺序随机，口令发出时随机，做对一个口令计5分，并累计，做对12个口令(60分)为及格。

2.升级版活动(穷极反转)成绩占比30%

每个学员轮流提出观点，然后由对应组6名成员举手表决是否认同该观点，“认同”一票计15分，“否决”票不计分，老师拥有10分的自由裁量权，该活动的总成绩＝表决分(满分为90分)＋老师的个人裁决分(满分为10分)。

3.终极版活动(猫鼠游戏)成绩占比50%

在规定时间内(5～10秒)累计抓获“1鼠”计50分，累计抓获“2鼠”计60

分，累计抓获“3 鼠”计 80 分，累计抓获“4 鼠”计 100 分。

(七)其他

注意训练过程中个人的安全；确保游戏的公平性。

项目五 突破思维定式训练

训练一

(一)训练目的

通过训练，学员突破思维定式的能力得到了提升。

(二)训练方案设计

1.准备一份高数试卷，题型为 10 道填空题，试卷标题为思维训练测验。

2.将学员带入事先布置好的考场，监考老师宣读考场规则，铃响后宣布开始考试，学员需要在 30 分钟内完成考试。

3.在考试进行到 10 分钟和 20 分钟的节点，监考老师提示：“注意！本次考试为思维训练测试。”

4.考试时间一到准时收卷，学员离开考场。

(三)训练要求

1.实训时数：1 课时。

2.人员分工：以小组为单位，10 人一组。

3.场所：校内教室。

4.器材设备(工具)：监控摄像头、高数试卷、若干张经过特殊处理的纸片。

5.要达到的效果：学员在不违反考场规则的情况下，突破思维定式完成答卷，卷面成绩越高越好。

(四)训练原理、依据

本训练属非常规做题训练。通过实训,学员打破常规思维的能力得到了提高。依据是思维定式原理及其对开展侦查工作的反向作用。

(五)组织实施

1.设计方案,并进行现场布置,确保考场内单人单桌且具有合适间距,教室内摄像头运转正常。

2.学员进入考场,教师宣读考场规则,内容如下:

(1)考生在铃声响后方可进入考场,并按规定位置就座,不得离开座位;

(2)考生不得携带通信工具(计算器等)入考场;

(3)考生在考场内必须保持安静,考试时严格遵守考试时间;

(4)交卷的学员要远离考场,不得影响其他学员答卷;

(5)若发现考试作弊者,则立即淘汰该学员所在的全组成员;

(6)本场考试为思维能力训练测试。

3.参训学员在规定时间内完成答卷,并退出考场。

4.指导教师点评,学员讨论分享。

(六)考评依据及方式

答对 8～10 题为优;

答对 5～7 题为良好;

答对 2～4 题为及格;

答对 0～1 题为不及格。

(七)其他

注意实训中的安全与器材保护等。

训练二

(一)训练目的

通过训练,学员突破定式思维的能力得到了提升。

(二)训练方案设计

参训学员以个体为单位,按顺序解答下面三个问题。

问题一:

已知:3219＝1　　8296＝4　　5586＝3

问:3668＝?　　5293＝?　　1478＝?

问题二:从以下两组字母图形中解出两位数密码。

→RRRD	DLLL←
RUUD	DLDL
DLLL	RRRD
DRLU	LLLD
RRRR	LLLL

问题三:五个大小相同的一元硬币,怎样放能使五个硬币两两都能接触?

(三)训练要求

1.实训时数:1 课时。

2.人员分工:以个体为单位。

3.场所:校内教室。

4.器材设备(工具):纸、笔、计时器、五枚一元硬币。

5.要达到的效果:通过训练,学员能跳出定式思维,进行发散性与创新性思考,提升突破思维定式的能力。

(四)训练原理、依据

本训练属突破常规思维训练。通过实训,学员破除常规的能力得到了提高。训练的依据是关于突破定式思维模式及其在侦查中的运用。

(五)组织实施

1.指导教师设计方案,并进行现场安排。

2.学员解题,时间限定在 30 分钟以内。

3.指导教师讲解题目背后蕴含的思维原理,引导学员感悟突破常规思维对于侦查活动的重要性。

(六)考评依据及方式

根据学员解题数量及完成时间,酌情打分。

项目六　博弈思维训练

训练一

(一)训练目的

在侦查活动中,无时无刻不存在博弈,侦查员与犯罪嫌疑人时刻都在进行心理博弈。通过训练,学员的博弈思维能力得到了提升。

(二)训练方案设计

热身训练:

每个人写出一个从 1～100 的自然数,要求写出的这个数和所有人写出的数的平均数的一半越接近越好,你会写多少?

要求学员从理性角度出发,追求个人利益最大化(获胜的学员可以获得一定的奖励)。将参训学员平均分成两组,两组轮流进行训练,最后再全体进行一次,并对三次博弈结果进行对比与分析。

正式训练:

在博弈论经济学中,"智猪博弈"是一个著名的纳什均衡的例子。假设猪圈里有一头大猪、一头小猪。猪圈的一头装有猪食槽,另一头安装着控制猪食供应的按钮,按一下按钮会有 10 个单位的猪食进槽,但是谁按按钮就要先付出 2 个单位的成本,同时还要比对方晚进食。

若大猪先按键,则大小猪吃到食物的比例是 6∶4;若大小猪同时按键,则大小猪吃到食物的比例是 7∶3;若小猪按键,则大小猪吃到食物的比例是 9∶1。那么,在两头猪都有智慧的前提下,如果考虑到理性博弈的因素,最终会出现什么样的结果?

(三)训练要求

1.实训时数:1课时。

2.人员分工:以小组为单位,每组4人。

3.场所:校内教室。

4.器材设备(工具):多媒体教学工具。

5.要达到的效果:参训学员首先通过热身训练,感受博弈思维给决策带来的影响;然后通过组内讨论“智猪博弈”达到头脑风暴的效果。

(四)训练原理、依据

本训练属博弈训练。通过训练,学员认识了博弈思维,并提升了博弈思维能力。训练依据:博弈论。

(五)组织实施

1.设计方案,并进行现场布置。

2.学员通过假想和讨论,换位思考进行心理博弈,

(六)考评依据及方式

不予评分。(说明:头脑风暴故不予评分)

训练二

(一)训练目的

通过该训练,学员的博弈思维能力得到了提升。

(二)训练方案设计

以分组对抗形式,完成“NG”游戏。

第一步,由参加对抗的组内成员,经过商议,分别在空白头带上为对方写下一个NG词语(所写词语必须是有实际意义的实词,不能是介词、连词、语气词等虚词)。

第二步,学员们将写有词语的头带全部交给实训指挥员,由其打乱后随机给对方学员戴上,确保头带上的词语其他人都可以看到,唯独自己看不到。

第三步，参训小组两两相向而立，每轮各派一名成员出战，30 分钟内，双方通过对话诱使对方说出自己头带上所写的词语即为胜利，积一分。失败方派下一名成员迎战，直至某一方被全员淘汰为止。

(三)训练要求

1.实训时数：2 课时。

2.人员分工：以小组为单位进行比赛，5 人一组，每个人都需要从对方的言语中推理分析自己的 NG 词语是什么，还要想方设法淘汰其他成员，赢得比赛的最终胜利。

3.场所：校内教室。

4.器材设备（工具）：头带 10 个、纸和笔。

5.要达到的效果：参训学员应尽量避免自己被淘汰出局，或泄露对方 NG 词语的关键信息。因此，在训练中，要充分运用博弈思维，赢得比赛。

(四)训练原理、依据

本训练属于博弈思维训练，学员们在平等的对局中，根据场上每个细节传递的信息，大胆猜测和小心提防，利用自己的策略与对方对抗，以提高博弈思维的运用能力。

(五)组织实施

1.设计方案，按每组 5 人抽签分组。

2.参训学员按分组形式，为对方小组成员写下 5 个 NG 词语。

3.指导教师按随机原则，将写有词语的头带戴到另一方参训学员头上，确保戴头带的人看不到自己头上的词语。

4.两组按规则对战 30 分钟，超时则以剩余队员多的组获胜。

5.各小组讨论与分享，指导教师点评。

6.撰写实训总结报告。

(六)考评依据及方式

根据学员在比赛过程中的个体表现及最后剩余组员的多少，评选出优秀个人和优秀团队。

（七）其他

犯规惩罚

1.互相告知头带上词语者，可能被取消参赛资格。

2.无意的隐晦提示，视情况扣其小组积分。

附游戏说明：

如果一方头带上写着“没事”，则另一方可以在谈话中，掺杂“你等下有事吗？”“这样做没事吗？”等疑问句，诱导对方说出“没事”，则获得胜利。

游戏的关键在于，如何根据对方的行动和语言，来判断自己的 NG 词语，以避免自己不会被淘汰。

项目七 心理画像思维训练

训练一

（一）训练目的

通过训练，学员对恶性杀人案件的分析能力得到了培养，并提升对案犯心理状态的刻画能力。

（二）训练方案设计

给出一个案例（南大“1·19”碎尸案），让学员围绕案犯心理状态进行分析，并最终写出一份画像报告。

案情如下：

死者刁某青，女，生于 1976 年 3 月，遇害时为南京大学鼓楼校区信息管理系现代秘书与微机应用专业成人教育脱产班专科一年级学生，在鼓楼校区学习和生活，遇害时不满 20 岁。她住在鼓楼校区南园四舍，该宿舍楼当时人员复杂，流动性大。其父刁某昌，住在江苏省姜堰市××镇××村四组。

刁某青是一个从农村刚刚来到南京仅百日左右的年轻少女，很难说有什么仇家，抑或是情敌，也并没有多少积蓄，因此凶手的动机受到了广泛猜测。在广为流传的《关于南大碎尸案的一点想法》一文中，作者黑弥撒猜测死者是在重金属摇滚，甚至某种宗教仪式中被杀害的。然而，许多人表示质疑，他们认为碎尸仅仅是凶手为了毁灭可能的线索与证据，而且凶手一定是擅长屠宰、烹饪或者是医术的人。

据刁某青生前的好友回忆，她个子高约1.65米，身材适中，长相普通。短发，单眼皮，眼睛稍有些近视，看书写字时会戴上眼镜。在嘴角的右上方有颗痣，如菜籽般大小。说起话来，嗓音稍哑，语速偏快。一个细节是，这个字迹娟秀的女孩，有时候会故意把自己的名字复杂化为"刁爱卿"。

1996年1月10日夜间，刁某青吃完晚饭出走，据称是由于当时同宿舍女生违反学校规定使用电器，导致担任宿舍长的刁某青也受到处罚后，心情不佳赌气外出散心，此后再未回到宿舍。死者离开时，铺平了自己的被子，似乎表明死者一开始并无外出打算。目击者最后看见死者的地点是青岛路，死者当时身穿红色外套。

1996年1月19日，一场大雪之后，刁某青的尸体被发现。一名打扫卫生的妇女在南京新街口附近的华侨路捡到一个提包，包中装有500多片煮熟的肉片。后来她在清洗肉片时发现有3根手指混在其中，随即报案。之后尸体另外的部分在水佐岗路和龙王山被发现，均被包在提包以及一条床单之中。尸体在煮熟后，估计总共被切成了2000多片，刀工十分精细，码放整齐。

(三)训练要求

1.实训时数：2课时。

2.人员分工：以个体为单位开展训练。

3.场所：校内教室。

4.器材设备(工具)：纸、笔。

5.要达到的效果：学员通过对给定案例的分析，完成一份对案犯的心理画像报告，内容包括案犯的生理特征、心理特征、职业特征等方面。

(四)训练原理、依据

本训练属心理分析与画像训练。通过实训，学员心理画像分析能力得到了提高。训练的依据是心理画像技术在侦查中的运用。

(五)组织实施

1.指导教师设计方案,并进行现场安排。

2.在2课时(90分钟)的时间内,学员依靠个体的力量通过分析判断,刻画出案犯的心理状态,并完成心理画像报告。

(六)考评依据及方式

不打分。

训练二

(一)训练目的

通过训练,学员对系列杀人案件的分析能力得到了培养,并提升对案犯心理状态的刻画能力。

(二)训练方案设计

参训学员围绕以下案件所呈现的案犯心理状态进行分析,并最终写出一份画像报告。

某地发生一起系列杀人案,情况如下:

第一起:被害人为女性,被杀死的时候可能刚刚下夜班。警察赶到现场的时候,钥匙还插在门上。凶手可能是尾随被害人进入楼道内,然后趁其开门的时候突然下手,将被害人撞进房门后将其掐死,随后剖腹,将被害人的血液和牛奶混合后喝掉。

第二起:被害人是一个在读的女博士生,案发当天她应该去学校上课。邻居出来扔垃圾的时候发现房门大开,她被杀死在客厅里,凶器是摆放在鞋柜上的一个花瓶。

第三起:被害人是一个刚刚从早市卖完早点回来的下岗女工。她被杀死在自己居住的平房里。凶手先抓住她的头发往灶台上猛撞,然后用灯绳勒死了她,最后把她的血和没有卖完的豆浆混在一起喝掉。

第四起:被害人是刚刚搬进来的一个离异女教师。凶手用一条被害人用来捆扎行李的绳子勒死了她。正当他准备喝掉被害人的血的时候,他意外地发现了走廊里的小女孩。于是,小女孩成了牺牲品。

第五起：一初一女生失踪，有人反映当天下午曾经看到一个貌似失踪女孩和一个外表邋遢、身材消瘦的年轻男子说话。

（三）训练要求

1.实训时数：2 课时。

2.人员分工：以个体为单位开展训练。

3.场所：校内教室。

4.器材设备（工具）：纸、笔。

5.要达到的效果：学员通过对给定案例的分析，刻画出案犯在作案前后的心理状态，尤其是心理变态的可能性，并最终完成一份对案犯的心理画像报告。

（四）训练原理、依据

本训练属心理分析与画像训练。通过实训，学员心理画像分析能力得到了提高。训练的依据是心理画像技术在侦查中的运用。

（五）组织实施

1.指导教师设计方案，并进行现场安排。

2.在 2 课时（90 分钟）的时间内，学员通过分析判断，刻画出案犯的心理状态，并完成心理画像报告。

（六）考评依据及方式

依据学员对心理画像能力掌握的程度进行打分，尤其是关于偏执妄想方面的刻画是得分的重点，满分 100 分。

项目八　谎言识别思维训练

训练一

（一）训练目的

通过训练，学员识别谎言的技巧得到培养，并提升了在侦查实践中谎言识别的能力。

(二)训练方案设计

数字测试:让一个学员作为被测人从1～6的数字中选择一个数字并写下来,另外两个同学作为测试人员借助测谎仪与谈话方式对其进行测试。

问题清单:

I:你是某某人吗?

R1:你写的数字是1吗?

R2:你写的数字是2吗?

R3:你写的数字是3吗?

R4:你写的数字是4吗?

R5:你写的数字是5吗?

R6:你写的数字是6吗?

不论测试人员问到哪个数字,作为被测的学员都要回答“不是”,由负责测试的两个学员根据测试结果来判断被测写的数字是什么。

(三)训练要求

1.实训时数:2课时。

2.人员分工:以小组为单位,每小组5人,每组设主测人员1人,助手1人,被测人员1人,观察测试人员2人。

3.场所:校内实训场馆。

4.器材设备(工具):测谎仪,笔记本电脑,纸,笔。

5.要达到的效果:通过测试,学员了解与掌握多通道心理生理测试的方法,达到谎言识别的目的。

(四)训练依据

本训练属实践操作性训练。通过训练,学员能熟练操作测谎仪,并提升谎言识别的能力。训练依据:多通道心理生理测试原理。

(五)组织实施

1.指导教师设计方案,并进行现场安排。

2.在实训场馆内,学员分组配合完成测试。

3.小组讨论与分享，指导教师点评。

4.撰写实训总结报告。

（六）考评依据及方式

依据学员是否成功测出目标数字及操作过程是否合乎规范进行评分，其中成功测出目标数字占50%，操作过程规范性占50%。

（七）其他

注意实训中的安全与器材保护等。

训练二

（一）训练目的

通过训练，学员能识别电信诈骗具体套路，并提升反诈骗思维能力。

（二）训练方案（情节）设计

给定三种诈骗套路：

套路1：免抵押校园贷

套路2：同学受伤了需要借钱

套路3：移动免费赠送流量

以小组为单位，1人当主持人，1人负责打电话，1人负责接电话。每组均设计诈骗与真实两种情况，首先抽签选取是进行诈骗还是打真实电话，然后再随机选取上述三种套路中的一种，最后由负责打电话的学员根据给定的要求给另一个学员打电话，由主持人根据二人电话接洽的结果，来判断诈骗是否成功或者真实情况是否被采信。

（三）训练要求

1.实训时数：2课时。

2.人员分工：以小组为单位开展训练，每组3人，1人当主持人，1人负责打电话，1人负责接电话。

3.场所：校内教室。

4.器材设备（工具）：手机、纸、笔。

5.要达到的效果:通过对电话内容与声音的辨别及分析,能区分真实情况与诈骗的差异之所在。

(四)训练依据

本训练属听觉分析训练。通过训练,学员对谎言的识别能力得到了提升。训练依据:声音在谎言识别中的运用。

(五)组织实施

1.指导教师准备好抽签所需的材料:纸、笔等。

2.对学员进行分组后在组内进行明确分工,并单独对负责打电话的学员进行诈骗与真实情况汇报的简单培训。

3.学员完成电话接听。

4.主持人根据电话接洽结果作出是否合格的评判。

(六)考评依据及方式

根据学员对随机给定的情境的表现能力及对诈骗与否的识别情况来打分,成功扮演情况与成功识别各占50%的得分。

(七)其他

注意实训中的安全与器材保护等。

项目九　逻辑推理思维训练

训练一

(一)训练目的

通过训练,学员对信息的逻辑推理思维能力得到了提高。

(二)训练方案(情节)设计

提供以下题目让学员分析推理:

小明和小永都是张老师的学生,张老师的生日是 M 月 N 日,两人都知道张老师的生日是下列 10 组中的一天,张老师把 M 值告诉了小明,把 N 值告诉了小永,张老师问他们知道他的生日是哪一天吗?

3 月 4 日,3 月 5 日,3 月 8 日

6 月 4 日,6 月 7 日

9 月 1 日,9 月 5 日

12 月 1 日,12 月 2 日,12 月 8 日

1.小明说:如果我不知道的话,小永肯定也不知道。

2.小永说:本来我也不知道,但是现在我知道了。

3.小明说:哦,那我也知道了。

请根据以上对话推断出张老师的生日是哪一天。

(三)训练要求

1.实训时数:1 课时。

2.人员分工:以个体为单位开展训练。

3.场所:校内教室。

4.器材设备(工具):作业本、笔。

5.要达到的效果:进行分析推理,正确作答,完成作业。

(四)训练依据

本训练属做题训练。通过训练,学员逻辑思维能力得到了提升。训练依据:形式逻辑学理论。

(五)组织实施

1.指导教师备好题目。

2.在教室内,学员进行分析推导,独立做题。

3.学员完成作业并提交。

（六）考评依据及方式

推导出第一句话，得 30 分；
推导出第二句话，得 30 分；
推导出第三句话，得 30 分；
推导出最后结果，得 10 分。

训练二

（一）训练目的

通过训练，学员的逻辑推理思维能力得到了提升。

（二）训练方案（情节）设计

热身训练：
给定 10 道题，要求学生在 10 分钟之内自主思考并独立完成。

1.这道题的答案是（　　）。

A.A　　B.B　　C.C　　D.D

2.第 5 题的答案是（　　）。

A.C　　B.D　　C.A　　D.B

3.以下选项中哪一题的答案与其他三项不同？（　　）

A.第 3 题　　B.第 6 题　　C.第 2 题　　D.第 4 题

4.以下选项中哪两题的答案是相同的？（　　）

A.第 1、5 题　　B.第 2、7 题　　C.第 1、9 题　　D.第 6、10 题

5.以下选项中哪一题的答案与本题相同？（　　）

A.第 8 题　　B.第 4 题　　C.第 9 题　　D.第 7 题

6.以下选项中哪两题的答案与第 8 题相同？（　　）

A.第 2、4 题　　B.第 1、6 题　　C.第 3、10 题　　D.第 5、9 题

7.在此 10 道题中，被选中次数最少的选项字母是（　　）。

A.C　　B.B　　C.A　　D.D

8.以下选项中，哪一题的答案与第 1 题的答案在字母中不相邻？（　　）

A.第 7 题　　B.第 5 题　　C.第 2 题　　D.第 10 题

9.已知“第 1 题与第 6 题的答案相同”与“第 X 题与第 5 题的答案相同”的

真假性相反，那么 X 为（　　）。

A.6　　B.10　　C.2　　D.9

10.在此 10 道题中，ABCD 四个字母出现次数最多与最少的差为（　　）。

A.3　　B.2　　C.4　　D.1

正式训练情境设置：

某地发生一起命案，证人因为不方便出面，给当地公安局发去三张照片，让侦查人员前往图片中的三个地点，获取三个线索；根据这三个线索可以推导出一个三位数，这个三位数指向一个明确的具体地点，证人将与案件关系密切的一本电话本放在这个地点，这个电话本记录了案件的发生经过。

请参训学员帮助侦查人员尽快找到这个电话本，尽快破案（以上三个地点均在校内）。

1.照片一拍摄的是一个楼梯间，线索问题是：

小阳的妹妹是小蒂和小红，他的女友叫小丽，小丽的哥哥是小刚和小温，小阳、小刚和小蒂都是医生；小温、小红和小丽三个人都是律师。有一天这六个人中的一个人杀了其余五个人中的一个人，请你根据以下线索，推断出谁是凶手？

（1）假如这个凶手和受害者有一定的亲缘关系，那么说明凶手是男性。

（2）假如这个凶手和受害者没有一定的亲缘关系，那么说明凶手是个医生。

（3）假如这个凶手和受害者的职业一样，那么说明受害者是男性。

（4）假如这个凶手和受害者的职业不一样，那么说明受害者是女性。

（5）假如这个凶手和受害者的性别一样，那么说明凶手是个律师。

（6）假如这个凶手和受害者的性别不一样，那么说明受害者是个医生。

2.照片二拍摄的是一个窗台，线索问题是：

某地有两个奇怪的村庄，张庄的人在星期一、三、五说谎，李村的人在星期二、四、六说谎，在其他日子他们说实话。一天，外地的王聪明来到这里，见到两个人，分别向他们提出关于日期的问题。两个人都说："前天是我说谎的日子。"

如果被问到的两个人分别来自张庄和李村，以下哪个假设最可能为真？

（1）这一天是星期五或星期日。

（2）这一天是星期二或星期四。

（3）这一天是星期一或星期三。

(4)这一天是星期四或星期五。

(5)这一天是星期三或星期六。

3.照片三拍摄地点在一个天台,线索问题是:

请推导出以下括号内可以填写的数字个数

(　)+(　)=8

+　　+

(　)+(　)=6

Ⅱ　Ⅱ

13　8

(三)训练要求

1.实训时数:2 课时。

2.人员分工:以大组为单位,16 人一大组,其中 1 人为指挥员,其余学员随机分为 3 个小组,每个小组 5 人。

3.场所:校内。

4.器材设备(工具):电话本、三道逻辑题、三张照片。

5.要达到的效果:通过训练,学员能展现自己的思维优势,同时发现并突破自己的思维弱势,提升逻辑推理思维能力。

(四)训练原理、依据

本训练属做题与实践相结合训练。参训小组通过实训,既提升小组协作能力,又提高学员逻辑推理思维能力。依据是逻辑论及其在侦查中的运用。

(五)组织实施

1.指导教师设计方案,并布置现场。

2.按学号随机将学员分成三个大组,每个大组选出一名指挥员,统筹大组内部的“破案”进度;再将大组分成三个小组,每个小组负责一张图片指向的线索,得到线索后通过推理得出数字,再将数字汇报给组长,由组长统筹得到的线索,找到关键物证——电话本,完成任务。

3.小组讨论与分享,指导教师点评。

4.各大组撰写一份实训报告。

(六)考评依据及方式

考评由现场表现分与任务完成分两个部分组成，每个大组根据任务完成情况给出一个分数档，组内成员根据在现场的具体表现，在对应的分数档范围内酌情打分。

30 分钟内成功找到电话本的，计 90 分以上；
45 分钟内成功找到电话本的，计 80 分以上；
60 分钟内成功找到电话本的，计 70 分以上；
90 分钟内成功找到电话本的，计 60 分以上；
超时的，计不及格。

(七)其他

注意实训过程中的人员安全与器材保护。

项目十　综合侦查思维训练

(一)训练目的

通过训练，学员的综合思维能力得到了提升，包括逻辑推理思维、类比推理思维、联想思维、侦查与反侦查思维、博弈思维、观察力训练、直觉思维等。

(二)训练方案设计

情境设置：

一起刑事案件的犯罪嫌疑人，在跑路之前，为了给同伙通风报信，又担心发送电子信息会被网络监控到，就将关键讯息留在其工作过的办公室的某个地方。为了不打草惊蛇，侦查人员必须在其同伙到来之前，快速找到这个讯息藏匿之处，并在犯罪嫌疑人察觉之前，破解其中的秘密，以便在其继续逃亡之前，将其顺利抓获。

参训学员到达指定现场后，会发现有三个疑似房间。每个房间都有一张办公桌，桌上有电脑，还散乱摆放着几张报纸及办公用品。这些报纸好像被人胡乱涂鸦过，上面有一些三角形、正方形、长方形、菱形、圆形等组合而成的图案。办公桌抽屉里有一串钥匙，每把钥匙上都贴有奇怪图案的贴纸。每个房间都有一个带锁的书柜，书柜外面也贴着各种符号的贴纸，透过玻璃可以看到里面有许多书。办公电脑没有密码，其中第一个房间的电脑桌面上上有一个文件夹命名为“绝对不能打开”，第二个房间的电脑桌面上有一个文件夹命名为“秘密”，第三个房间的电脑桌面有一个文件夹名为“实训专用”，打开这个文件夹，根目录下还可以看到上百个办公文件夹。

(三)训练要求

1.实训时数：2 课时。

2.人员分工：以小组为单位，每组 12 人，设一个指挥员，负责小组内部的统筹指挥；小组内部设侦查组与反侦查组，其中反侦查组 A 负责给侦查组 B 设置障碍，反侦查组 B 给侦查组 C 设置障碍，依此类推；侦查组 8 人，反侦查组 3 人。

3.场所：校内实训场馆，三间带玻璃透视窗的办公室。

4.器材设备(工具)：90 本书(课本和课外书约为 1∶1，类型随机)、铅笔和橡皮、便利贴纸、3 串钥匙、3 台笔记本电脑、1 摞画有各类奇怪符号图案的报纸、一些办公桌正常摆放的用品。

5.要达到的效果：

参训小组通过循环对战训练，既充分锻炼了反侦查意识，又能够根据现场的线索，运用各种侦查思维，获取终极线索，强化各类侦查思维能力。

(四)训练原理、依据

本训练属于综合思维训练。通过实训，学员的侦查与反侦查思维能力得到了提高。训练的依据是关于逻辑推理思维、类比推理思维、联想思维、侦查与反侦查思维、博弈思维、观察力训练、直觉思维等综合思维理论及其在侦查中的运用。

(五)组织实施

1.指导教师设计实训方案，与反侦查小组一起进行现场布置。

2.侦查组在指挥员的指导下，依靠小组集体的力量，在规定时间内，充分发挥综合侦查实力，破解终极线索。

3.小组讨论与分享，指导教师点评。

4.撰写实训总结报告。

(六)考评依据及方式

1.根据反向侦查思维的运用水平及侦查障碍设置情况，对反侦查组学员酌情进行打分。

2.侦查组打分方式：

30 分钟之内完成任务得 90 分以上；

45 分钟之内完成任务得 80～89 分；

60 分钟之内完成任务得 70～79 分；

75 分钟之内完成任务得 60～69 分；

超时计成绩不及格。

(七)其他

注意实训过程中器材和设备的保护；

注意实训中反侦查设置的合理性与保密性。

(注：部分训练解析参考见附录)

附　录

项目一　联想思维训练

一、获取密码流程参考

第一步，参训学员将 U 盘插入电脑，发现 U 盘的名称为一个鸡蛋，这是为了引发因果联想，将线索引向置物架上的小鸡储钱罐。

第二步，由小鸡储钱罐可以引发相似联想——钱包，通过联想钱包里银行卡、身份证，以及现金与密码之间的关联，会发现：首先，一般银行卡的密码都是六位数，U 盘密码数位与之相同；其次，许多银行卡密码都是由自己或亲近的人的生日信息组合而成的，由此将线索引向身份证。

第三步，根据提示，U 盘密码可以多次尝试而不会被锁定。当学员尝试

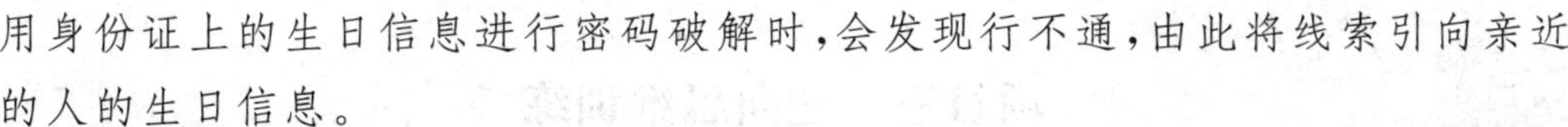

用身份证上的生日信息进行密码破解时，会发现行不通，由此将线索引向亲近的人的生日信息。

第四步，当找到户口本后，会发现户主妻子的生日信息，进行尝试，还是行不通。

第五步，只有运用逆向联想思维，将妻子生日信息倒序输入尝试时，U盘密码才得到破解。

二、方案设计中包含的联想思维类别

1.U盘密码为六位数——此处训练的是学员的“相似联想”思维能力，银行卡密码多为六位数，而且多数人会将生日信息组合作为密码使用；

2.U盘的名称为一个鸡蛋——此处训练的是“因果联想”思维能力，由鸡蛋联想到鸡；

3.身份证信息为一个35岁男性，此处设置的是一个“相关联想”训练，这个年龄段的男子应该已经成家，由此联想到与之关系密切的妻子；

4.户口本的出现，此处设置的是“类比联想”，身份证和户口本都是证明公民身份信息的；

5.由户主妻子的身份信息推导出U盘的密码，此处设置的是“逆向联想”训练，将生日信息倒序组合尝试，终于突破U盘密码。

项目二　发散思维训练

一、猪过桥参考方法

1.地球是圆的，反个方向走过去不就行了。

2.桥比猪短，猪没有全部站在桥上。

……

二、鹌鹑蛋安全落地参考方法

1.可以为鹌鹑蛋做一个减震装置；

2.在地面做一个可以承接鹌鹑蛋的缓冲装置等。

项目三　逆向思维训练

“猫鼠游戏”解析

游戏规则虽然简单，但是执行难度不小，“猫”虽有辅助手段可以获悉“鼠”的位置，但是却有20秒的滞后期，如一味跟着定位走，则会被“鼠”牵着鼻子走；而“鼠”一旦超出活动范围，就会被自动发送位置信息，如果不反其道而行之，则很快就会被抓住。因此，在这个游戏中，“猫”与“鼠”都需要运用逆向思维，“猫”要不被老鼠牵着鼻子走，“鼠”则要换位预判“猫”的位置。

项目四　突破思维定式训练

训练一　解题参考

一、考场布置要点：

将高数题目的答案事先隐藏于考场内，可以将内容混杂在黑板报或墙上的格言里面，或制成卡片标签挂在合理的地方，还可以写在废纸上扔在地上或是放在抽屉里等。隐藏标准：让学员不能轻易发现，但如果有意识地寻找，还是可以获取答案的。

为增加固定思维强度，可适当安排2～3个扮演认真考试的学员掺杂在参训学员中，当发现有人东张西望时，这些学员可以假装维护考场秩序。

二、理想的突破关卡过程参考

1.学员拿到试卷，先看试卷题目“思维训练测试”；

2.分析试题，发现试题内容为从未接触过的高数内容无法独立完成解答(侦查学专业学生不开设高数课程)；

3.对考试产生怀疑，这是一次思维训练测试，不会用完全没有学过的内容来测验思维能力；

4.突破固定思维，对解题方式产生怀疑，并开始寻求如何在不违反考场纪律的前提下，证实自己的猜想；

5.通过搜寻，发现隐藏于教室里的试题答案，并顺利完成考试。

三、解析

突破固定思维就是要克服人们头脑中固有的、僵化的思维框架，寻求新的问题解决的方向。本训练中参训学员如果不能尽快跳出原有的思维框架，一味专注于试卷内容，一种结果是根本无法在有限时间内完成超高难度的数学题目，另一种结果就是牺牲准确率靠瞎猜。因此，能否及时突破固定思维，是提高考试成绩的关键。在侦查过程中突破思维桎梏也是至关重要的，如若思想僵化不懂变通，很多案件可能都会成为悬案。

训练二解题参考：

问题一：这道题字面上看是数字题，但实际上需要突破定式思维的禁锢，将其转化为一道图形题，就可以轻松解题。

第一组数字结果为1，其中包含9；第二组数字结果为4，其中包含8、9、6；

第三组数字结果为3，其中包含8、6；

很显然，这是在数数字中带圆圈的个数，那么结果为412。

问题二：这道字母组合题的解题关键在于字母UDRL分别是单词UP、DOWN、RIGHT和LEFT的缩写，按照箭头所示方向行走，会得出数字2和5。

问题三：很少人会把硬币侧面看作单独一个面，也很少人会将硬币立起来，这些都是我们在平常生活中会忽略的细节，认为硬币只有两面，导致陷入无解难题。这道题只要将其中一枚硬币立起来，就可以轻松解决两两接触的问题。

项目五　博弈思维训练

训练一"智猪博弈"参考解析：

从博弈论的角度出发，选择等待是小猪的最优策略选择。原因如下：

1.如果大猪选择先行动去按键，小猪选择等待的话，小猪可得到4个单位的纯收益，大猪虽然可以吃到6个单位的猪食，但是必须付出2个单位的成本，纯收益也是4个单位；

2.如果小猪和大猪同时行动的话，大小猪吃到食物的比例是7∶3，扣除成本，纯收益比例为5∶1；

3.如果小猪先行动去按键,大小猪吃到食物的比例是9∶1,这样小猪将出现收入不抵成本的情况,纯收益为-1单位;

4.从以上分析可以看出,小猪先行动的结果对其是最不利的,即使其选择等待,也不至于出现负成本的结果;

5.因此,小猪选择等待结果要优于行动。

项目六　逻辑推理思维训练

训练一解析参考:

1.小明说:如果我不知道的话,小强肯定也不知道。

分析:如题所知,小明掌握了生日的月份而小强掌握了日子,在什么情况下小强不用知道月份就可以得知老师的生日呢,先来看10组候选的日子部分,有两个1日,两个4日,两个5日,两个8日,只有2日和7日落单,也就说只要是它们俩之一小强可以立刻推测出生日,而小明根据掌握的月份立刻得出如果自己推算不出来生日小强也不行,说明了小明掌握的月份不会是6月和12月两大组,因为如果生日在它们两大组之中,小明就无法推测出生日而小强有可能立刻推测出生日。

2.小强说:本来我也不知道,但是现在我知道了。

分析:根据小明的第一句话,小强立刻按照和我一样的推理排除了6月和12月两大组,根据自己掌握的日子在剩余的3月和9月组中立刻推理出真正的生日。由于我没有小强掌握到的日子的情报,在这一步我无法推测出生日,只能按照小强的推理思路继续排除,剩余5组中有1个1日,一个4日,两个5日,1个8日,如果小强掌握到的情报是5日,也不可能得出结论,因为小强不知道具体月数,所以两个5日排除。可能性只剩3月中的两组和9月中的1组。

3.小明说:哦,那我也知道了。

分析:小明掌握了月份,所以能立刻推测出剩余3组的真正生日组,我同样不知道月份,这次按照小明的思路排除,如果月份在3月组,由于3月组还剩余两组,小明没有掌握到日子还是不能从中得出正确答案,所以月份只能是9月组小明才有把握知道正确答案,9月还剩的最后一组就是此题真正的答案了。

因此,9月1日为张老师的生日。

训练二解析参考：

一、热身训练参考答案

BCACA　　　　CDABA

二、照片一线索解析参考

1.根据假设，(1)和(2)中能适用于实际情况的只有一个，同理，(3)和(4).(5)和(6)互相之间，也是一样的情况。

2.根据上面的结论，(2)和(5)同时符合的可能性不太大。因此，能适用实际的情况，只可能是以下几组中的一组或多组：

A.(1)、(4)和(5)

B.(1)、(3)和(5)

C.(1)、(4)和(6)

D.(1)、(3)和(6)

E.(2)、(4)和(6)

F.(2)、(3)和(6)

假如A组合成立，那么凶手是男性，根据(4)的结论，受害者是女性；可是(5)的假设表明凶手与受害者性别相同。因此A的假设不成立。

假如B组合成立，由假设可知，凶手与受害者有亲缘关系，而且职业与性别一样，这与每个家庭的组成情况不相符，因此B也不成立。

假如C组合成立，则凶手是男性，受害者是个女性医生，但根据(1)和(4)的假设，凶手是律师，凶手与受害者有亲缘关系，这与各个家庭的组成情况也不相符。因此C也不成立。

假如D组合成立，则凶手是男性，受害者也同样是男的，但根据(6)的假设，凶手与受害者的性别不一样。因此D也不成立。

假如E组合成立，则凶手是医生，受害者也是医生，但根据(4)的假设，凶手与受害者职业不一样，因此E也不成立。

因此，只有F组合可能成立，根据这个假设，凶手是医生，受害者是男性医生，而且凶手是女性；再根据各个家庭的组成情况，凶手只能是小蒂；根据(2)的假设，说明受害者是小刚：检验(3)的假设，也与(2)(6)的结论相将合。

根据凶手在题目中第二个出现的顺序，可以得出关键数字“2”。

三、照片二线索解析参考

按照假设法推理，可以发现只有选项(3)最可能为真，关键数字为“3”。

四、照片三线索解析参考

设四个空分别为 a,b,c,d。根据题目意思，$a+b=8$，$c+d=6$，$a+c=13$，$b+d=8$，由第一个式子和第四个式子得到 $a=d$，代入第二个式子得到 $a+c=6$，与第三个式子 $a+c=13$ 矛盾，无解。因此可以满足条件的答案是 0 个，关键数字为“0”。

五、线索综合解析

得到这三个关键数字后，按怎样的顺序进行组合，照片中其实已经给了暗示。三张照片拍摄时间有先后顺序，这一点可以根据照片的亮度来判断，由此可以得出正确的数字组合顺序应该是照片一、三、二，即寻找关键物证的线索为 203 房间。

项目七　综合侦查思维训练

问题解析参考：

报纸上随意涂鸦的许多图形组合中，有一个用铅笔画成的代表着奥林匹克团队协作精神的五环图案，另一张报纸的隐蔽边角会看到“团队协作”的字样。这个设置明确引向与圆圈相关的线索。

依据“团结协作”一词类比推理，可以在“绝对不能打开”的文件夹里找到一个被命名为“永不过时的奥林匹克精神”的文件(“永不过时”是一种暗示，提示侦查人员这是不能放过的文件，与“绝对不能打开”字面意思相反)，打开文档可以看到“终极线索在一本书里”的提示。

利用联想思维可以在三串钥匙的某一把上找到贴有圆圈图案贴纸的一把钥匙；用这把钥匙可以打开三个书柜中的一个，然后在其中的 30 本书里，有一本书朝里摆放的内立面有一个圆心标记，在这本书里可以翻找到终极线索——犯罪嫌疑人留给同伙的信息！写着：“兄弟，警察正不断追踪抓捕我，请收到我的留言后速到福州仓山区对湖街道首山路 107 号的逍遥公寓 5 层 03 号房间与我会合准备跑路，如果太晚我就要先走一步了，后会有期。”

第三章　犯罪现场勘查训练

项目一　犯罪现场分类实训*

(一)训练目的

明确犯罪现场分类依据,学会确认犯罪现场的类别。

(二)训练方案设计

布置室内现场与露天现场各两个。室内现场按盗窃现场与杀人移尸案第一现场进行布置。露天现场按盗窃机动车与杀人移尸案关联现场进行布置。学员依序对室内盗窃现场、室内杀人移尸案第一现场、露天盗窃机动车现场、露天杀人移尸案关联现场进行巡视观察。通过观察确认犯罪现场的类别。

(三)训练要求

1.实训时数:2 课时。

2.人员分工:以班为单位进行训练,每班 12 人,一个班即一个小组。每组设实训指挥人员 1 人(仅限于实训的指挥),警戒人员 1 人,巡视观察人员 4 人,固定记录人员 4 人,实训报告制作人员 2 人。

3.场所:室内现场设在校内实训场所,露天盗窃机动车现场设在校内某一停车场,露天杀人移尸案关联现场设在校外某一偏僻处。

* 撰稿人:洪容容。

4.器材设备（工具）：固定记录工具、警察常规设备（含执法记录仪）、制作实训报告材料。

5.要达到的效果：在指挥员的指挥下，学员通过巡视观察，辨别、分析犯罪现场类型，通过制作实训报告的形式把观察分类结果进行展示。

（四）训练原理、依据

本训练属观察性模拟训练。通过实训，巩固知识、训练技能、提高操作能力。依据是《犯罪现场勘查》教材关于犯罪现场的分类标准。

（五）组织实施

1.指导教师进行方案设计，并在实训前对相关现场进行布置。

2.布置实训任务，对参与实训的人员进行分工。

3.在规定的时间内，参与实训的学员分工合作，根据事先的安排，在实训指挥员的指挥下，完成现场巡视观察及其他各项任务。

4.学员完成犯罪现场分类实训报告。

（六）考评依据及方式

1.组织管理（10 分）：根据人员到位、器材设备准备、规定任务按时完成情况评分。

2.分工合作（10 分）：根据各岗位人员到位及履职情况评分。

3.巡视观察（20 分）：根据巡视观察的规范程度、合理程度评分。

4.实训报告（50 分）：根据实训组表现、对规定问题的回答情况及其他评分。

5.其他（10 分）：指导教师自由评判。

在以上指标中，组织管理、分工合作、巡视观察、其他等由指导教师临场观察、群内考察评分；实训报告由指导教师根据实训组所完成的实训报告评分。

（七）其他

注意实训中的安全与器材保护等。

项目二　受理案件训练*

(一)训练目的

通过实训让学生熟练掌握受理案件与立案的合法程序,能针对报案情况作出合理的处置,并学会制作规范的受案立案法律文书。

(二)训练方案(情节)设计

首山派出所接群众报警称市内某职业学校,被人翻墙、推门入室盗走多个教室内财物,损失共计14000余元。第二日,首山派出所接到报警称:某大专学校,被人翻墙入室,盗走学校内学生放在课桌里的现金以及财物,损失共计28000元。

案发后,派出所民警立即调取周边监控视频,通过分析发现,有两名嫌疑人作案,均为男子。但是由于是在凌晨作案,视线较差,无法获取清晰的体貌特征。经过图侦确定犯罪嫌疑人在学校作案的时间为凌晨4时许,根据估算,离开学校的时间应该为凌晨5时左右。民警迅速调取监控,在首山路路口发现两名形迹可疑的男子。

通过技术手段,将嫌疑人逃窜轨迹与手机信号轨迹进行碰撞比对,确定嫌疑人,这为串并案件提供关键证据支撑。再利用基站定位,确定其落脚点,侦查员为了不打草惊蛇,秘密来到其落脚点,伺机抓捕,犯罪嫌疑人交代整个犯罪事实。

(三)训练要求

1.实训时数:2课时。

2.人员分工:以班为单位进行训练,每班12人,一个班即一个中队。每班设报案人1人,犯罪嫌疑人2名,侦查员8名,每中队设中队长1人(仅限于实训)。

---

* 撰稿人:黄泽政。

3.场所:室内现场设在校内实训场所。

4.器材设备(工具):法律文书、固定记录工具、警察常规设备(含执法记录仪)、笔记本电脑若干、现金若干。

5.要达到的效果:在中队长的指挥下,学员通过初查,制作受案材料,完成立案,通过制作实训报告的形式完成该项实训。

(四)训练原理、依据

本训练属操作性模拟训练。通过实训,模拟受案和立案的操作流程。

(五)组织实施

1.指导教师进行方案设计,并在实训前对相关现场进行布置。

2.布置实训任务,对参与实训的人员进行分工。

3.在规定的时间内,参与实训的学员分工合作,完成报案、受案、初查及立案的受理案件训练。

4.完成实训报告。

(六)考评依据及方式

1.组织管理(10分):根据人员到位、器材设备准备、规定任务按时完成情况评分。

2.分工合作(10分):根据各岗位人员到位及履职情况评分。

3.巡视观察(20分):根据巡视观察的规范程度、合理程度评分。

4.实训报告(50分):根据实训组表现、对规定问题的回答情况及其他评分。

5.其他(10分):指导教师自由评判。

在以上指标中,组织管理、分工合作、巡视观察、其他等由指导教师临场观察、群内考察评分;实训报告由指导教师根据实训组所完成的实训报告评分。

(七)其他

注意实训中的安全与器材保护等。

项目三　现场保护训练*

(一)训练目的

理解犯罪现场保护的意义，明确犯罪现场保护的任务，掌握犯罪现场保护的基本方法。

(二)训练方案(情节)设计

1.案情设计

案件性质：抢劫。

发案时间：16:00。

作案人数：2名。

犯罪动机：图财。

2.报案情况

某年某月某日约16时，某地级市某社区某街的"太子"金店被两名男子抢劫走价值约9万元的黄金首饰。

3.作案过程

某街"太子"金店位于闹市区，犯罪嫌疑人李某、张某戴黑色头套，作案时手持一把弓弩、一把类似斧头的刀具、一把工锤，未戴手套，整个抢劫的时间只有短短11秒钟。犯罪嫌疑人冲进现场时间为16:02分，抢劫得手后逃离时间为16:02:11。逃离时两人骑一部女式摩托车离开。因为案件发生点在闹市是持械抢劫，对象又是金店，所以造成了十分恶劣的社会影响。

4.现场上留下的主要痕迹物品

展示柜的破碎玻璃；展示柜内遗留的模糊手印；地上的脚印；相关电子痕迹。

5.作案人情况

李某，男，30岁，身高180，体型偏瘦，湖北人。作案时，头戴黑色头套，脚

* 撰稿人：黄泽政。

穿旅游鞋,上穿黑色 T 恤,下穿蓝色牛仔裤。张某,27 岁,身高 170,体型偏瘦,湖北人。作案时,头戴黑色头套,脚穿旅游鞋,上穿黑色 T 恤,下穿深蓝牛仔裤。

(三)训练要求

1.实训时数:2 课时。

2.人员分工:以班为单位进行训练,每班 12 人,一个班即一个小组。每组设实训指挥人员 1 人,侦查人员 4 人,警戒人员 1 人,现场勘查人员 2 人,报案人 1 人,嫌疑人 1 人,群众 2 人(周边店铺经营者,店铺安装视频监控)。

3.场所:校内实训楼室内模拟现场。

4.器材设备(工具):布置现场材料(柜子、沙发、桌子、模拟脚印等)、执法记录仪、勘验检查器材(警戒带、绳索、告示牌、现场勘查箱、包装袋、标签、比例尺、照相机、笔录纸等)。

5.要达到的效果:按照犯罪现场保护的任务和方法,依次完成。

(四)训练依据

本训练属操作性模拟训练。实训依据:《犯罪现场勘查》教材。

(五)组织实施

1.指导教师进行方案设计,并在实训前将设计的情节(脚本)提交给本实训小组成员。

2.在规定的时间内,参与实训的学员接到报案,学员在指挥员的指挥下,正确受案,抵达训练现场;各角色根据脚本实际操作;在现场保护中,要核实现场情况,确定保护范围,对紧急情况采取措施,进行初步的调查访问,向现场勘查人员介绍犯罪现场保护情况。同时需要运用警戒法与对现场物证的保护方法。

3.实训结束,完成实训报告。

(六)考评依据及方式

1.组织管理(10 分):根据人员到位、器材设备准备、现场勘查的规范性、规定任务按时完成情况评分。

2.角色扮演及完成(10 分):根据与规定情节的相符度、真实度及完成情况评分。

3.现场保护的任务(20 分):包含核实现场情况,封锁范围,紧急情况处理,初步调查访问以及向现场勘查人员介绍犯罪现场保护情况。

4.警戒法的运用(15 分):是否划出保护范围,警戒措施的设置。

5.现场物证保护方法的运用(15 分):勘查人员是否按照要求对现场物证进行保护。

6.现场电子数据保护方法的运用(15 分):是否停止现场计算机及相关设备的使用,保存相关信息。是否协同相关部门对通信基站及视频监控系统的数据进行保护和采集。

7.实训报告(10 分):根据实训报告的质量评分。

8.其他(5 分):指导教师自由评判。

成绩由指导教师根据学员实际完成情况结合临场观察、群内考察及实训报告评定。

(七)其他

注意实训中的安全与器材保护等。

项目四　现场紧急情况处置训练*

(一)训练目的

紧急情况处置训练是犯罪现场勘查的前期处置,应根据现场的不同情况,采取不同的处置方法。

(二)训练方案(情节)设计

1.案情设计

案件性质:命案。

发案时间:15 时,接警后展开实训。

---

* 撰稿人:林伟。

作案人数:1 名。

犯罪动机:不明。

2.报案情况

15 时许,某市公安局派出所接到孙某报警称:当天 14 时许在某菜场附近其孙女(6 岁)走失,报警人电话随后由围观群众接通,告知孙某昏迷。

3.作案过程

(1)现场概况:孙某处于昏迷状态,群众围观。

(2)相关线索:其孙女最后出现地点地面留有孙某买的小红绳一个。主干道附近有监控,监控内容为孙某(孙女)跟随从店内出来的一名男子离开,行至十多米外的一条小巷(内有密集的群租房"实训楼"),两人一前一后的消失在视频监控画面中。该男子嫌疑非常大,周边群众辨认,确定该可疑男子暂住在事发地附近。

(3)可疑房屋:屋内有灯,无人应答;屋内被子上有血迹,红色幼儿裤。找到房东,房东辨认出监控图片中的男子即为租客李某,一人居住。其日常生活用品等皆在,空调处于开启状态。

(4)群租房东边是住宅楼,西边是河道,北边是草丛。根据监控视频提取其活动轨迹(在该时间段)集中在北边草丛内。

4.现场上留下的主要痕迹物品

小红绳、被子上血迹、红色幼儿裤、犯罪嫌疑人(回来后)带泥土足印,空调开启状态。

5.作案人情况

李某,男,35 岁,身高 175,体型偏瘦,面色黝黑,暂住人员。

(三)训练要求

1.实训时数:2 课时。

2.人员分工:以班为单位进行训练,每班 12 人,一个班即一个小组。每组设实训指挥人员 1 人,报警人孙某 1 人,犯罪人李某 1 人,群众 2 人,房东 1 人,医生 1 人,侦查员 5 人。

3.场所:校内实训楼室内、室外相结合。

4.器材设备(工具):布置现场材料[柜子、床铺(血迹)、桌子、模拟脚印等]、执法记录仪、辨认照片及监控视频(含两个部分,一为犯罪嫌疑人拐走孙某模拟视频,一为犯罪嫌疑人处理尸体的活动轨迹)。

5.要达到的效果：采取抢救人命、现场搜索、追击堵截的紧急措施。

(四)训练依据

本训练属操作性模拟训练。实训依据：《犯罪现场勘查》教材。

(五)组织实施

1.指导教师进行方案设计，并在实训前将设计的情节(脚本)提交给本实训小组成员。

2.在规定的时间内，参与实训的学员接到报案，学员在指挥员的指挥下，抵达训练现场；各角色根据脚本实际操作，采取抢救人命、现场搜索、追击堵截的紧急措施。实训结束，完成实训报告。

(六)考评依据及方式

1.组织管理(10分)：根据人员到位、器材设备准备、现场勘查的规范性、规定任务按时完成情况评分。

2.角色扮演及完成(10分)：根据与规定情节的相符度、真实度及完成情况评分。

3.抢救人命措施(20分)：对现场有生命危险者采取的救治措施。

4.现场搜索措施(20分)：是否对现场进行搜索，本次实训内容的现场搜索有两个部分。

5.追击堵截措施(20分)：是否采取守候抓人或寻找抓捕措施。

6.实训报告(10分)：根据实训报告的质量评分。

7.其他(10分)：指导教师自由评判。

成绩由指导教师根据学员实际完成情况结合临场观察、群内考察及实训报告评定。

(七)其他

注意实训中的安全与器材保护等。

项目五　现场访问训练*

(一)训练目的

理解犯罪现场访问的意义;掌握犯罪现场访问的途径;对案件发现人、被害人、事主、证人和一般知情群众等不同访问对象的访问策略、方法和原则;在不同现场寻找知情人的方法;体会及实践犯罪现场访问的技巧;制作犯罪现场访问笔录。

(二)训练方案(情节)设计

1.案情设计

案件性质:命案。

发案时间:22—23 时,接警后展开实训。

作案人数:1 名。

犯罪动机:家庭矛盾。

2.报案情况

晚 10 时 55 分许,某市公安局派出所接到“110”指令,其辖区内某住宅小区 3 楼一户住户,夫妻二人(丈夫成某,妻子茅某)因家庭矛盾发生纠纷,妻子茅某胸部被刀刺伤后送医院抢救无效死亡。接警后,民警迅速赶往现场。

3.作案过程

(1)现场概况:现场位于某小区 3 楼。该房为三室一厅的套间,进入大门为客厅,客厅内摆放三张办公桌,是成某公司办公所用。客厅的西面由南向北依次是大卧室(夫妻二人所住)、小卧室(成某侄女成丽住)、北房间(房东所留,门是锁的)。客厅的北面是卫生间和厨房。

(2)中心现场:中心现场在夫妻二人的卧室内,卧室门右侧靠北墙有一个地柜和化妆台,距化妆台南侧 0.8 米紧靠西墙有一张席梦思双人床,床的南侧

---

* 撰稿人:林伟。

有一个简易衣橱，床的东面紧靠东墙有一个电视柜，在南墙上有一扇窗户，窗台上堆有衣服、裤子等杂物，紧靠窗台有一张长条桌。在床和门之间地板上有一大片血泊，在血泊中及周边散落着镜子玻璃碎片，在门边的地上有一个镜子塑料外框，在化妆台上有一把带血的水果刀。在床上东侧有一床蓝色被子，在被子上和床单的中间及枕头套上滴落着血迹，在床单上散落着镜子的玻璃碎片，席梦思床垫向南移位4厘米，在床的南侧地板上有一条带血的男式长裤和内裤，从卧室到卫生间及大门的地面上有滴状血迹和血足迹。卧室内其他物品无异常情况。

(3)被访问者陈诉：

①成某(死者丈夫)陈述：晚7时多，和妻子茅某在工地食堂吃饭，两人各喝了四两多白酒，晚上10点多由驾驶员将二人和其侄女成丽送到暂住地。到家后，成丽先在卫生间洗澡。成某脱下衣服躺在床上，茅某把房门关上，将电视机打开穿着内裤坐在床边翻看自己的手机，当看到一条骚扰短信时，茅某就和成某吵起来，要成某将外面的女人交出来，否则就死给其看。因吵架声音大茅某将电视机的音量调大，这时其侄女来敲门，茅某将门打开将侄女推出门外并将房门锁上，继续和成争吵。茅某拿起化妆台上的镜子朝自己的头上砸去，后又随手拿起化妆台上的一把水果刀。成某即上去夺刀，在争抢中刀将成某的右手掌外侧划破，成某就拿纸擦血，这时茅某躺在床上右手持刀朝自己胸部连捅几刀，成某就上去扶她，茅某从床上滑坐在地上。这时其侄女在外面敲门，成某打开房门，侄女看到地上流了好多血就问怎么回事，成某就叫侄女打电话给“120”和其办公室主任陈某。之后“120”急救车赶到将茅某送医院抢救。

②成丽(侄女)：晚上其大伯和大妈在工地食堂吃完饭由驾驶员将三人送到住处，回到家已是晚上10点多钟，自己先洗澡，他们俩就在卧室并将房门关上。听到他们房内电视机的音量很大并夹杂着争吵的声音，就去敲门，这时茅某开门并将其推出。后又听到玻璃破碎和打斗的声音又去敲门，这时成某打开房门看到大妈坐在地上胸口在流血，就问怎么回事，大伯讲是她用刀自己戳的，并叫其快打“120”和陈某，后急救车赶到。

③陈某(办公室主任)：晚10点40分许，其接到成丽的电话说家中出事了，茅某流了好多血，叫其赶快来，就开车赶到其住处，进门看到茅某坐在卧室地上流了好多血，成叫他去接“120”的急救车。急救车来后一道将茅某抬上车。

④邻居 a:夫妻关系还可以,茅某帮助其丈夫管理财务和工地上的后勤保障,成在生活上和工作上对茅某很依赖。

⑤邻居 b:他们看起来不错,但是实际上成某在外面包养情人,有一次在城里逛街正好看到而已。另外,听说这么一个事儿,有手机经常发来骚扰短信,所以有时候会听到他们吵架的声音,次数也不少。

⑥张某(由邻居 b 访问可知此人):32 岁,是成某请办公室主任陈某在市区内租了一套房间给她。两人是情人关系,照顾她的生意,两人关系很好。张某在安徽老家有丈夫并有一个 11 岁的儿子,只想和成做情人并靠其做生意,并表示她肯定没有骚扰成某的老婆。

⑦对骚扰手机的调查:经查该卡号的注册人为假身份证。调出其每次发骚扰短信时的基站位于成某的住处附近。经查,该号码就是在成某的卧室内搜出的华为手机。

4.现场上留下的主要痕迹物品

带血水果刀;华为手机;玻璃碎片;男式长裤和内裤;卧室到卫生间的滴状血迹和血足迹;相关电子痕迹。

(三)训练要求

1.实训时数:2 课时。

2.人员分工:以班为单位进行训练,每班 12 人,一个班即一个小组。每组设实训指挥人员 1 人,成某(死者丈夫)1 人,成丽 1 人(死者丈夫侄女),陈某 1 人(成某领导),张某 1 人(成某情人),邻居 2 人,见证人 1 人,侦查人员 4 人。

3.场所:校内实训楼室内模拟现场。

4.器材设备(工具):布置现场材料(柜子、沙发、桌子、玻璃碎片、血渍、血条、血印、水果刀、裤等、华为手机)、访问笔录表格、笔、印泥、录音设备、录像设备。

5.要达到的效果:按照犯罪现场访问的途径和方法,依次完成。

(四)训练依据

本训练属操作性模拟训练。实训依据:《犯罪现场勘查》教材。

(五)组织实施

1.指导教师进行方案设计,并在实训前将设计的情节(脚本)提交给本实训小组成员。

2.在规定的时间内，参与实训的学员接到报案，学员在指挥员的指挥下，确定现场访问对象，发现访问对象的途径，完成现场访问的内容及正确制作现场访问笔录。实训结束，完成实训报告。

(六)考评依据及方式

1.现场组织管理(10 分)：根据人员到位、器材设备准备、规定任务按时完成情况评分。

2.角色扮演及完成(10 分)：根据与规定情节的相符度、真实度及完成情况评分。

3.发现现场访问对象(20 分)：通过围观人群、现场遗留物、上游访问、现场走访等途径发现访问对象，评分重点关注对象的全面。

4.现场访问的内容(20 分)：对报案人、被害人、相关人士的访问，评分重点关注访问的内容深度。

5.现场访问笔录制作(20 分)：笔录制作是否规范、内容是否齐备。

6.实训报告(10 分)：根据实训报告的质量评分。

7.其他(10 分)：指导教师自由评判。

成绩由指导教师根据学员实际完成情况结合临场观察、群内考察及实训报告评定。

(七)其他

注意实训中的安全与器材保护等。

项目六　现场勘验训练*

(一)训练目的

掌握现场勘验的步骤、方法，学会拟定勘验的方案，学会痕迹物品的寻找、发现、分析、固定、提取、包装、运送、保全等勘验方法，学会人身检查、现场实验

* 撰稿人：林伟。

以及制作勘验、检查笔录的方法。

(二)训练方案(情节)设计

1.室内盗窃案件实地勘验

某年9月5日早上8时,接营口县水源乡报案,盖山供销社金柜于夜间被撬,盗走现金8000元。

现场位于供销社院里东厢房北数第二间。室内门窗关着,靠窗台放着一张办公桌(内有现金),锁未见变动。办公桌南侧靠西南角放一49×46×67厘米的深绿色金柜,没有移动,柜门朝东已打开,经会计清点,柜内现金被盗8409元。在柜门把手上留有白色棉絮纤维,柜门里侧门壁上有线手套痕迹,金柜把手稍有弯曲,金柜暗锁钥匙依然可开。打开金柜门里壁后,发现锁栓壁弯曲,暗锁锁栓失灵。柜门下边地面上有铜末。金柜东侧地面上有两种花纹塑料底布鞋的不完整痕迹。东窗里侧安装的六根铁棍被扳掉一根,窗口为110×36厘米,铁棍上留有白色棉絮纤维。窗外墙根地上留有三个脚尖朝窗的塑料底布鞋足迹,与金柜附近的一种足迹相同。在窗外东南340厘米沟边还有两种与室内金柜附近相同的足迹,一种长28.5厘米,另一种长29厘米。

2.杀人抛尸案件实地勘验

×年5月24日早上9时,首山公安分局刑警大队接“110”报警称:仓山区福建警察学院综合实训大楼背面草地围墙墙根处发现一包碎尸块。

现场位于福建警察学院综合实训大楼背面草地内,在距东面围墙10米处的北围墙墙根处发现一包碎尸块。碎尸块为左右两只手臂,均被用锐器从关节处切割开来,创缘较整齐。用一件长72厘米,肩宽42厘米的白色衬衣包裹,外面再用两个黑色点断式垃圾袋包裹,并用红色尼龙绳捆扎。死者手掌茧子较薄,肌肉发达,皮下脂肪较少。检验时有部分尸斑出现。

(三)训练要求

1.实训时数:4课时(分2次)。

2.人员分工:由参加测试的人员(2名以上)扮演勘验人员正确勘验现场。

3.场所:校内实训楼室内模拟现场。

4.器材设备(工具):布置现场材料[办公桌一张、金柜一个、道具尸块、白衬衣、黑色垃圾袋、红色尼龙绳等,其他一些案情中提到的物品和痕迹(纤维、铜末、鞋印等)]、勘验检查器材[警戒带、法医勘查箱、现场勘查箱、勘查灯、担架、包装袋、标签、比例尺、照相机、笔记本电脑(带绘图软件)、笔录纸等]。

5.要达到的效果:按照现场勘验程序、步骤,有序地开展相关案件现场勘验活动,完成需要完成的相关任务。

(四)训练依据

实训依据是《犯罪现场勘查学》之现场勘验。

(五)组织实施

1.指导教师进行方案设计,并在实训前对相关现场进行布置。

2.布置实训任务,对参与实训的人员进行分工。

3.在规定的时间内,参与实训的学员分工合作,根据事先的安排,完成现场勘验及其他各项任务。

4.学员完成犯罪现场勘验实训报告。

(六)考评依据及方式

1.勘验步骤与顺序(30 分):其中勘验步骤分明(10 分)、现场勘验的顺序恰当(10 分)、分个体勘验的顺序规范(10 分)。

2.勘验方法(30 分):其中勘验方法选择的针对性(15 分)、勘验方法运用的综合性(15 分)。

3.痕迹物证的发现与提取(30 分):其中操作技能是否熟练(15 分)、操作是否符合要求(15 分)。

4.其他(10 分):如纪律作风等由指导教师自由评判。

项目七 现场分析训练*

(一)训练目的

通过实训,明确现场分析的内容,初步掌握现场分析的步骤方法。

* 撰稿人:林伟。

(二)训练方案(情节)设计

案件材料：

2012年10月28日上午9时，N市公安局接到群众报告称：医院医生沈某家发生火灾，群众救火时发现沈医生被人杀害，于是报案。公安局接到报案后，即赶赴现场。

现场位于该居民楼2门2层，该层有4、5、6三个单元，被害人住在4单元。房门暗锁完好无损，房门被踹开；距地面90厘米处的门板上有踹痕，门框被踹裂；走廊墙壁上有血手套印痕和大量喷溅血迹；距地面20厘米的墙上有两种蹬踹的血足迹，其中一种是被害人的军便鞋印，另一种是模压底小浪花纹皮鞋印，长29厘米。在东屋门前发现一个外衣纽扣，上带有0.5厘米长的白线；在双人床的棉被上发现血手套印，棉被里发现一火柴盒，盒面上有血手套印。在火柴盒内盒的一端提取左手拇指血指纹；柜子有翻动痕迹；在厨房水池内提取带血的白粗线手套一副，小剪刀一把(刀把已弯曲)，食油瓶一个；自来水管仍在流水(即未关水龙头)。西屋内北墙有一单人床，被害人仰卧于床上，头部有8处3至4厘米长的钝器伤；喉头被剪刀扎伤，气管已断，脸左面部皮肤被烧焦，棉被上浇有食用油，并有14根火柴棒。

在勘验这个现场的同时，又发现第5、第6单元的门也被踹裂，门上留下的鞋印，足迹大小和鞋底花纹特征，踹门部位、高度均与第4单元的情况相同。这两个单元的室内箱柜均被翻动。在第5单元门后放有一张圆桌(经查不是事主放置的)。从该现场上提取的足迹特征看，鞋底花纹磨损程度：右脚磨损严重，左脚轻。第6单元门后有一根木棍(经查也不是事主放置的)。经上述3个单元的事主清点，共被盗走8000元定期存款单，照相机一部。

现场调查情况

发案当天被害人沈某公休，早上8时到附近的副食店买东西，9时群众发现沈家着火。

提出的应分析的问题：

1.分析案件的性质，说明依据。

2.分析作案的过程，说明依据。

3.分析犯罪人的个人特点，说明依据。

4.下一步的侦查方向。

(三)训练要求

1.实训时数:2 课时。

2.人员分工:以班为单位进行训练,每班 12 人,一个班即一个小组。每组设指挥人员 1 人。

3.场所:教室、学校实训场所办案区。

4.器材设备:电脑、投影仪、记录本。

5.要达到的效果:围绕提出的问题做到科学、客观的分析。

(四)训练依据

实训依据是《犯罪现场勘查学》之犯罪现场分析。

(五)组织实施

1.指导教师把设计好的案情资料分发给学生。

2.在规定的时间内,在指挥员的指挥下,小组成员进行讨论,安排一人做好记录。

3.通过讨论得出结论。

4.由指导教师提供案件原始分析情况与学员对比,分出优劣。

5.最后由指导教师提供犯罪嫌疑人供述情况。

(六)考评依据及方式

1.现场分析的内容(30 分):其中分析内容的全面性与系统性(10 分)、所得结论的准确性(10 分)、得出结论的事实依据(10 分)。

2.现场分析的方法(30 分):其中心理分析法的运用(10 分)、辩证分析法的运用(10 分)、逻辑分析法的运用(10 分)。

3.确定初步侦查方案(30 分):其中侦查方向范围的确定及依据(10 分)、侦查思路的确定(10 分)、具体侦查措施的针对性(10 分)。

4.实训报告(10 分)。

项目八　现场勘查笔录制作训练*

(一)训练目的

通过实训,使学生进行现场勘验笔录整编分段的写作方法的练习,以便学生学习和初步掌握现场勘验笔录的文书规格、顺序和内容结构。

(二)训练方案(情节)设计

根据给定的犯罪现场,制作现场勘查笔录。笔录参考以下材料逐步进行。

××学校电视机被盗案现场勘验笔录

前言部分:

1.接到报案的时间,案件发生和发现的时间、地点,报案人与当事人的姓名、职业、住址,以及他们所述的案件发生、发现的经过情况。

2016年5月10日上午7时半,××学校四班学员(电视管理员)方××向学校保卫科报告称:今早6时40分,方准备打扫电视室,开门后,发现电视机被盗。学校保卫科冯科长立刻打电话报告我公安分局。

2.现场保护工作的部署情况,负责现场保护工作人员的姓名、职业。

保卫科随后派四班学员李××等4人进行保护现场,将电视室门锁好,并在前后重点部位加设岗哨,不许任何人进入现场,现场保护完整。

3.现场勘查领导人员和参加勘查人员的姓名、职务。

我公安分局接到报案后,刑警队队长张剑飞带领侦查员王俊、陈强、杨冬3位同志,于7时50分赶到现场,进行勘查。

4.见证人的姓名、职业、住址。

邀请了刘×(学校教员,住学校职工宿舍楼)和林××(四班学员)为现场勘查见证人。

5.勘查工作开始的时间,进行勘查当时的天气、光线等条件。

勘查于5月10日上午8时10分开始。当天天气晴。勘查时室内采用自

* 撰稿人:林伟。

然光。

叙述事实部分：

1.记明现场的具体地点：××市（县）、区、街道（镇、村、管理区），×号门牌等。

现场位于××学校11栋21号房，座东南向西北。11栋的西北面35米远处有一条5米宽东西走向的柏油路，东端通向某部队营房，西端可通校门，离柏油路50米远处是图书馆，汽车库；西南面离11栋10米远处，是一条4米宽的柏油路，一端通向东西走向的柏油路，一端通向学校礼堂，离路10米远处是卫生所、食堂；东南面是篮球场，30米处是教学楼；东北面4米远处是解剖室，50米远处是某部队营房、部队礼堂。

2.记明被勘查的场所、地段的具体位置及其周围环境，四周围墙、院落、通过各处的通道等。

21号房是11栋一楼大门东北面第二间，它的左邻是23号房，右邻是19号房，门前是一条1.5米宽的走廊，门对面是20号、24号房。

3.记明现场中心部分的具体情况。

21号房门外锁。房内长7.2米，宽4.5米，高3.7米里面有八张木条长椅分四排摆。门的南角，离西南墙，东南墙约15厘米处有一把"钻石牌"铁皮锁，锁键已被扭歪，打开。离西南墙15厘米、东南墙2.2米远处有一高90厘米、长60厘米、宽55厘米电视机油漆木箱，下面由四根1米高的腿支起，箱被移转过来，屏幕窗朝西南墙壁，箱后门被打开，锁扣上的锁头不见，里面的"菲立浦"'24寸彩色电视机被盗走。锁扣外侧离箱口2厘米处的油漆面有两处工具压痕。形状为")"和"]"状，宽为0.7厘米。深为0.2厘米:离箱口15厘米处的箱外壁上，有3枚根基朝箱口的并列汗液箕型指印。中间枚高，上枚较低，下枚最低，离电视机箱与两面南墙均37厘米处的地面上，有两只长为27厘米、前掌宽为11厘米的波浪式条纹解放鞋粉尘印痕。离西南墙83厘米，离电视机箱15厘米处，有两只与上所述相同的鞋印。与门相对的三扇窗的左边两扇扦销被提起至固定位置，朝外打开，被打开的窗口宽为60厘米、高为1.6米，左起第一扇下数第三格玻璃被打破，破孔的长为27厘米，宽为17厘米，碎玻璃片撒落在窗下暖气管前的地面上，面积为75厘米乘35厘米，离暖气管22厘米、离东西墙80厘米处有两只脚尖朝内的与上所述相同的鞋印。窗外泥土有趟模糊不清的鞋印，通向21栋大门前的柏油路上。

结尾部分：

1.提取物品的名称、数量,有的还要记清体积、重量,以及物品上的标记。

2.提取痕迹的名称和数量。

现场提取“钻石牌”铁皮锁一把;用静电胶提取6只解放鞋粉尘印痕;用软塑料采取两分工具压痕;用金粉显现、指纹胶提取汗液指印3枚。

3.拍摄现场照片的种类和数量。

拍摄现场方位照片6张,中心现场照片4张,痕迹物品细目照片10张。

4.绘制现场图的种类和数量。

绘制现场方位图和现场中心局部展开图各1张。

5.勘查结束的时间。

勘查至下午2:30结束。

6.勘查领导人员和参加勘查人员签名。现场勘查领导:××市公安局××分局刑警队长张剑飞、杨冬。

现场勘查人员:××市公安局××分局刑警队侦察员王健、陈强、杨冬。

现场勘验笔录:杨冬

现场勘查见证人:刘×、王××

7.制作现场勘验笔录的日期:2016年5月10日。

(三)训练要求

1.实训时数:2课时。

2.人员分工:以个体为单位开展训练。

3.场所:校内实训楼。

4.器材设备:电脑、现场勘查管理系统。

5.要达到的效果:围绕给出的现场做到科学、客观完成现场勘查笔录制作。

(四)训练依据

实训依据是《犯罪现场勘查学》之现场勘查记录。

(五)组织实施

1.指导教师进行方案设计,并在实训前对相关现场进行布置。

2.布置实训任务,对参与实训的人员进行分工。

3.在规定的时间内，参与实训的学员分工合作，根据事先的安排，完成现场勘查笔录及其他各项任务。

4.学员完成犯罪现场勘查笔录实训报告。

(六)考评依据及方式

1.笔录结构的规范性(30 分)：其中首部结构的规范性(10 分)、正文结构的规范性(10 分)、尾部结构的规范性(10 分)。

2.笔录内容的准确性(30 分)：其中首部内容的准确性(8 分)、正文内容的准确性(15 分)、尾部内容的准确性(7 分)。

3.笔录的制作要求(30 分)：其中记录按勘验顺序进行(10 分)，全面描述、突出重点(10 分)，内容与其他勘查记录相统一(10 分)。

4.其他(10 分)：如纪律作风等由指导教师自由评判。

项目九　现场绘图训练(一)*

(一)训练目的

熟悉绘制现场图的方法和步骤。

(二)训练方案(情节)设计

1.绘制现场草图

(1)观测现场，确定范围。

(2)确定现场方位和图的方向。

将图纸固定在绘图垫板上，再将指北针放在图纸上，使图纸的上方对准现场的北方。

(3)绘制现场草图的方法。

根据案件现场情况，在勘查现场的基础上，借助测绘器材，对现场进行巡视观测，在保持图纸方向不变的条件下，用徒手画法，把现场上各种物体及其

* 撰稿人：林伟。

他所见、各种有关数据进行记录并加注必要的说明。绘制现场草图,可以根据勘查现场的顺序,确定先绘方位图还是先绘全貌图。

2.绘制现场图初稿

现场图初稿,是根据现场草图和测量所得的数据,经过构思,内容的剪裁,按照工作要求,选择适当的图形,绘制现场图正图的铅笔稿。绘制现场图初稿是很重要的一个步骤,它的质量好坏直接影响着现场图正图,所以绘制初稿过程,必须认真、细致,一丝不苟。

(1)内容剪裁。

(2)图面构思。(可参考图 3-1 基本构思图)。

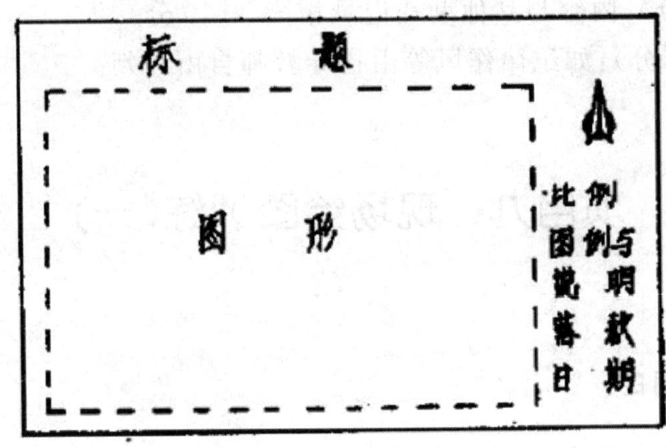

图 3-1 基本构思图

(3)选择现场图的种类。

(4)确定图纸的大小。

(5)确定图的比例。

根据所要绘制的现场范围,算出总距离,再根据图纸的布局,量出可供绘图用部分的最大长度,然后按公式:

$$1 \div \frac{\text{图纸长度}}{\text{现场总距离}} = \text{比例}$$

图 3-2 现场图比例公式

(6)绘制室内现场初稿的方法(以室内现场全貌图为例)。

a.绘制墙壁内侧线。

b.绘制墙壁外侧线。

c.绘制门、窗。

d.绘制室内结构和陈设。

e.绘制有关展开面。

f.绘制痕迹物品或其他“事物”。

g.绘制局部特写。

h.绘制图例说明、方位标、比例尺。

i.书写标题、说明文字、落款、日期、边框。

j.修改核对。

(7)运用等高线知识绘制野外现场初稿的方法。

首先确定现场的范围，然后找出最高的一座山头，将其按一定高度分成若干等分，根据其方向位置和图纸上的相应位置，由上至下画出等高线，其他山头相同高度的等高线也一并画出，画至地平面即可。最后画其他地形地物。

为了在图纸上准确画出山头的位置，可先在图上画出现场范围内的主要道路、河流和建筑物，并以此作为参照物，确定山头的位置(如图 3-3，图 3-4)。

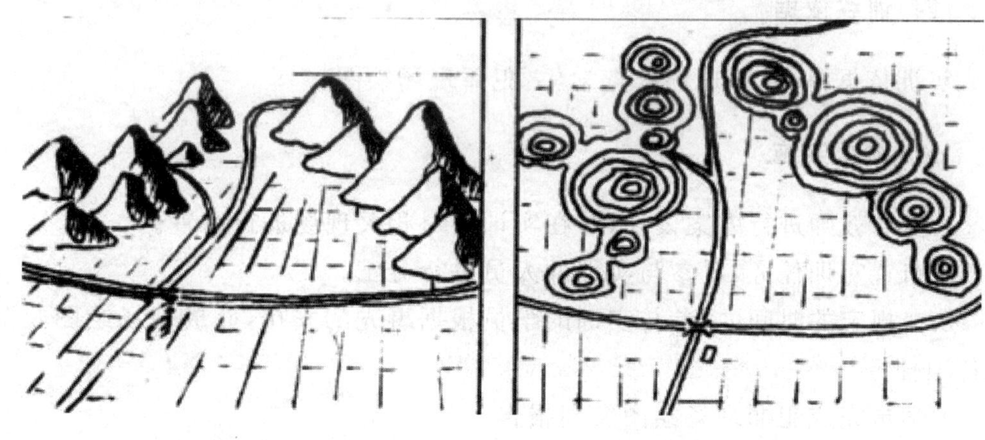

图 3-3　现场景况　　　　**图 3-4　等高线图**

3.描绘现场图正图

当现场图铅笔初稿经过核对修改无误之后，便可以用绘图墨水笔描绘加工成正图。为了提高描图效率和保证质量，保持画面清洁，可以参考以下描图顺序：

(1)先画曲线,后画直线,以便连接。

(2)先画上边,后画下边;先画左边,后画右边,可避免弄脏画面。

(3)先画细线,后画粗线,细线易干,不影响上墨进度。

(4)最后书写标题说明文字和画边框等。

(5)描图时,如有画错弄脏的地方,不要急于修改,可等干透、全部画完后,用硬橡皮擦去,或用锋利的刀片轻轻刮去,并把刮起的纤维压光再进行修改。

(三)训练要求

1.实训时数:2 课时。

2.人员分工:以个体为单位开展训练。

3.场所:校内实训楼。

4.器材设备:皮尺、钢卷尺、直尺、三角尺、量角器、指北针、三棱比例尺、云形规、圆规、绘图墨水笔(0.3 毫米、0.6 毫米、0.9 毫米各一套)、碳素墨水、绘图铅笔、橡皮擦、绘图板、绘图纸(3 张以上,每张纸的规格为 35 厘米×25 厘米)。

5.要达到的效果:围绕给出的现场手工绘制出草图。

(四)训练依据

实训依据是《犯罪现场勘查学》之犯罪现场绘图。

(五)组织实施

1.指导教师进行方案设计,并在实训前对相关现场进行布置。

2.布置实训任务,对参与实训的人员进行分工。

3.在规定的时间内,参与实训的学员根据事先的安排,完成现场绘图及其他各项任务。

4.学员完成犯罪现场绘图实训报告。

(六)考评依据及方式

1.测量与草图(20 分):其中确定方位(6 分)、确定内容(7 分)、测量与标记数据(7 分)。

2.描绘与正图(70 分):方位标定(7 分)、比例(10 分)、图例表示(10 分)、图的布局结构(12 分)、线条使用(10 分)、图的内容(13 分)、图的整洁(8 分)。

3.其他(10分):如纪律作风等由指导教师自由评判。

项目十　现场绘图训练(二)*

(一)训练目的

掌握利用天元现场绘图软件绘制犯罪现场图。

(二)训练方案(情节)设计

1.绘制该现场方位示意图,如图3-5。

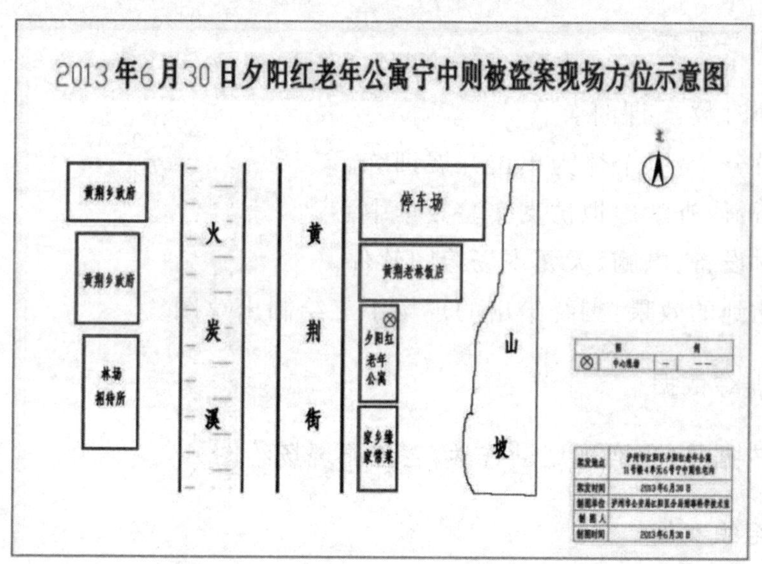

图3-5　现场方位示意图

2.绘制该现场平面图,如图3-6。

3.根据现场方位示意图和现场平面图完成现场综合图。

---

* 撰稿人:林伟。

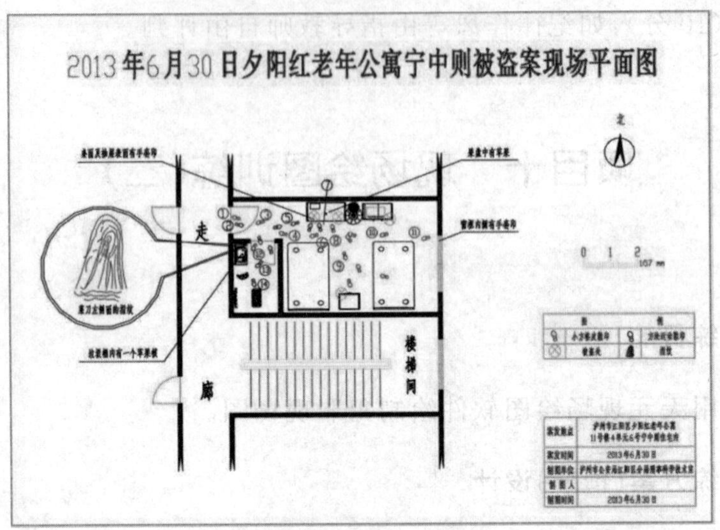

图 3-6　现场平面图

(三)训练要求

1.实训时数:2 课时。

2.人员分工:以个体为单位开展训练。

3.场所:侦查学虚拟仿真实验教学中心。

4.器材设备:电脑、天元现场绘图软件。

5.要达到的效果:围绕给出的现场手工绘制出草图。

(四)训练依据

实训依据是《犯罪现场勘查学》之犯罪现场绘图。

(五)组织实施

1.指导教师进行方案设计,并在实训前对相关现场进行布置。

2.布置实训任务,在规定的时间内,参与实训的学员根据事先的安排,完成现场绘图及其他各项任务。

3.学员完成犯罪现场绘图实训报告。

(六)考评依据及方式

1.现场方位示意图(30 分)。

2.绘制该现场平面图(30 分)。

3.现场综合图(30 分)。

4.其他(10 分):如纪律作风等由指导教师自由评判。

项目十一　入室盗窃案件现场勘查训练*

(一)训练目的

明确盗窃案件现场勘查程序、步骤,初步掌握盗窃案件现场勘查方法。

(二)训练方案(情节)设计

1.案情设计

案件性质:盗窃。

发案时间:实训时间。

作案人数:1 人。

犯罪动机:窃取钱财。

作案人犯罪条件、特点:1 人,男性,年轻人,身高 172～175 厘米,体瘦,脚穿旅游鞋,上身穿黑色夹克、下身穿蓝色牛仔裤,有抽烟嗜好,熟悉现场情况。

作案过程:混入所内,通过观察,发现目标。用大号螺丝刀撬门上挂锁、扳扣,留下撬压痕迹;用右手推门进入室内,用手关门,在门板上留下手印;直奔桌子,用大号螺丝刀撬桌上挂锁和板扣,翻动抽屉内物品,取走右边抽屉里的 2600 元现金,带走放在桌面上的笔记本电脑。在桌面上留下手印、撬痕,在抽屉内物品上留下手印,在地面留下脚印;进入卧室,卧室内的家具、桌子均无上锁。作案人先用右手打开左右抽屉,找东西,无发现贵重物品,接着打开柜子,取出两件值钱衣物,再翻动其他部位,在柜子及物品上留下手印;取橙子衬垫,取下放在柜子上方的皮箱,放在地上,翻动箱子内物品,找到单反相机一部;取走挂在卧室东墙的提包,用提包装电脑、相机、衣物等;螺丝刀遗落在现场。从原路出去,离开现场。

---

* 撰稿人:洪容容。

现场上留下的痕迹、物品:撬痕、脚印、手印、螺丝刀、板扣、锁头、相关电子痕迹等。

被盗物品:现金2600元、笔记本电脑1部、衣服2件、相机1部、提包1个等。

2.报案内容

事主称:某年某月某日某时某分,事主外出归来,发现房门挂锁被撬,猜想东西可能被盗。于是进屋查看,发现笔记本电脑、照相机不见了,前一天从银行取出的准备用于缴费的2600元被盗,于是报案。

3.现场保护情况

事主进入房间查看财物丢失情况。无其他人进入。

4.事主情况

事主系海山104研究院职工。姓名陈中和,单身,身高1.68米,较瘦。事主提供:经常与其接触的有同事和朋友;门上撞锁坏了,没用;发案前一天拖过地;约某时外出;提袋挂在客厅东墙上。

5.保护人情况

邻居。

6.现场周围知情人情况

无异常。

7.其他知情人情况

门卫。

(三)训练要求

1.实训时数:4课时。

2.人员分工:以班为单位进行训练,每班12人,一个班即一个小组。每组设实训指挥人员1人,侦查人员2人,痕迹技术员1人,照相人员1人,绘图人员1人,勘查笔录制作人员1人,警戒人员1人,事主1人,见证人1人,群众2人。

3.场所:校内实训楼室内模拟现场。

4.器材设备(工具):布置现场材料(柜子、沙发、桌子、橙子、床铺、衣物、鞋子、袜子、被子、床上用品、生活用品、袋子、笔记本电脑、照相机、大号螺丝刀、钳子、衣架、台灯等)、勘验检查器材[警戒带、现场勘查箱、勘查灯、包装袋、标签、比例尺、照相机、笔记本电脑(带绘图软件)、笔录纸等]。

5.要达到的效果:按照现场勘查程序、步骤,有序地开展盗窃案现场勘查活动，完成需要完成的相关任务。

(四)训练依据

本训练属操作性模拟训练。通过实训，巩固知识、训练技能、提高操作能力。实训依据：《犯罪现场勘查》教材。

(五)组织实施

1.指导教师进行方案设计，并在实训前将设计的情节(脚本)提交给本实训小组成员。

2.在规定的时间内，参与实训的学员接到报案，学员在指挥员的指挥下，正确受案，抵达训练现场；各角色根据脚本实际操作；在勘查过程中，勘查人员固定记录犯罪现场，完成痕迹、物品的收集提取，制作现场勘查笔录，绘制现场图；侦查人员完成对事主及相关群众的访问；勘验检查初步结束后，就地召开临场分析会等。

实训结束，学员围绕实训组表现及勘查情况完成实训报告。

(六)考评依据及方式

1.现场勘查组织管理(10 分)：根据人员到位、器材设备准备、现场勘查的规范性、规定任务按时完成情况评分。

2.角色扮演及完成(10 分)：根据与规定情节的相符度、真实度及完成情况评分。

3.发现提取的痕迹物品(10 分)：根据发现、固定、提取、包装的规范性，发现、提取的量评分。

4.现场照片(10 分)：根据拍摄的照片数量质量评分。

5.现场勘查笔录(10 分)：根据制作的现场勘查笔录质量评分。

6.现场图(10 分)：根据制作的现场图数量、质量评分。

7.现场访问(10 分)：根据访问情况、询问笔录评分。

8.临场分析(10 分)：根据临场会议召开的情况及分析的结果评分。

9.实训报告(10 分)：根据实训报告的质量评分。

10.其他(10 分)：指导教师自由评判。

成绩由指导教师根据学员实际完成情况结合临场观察、群内考察及实训报告评定。

(七)其他

注意实训中的安全与器材保护等。

项目十二　入室抢劫杀人案件现场勘查训练*

(一)训练目的

明确室内杀人案件现场勘查程序、步骤,初步掌握杀人案件现场勘查方法。

(二)训练方案(情节)设计

1.案情设计

案件性质:抢劫杀人。

发案时间:实训时间。

作案人数:1人。

犯罪动机:图财。

2.报案情况

某年某月某日某时某分,海山105研究院职工于登荣到该所保卫科报案:他出差回家,开门进屋,发现自己的妻子柳金晶死在家里。保卫科接报后立即向海山市公安局刑侦大队报案。

3.现场布置

现场位于海山105研究院实验大楼,中心现场位于该楼×房间。死者所在房间面积×平方米。东墙靠南有一门户,西墙中间有一窗户。房间中靠南有一三人沙发,靠东墙有一双人床铺,靠北墙放有一组合家具,西北角有一梳妆台,沙发背向20厘米处有一茶几。现场勘验发现:尸体头西北脚东南侧卧于沙发以北的地面上。尸体头部下侧有一摊16厘米×12厘米的血泊。茶几北侧有一打碎的玻璃杯。碎玻璃上粘有茶屑。茶几面上有茶具、盒装茶叶、烟

* 撰稿人:洪容容。

灰缸。茶几西北向14厘米处有一座椅。双人床北侧地上放有大小三个旅行袋、一个皮箱。袋子、箱子的拉链呈开户状。袋箱内的东西有被翻动过的迹象。靠北墙家具的柜子、抽屉上放置有衣物、书、信封等物,柜子、抽屉均有被翻动的迹象。房间两侧靠墙处放置有烧水壶,壶内装有水。

4.尸体检验情况

死者右后脑部有钝器打击伤,呈凹陷状骨折、出血。颈部有明显的扼痕。死者死于窒息。死者穿着正常,无被奸污迹象。死者左手腕有戴手表印痕。死者女性,25岁。

5.钱财丢失情况

死者的手表;死者戴在脖颈上的项链;放在柜子抽屉的5900元现金;放在桌面上的笔记本电脑。

6.作案过程

作案人王愚民,与死者丈夫于登荣同为海山开发公司职员。平时互相较为了解。王愚民知道于家有点钱,想下手。某日,王知道于出差,于是购了铁锤准备作案。某日晚上某时某分,王来到105研究所。抵柳住处,敲门,柳开门,见是熟人,即让王进入。王进入房间后,先坐在靠南墙的沙发上,柳为王沏茶倒水。然后坐在王对面与王闲谈。在闲谈过程中王喝了几口茶,还抽了一支烟,抽完烟还把烟蒂放进烟灰缸。王边谈,边寻机下手。约过10分钟,王乘柳不备,迅速取出放在袋子里的铁锤,击打柳的头部。柳叫了一声即倒地。王恐柳不死又用手扼柳,一直卡到认为柳死为止。杀死柳后,王先把柳的手表撸下,把柳脖上的项链、戒指取下。后打开柜子、抽屉盗走现金。翻动柜里的物品。拿走放在桌上的笔记本电脑。最后把盗来的东西连同作案工具一并装入袋子,离开现场。

7.现场上留下的主要痕迹物品

门上、茶杯上、茶几上、箱袋上、柜子上及其他被翻动触摸过的物品上的手印;地上的脚印;地上的血迹;烟蒂;相关电子痕迹。

8.需要调查的人员及提供的情况

(1)于登荣:死者丈夫,海山开发公司采购员,27岁,身高171厘米,体较胖。现住在海山105研究院妻子宿舍。于提供:柳金晶,24岁,105研究院职工,在所办公室工作。于与柳于当年某月结婚,尚无孩子。平时来往的人多为同事、朋友。于在发案前3日到外地出差。公司很多人知道于出差。于家清点财物,发现妻子身上的手表、项链不见了,出差前放在柜子抽屉里的5900元现金不见了,桌上的笔记本电脑不见了。于还反映,妻子性格开朗,作风正派,与同事关系较好。

(2)林辉其:海山105研究院保卫科科长。在该所工作15年了。林提供:是死者丈夫报案才知道柳被杀的;林进入了室内查看;于登荣表现正常;于家有些钱,都知道;死者柳金晶表现正常;海山研究院系省级科研单位,干部、职工200多人。干部、研究人员、职工大多住在院外。研究院是相对保密的单位,外单位及其他人要进入本院须在门卫外登记。研究院门卫值班较严。院内发生过盗窃案,但没有发生过杀人案。柳金晶被害那天,保卫科无人值班。研究院除大门吣进出外,其他处虽还有门,但通常是不开的。

(3)程龙:男,42岁。海山研究院门卫。程提供:某日晚由程值班。从晚上7时开始。程自认为值班认真,凡是程认为是外单位的都让他们登记。

9.作案人情况

王愚民,男,22岁,单身,身高172厘米,体瘦。作案时,脚穿旅游鞋,上穿米黄色夹克,下穿牛仔裤。王与死者丈夫是同一公司职工。平时作案人表现不好,常无故不上班,有赌博行为,欠债。

(三)训练要求

1.实训时数:4课时。

2.人员分工:以班为单位进行训练,每班12人,一个班即一个小组。每组设实训指挥人员1人,侦查人员2人,法医1人,痕迹技术员1人,照相绘图人员1人,勘查笔录制作人员1人,警戒人员1人,事主1人,见证人1人,群众2人。

3.场所:校内实训楼室内模拟现场。

4.器材设备(工具):布置现场材料(柜子、沙发、桌子、橙子、床铺、衣物、鞋子、袜子、被子、床上用品、生活用品、衣架、台灯、袋子、茶具、茶叶、烟灰缸、烟、笔记本电脑、戒指、项链、铁锤、模拟血等)、勘验检查器材[警戒带、法医勘查箱、现场勘查箱、勘查灯、担架、包装袋、标签、比例尺、照相机、笔记本电脑(带绘图软件)、笔录纸等]。

5.要达到的效果:按照现场勘查程序、步骤,有序地开展室内杀人案现场勘查活动,完成需要完成的相关任务。

(四)训练依据

本训练属操作性模拟训练。通过实训,巩固知识、训练技能、提高操作能力。实训依据:《犯罪现场勘查》教材。

(五)组织实施

1.指导教师进行方案设计,并在实训前将设计的情节(脚本)提交给本实训小组成员。

2.在规定的时间内,参与实训的学员接到报案,学员在指挥员的指挥下,正确受案,抵达训练现场;各角色根据脚本实际操作;在勘查过程中,勘查人员固定记录犯罪现场,完成痕迹、物品的收集提取,制作现场勘查笔录,绘制现场图;侦查人员完成对事主及相关群众的访问;勘验检查初步结束后,就地召开临场分析会等。

实训结束,学员围绕实训组表现及勘查情况完成实训报告。

(六)考评依据及方式

1.现场勘查组织管理(10 分):根据人员到位、器材设备准备、现场勘查的规范性、规定任务按时完成情况评分。

2.角色扮演及完成(10 分):根据与规定情节的相符度、真实度及完成情况评分。

3.发现提取的痕迹物品(10 分):根据发现、固定、提取、包装的规范性,发现、提取的量评分。

4.现场照片(10 分):根据拍摄的照片数量、质量评分。

5.现场勘查笔录(10 分):根据制作的现场勘查笔录质量评分。

6.现场图(10 分):根据制作的现场图数量、质量评分。

7.现场访问(10 分):根据访问情况、询问笔录评分。

8.临场分析(10 分):根据临场会议召开的情况及分析的结果评分。

9.实训报告(10 分):根据实训报告的质量评分。

10.其他(10 分):指导教师自由评判。

成绩由指导教师根据学员实际完成情况结合临场观察、群内考察及实训报告评定。

(七)其他

注意实训中的安全与器材保护等。

项目十三　犯罪现场勘查虚拟仿真系统训练*

(一)训练目的

通过操作犯罪现场勘查虚拟仿真系统,掌握犯罪现场勘查流程。

(二)训练方案(情节)设计

见附件1

(三)训练要求

1.实训时数:2课时。
2.人员分工:以个体为单位进行犯罪现场勘查虚拟仿真系统操作。
3.场所:校内实训馆的侦查学虚拟仿真实验教学中心。
4.器材设备(工具):电脑、犯罪现场勘查虚拟仿真系统。
5.要达到的效果:熟悉犯罪现场勘查流程。

(四)训练依据

本训练属操作性模拟训练。实训依据是《犯罪现场勘查学》教材。

(五)组织实施

1.指导教师对实训方案进行设计,并在实训前向参加实训的学员提供相应的书面材料。

2.在指导教师的指导下,学员通过操作犯罪现场勘查虚拟仿真系统,完成犯罪现场勘查流程虚拟仿真训练。

3.完成实训报告。

---

* 撰稿人:林伟。

(六)考评依据及方式

综合测试阶段会从题库中随机抽取十道选择题,完成之后会给出本系统测试的总成绩。(100 分)

附件 1:犯罪现场勘查虚拟仿真系统操作步骤①

1.启动软件准备

(1)阶段任务与内容:软件启动准备工作。

(2)具体操作:打开文件所在的文件夹,左键双击“犯罪现场勘查仿真训练系统”,打开软件启动窗口,Screen resolution 选择“1920×1080”分辨率;取消 Windowed 选择;Graphics quality 选择 Ultra;Select monitor 只有一个选项 Display 1;选择完成之后点击【Play!】按钮启动本软件。

2.登录

(1)阶段任务与内容:登陆。

(2)具体操作:输入姓名、学号,选择所需的实验模式后点击【登录】按钮进入系统介绍。练习模式用户可以在场景中通过菜单跳转到所需阶段,实验所产生的数据不会进行保存;考核模式则必须从登陆阶段一直到实验进行完成,实验所产生的数据会保存在系统所在文件夹中的 MyFile 文件夹中。

3.系统介绍

(1)阶段任务与内容:了解本系统。

(2)具体操作:点击【开始勘查】按钮进入报警接警阶段,如图 3-7。

图 3-7　软件

① 截图来自浙江通鹏智能科技有限公司研发的软件“犯罪现场勘查仿真训练系统”。

4.案件报警接警

(1)阶段任务与内容:案件报警接警。

(2)具体操作:了解案情的内容,也可以点击右上角【跳过对话】快速进入到派出所前期处置阶段,如图 3-8。

图 3-8　报警接警

5.派出所前期处置

(1)阶段任务与内容:了解案发现场情况并向指挥中心报告。

(2)具体操作:①根据左上角当前任务提示,首先通过键盘和鼠标配合走到报案人前与其对话,如图 3-9。

图 3-9　与报案人对话

②选择正确的答案之后，根据右上角的提示进入案发现场。如果回答错误会出现正确的答案提示，可点击题目右上方的【×】按钮关闭答题，如图3-10。

图 3-10　交谈后答题

③进入别墅内部，走到客厅被害人前对其进行检查，如图 3-11。

图 3-11　检查被害人

④检查完被害人之后，根据右上角提示回到别墅庭院门口，对案发现场情况进行描述，如图 3-12。提交描述之后继续向前向指挥中心报告，如图3-13。

(3)提交巡视记录

图 3-12

图 3-13 向指挥中心报告

6.勘查人员出现场

(1)阶段任务与内容:对事故现场外围进行巡视;记录巡视情况;给勘查技术人员分配任务;邀请见证人。

(2)具体操作:①根据右上角当前任务提示与民警交谈,如图 3-14。

②根据任务与报案人交谈,如图 3-15。对话完成之后根据任务提示进入案发现场,如图 3-16。

③进入案发现场之后,会出现巡视情况的输入框,如图 3-17,点击【提交】按钮可以将巡视情况保存在本地,点击继续巡视,输入框会缩回到右上角变为【继续巡视】按钮,若想继续填写点击按钮打开即可,如图 3-18。

④巡视情况提交之后,当前任务变化为“巡视后回到门口”,如图 3-19。通过键盘和鼠标移动通过庭院门口,当前任务变化为“分配任务”,此时走到技术员侦查员前进行任务分配,如图 3-20。

图 3-14　与民警交谈

图 3-15　与报案人交谈

图 3-16　交谈后任务变更

图 3-17　外围现场巡视

图 3-18　巡视后任务变更

图 3-19　回到门口

图 3-20　分配任务

⑤分配任务完成之后，当前任务更改为“邀请见证人”，通过鼠标和键盘移动到见证人前与其对话，如图 3-21。

图 3-21　邀请见证人

⑥邀请见证人完成之后，根据当前任务提示进入案发现场中，如图 3-22。

图 3-22　邀请完成进入案发现场

7.指挥员巡视现场

(1)阶段任务与内容:进入案发中心现场巡视并填写巡视情况。

(2)具体操作:通过键盘和鼠标,走到别墅门口,进入别墅内部进行巡视,如图3-23。巡视过程中会提示铺设通行踏板,点击右下角的工具箱,选择通行踏板工具放置到地板上,通过通行踏板图标下方的滑动条来控制通行踏板的旋转方向,如图3-24。工具箱中的足迹探照灯和通行踏板使用方法相同。

图3-23 进入案发现场

图3-24 使用通行踏板

(3)点击右下角绘图按钮,可以打开绘图界面,根据需求选择左边绘制工具和下方的图标来绘制现场图,如图 3-25。

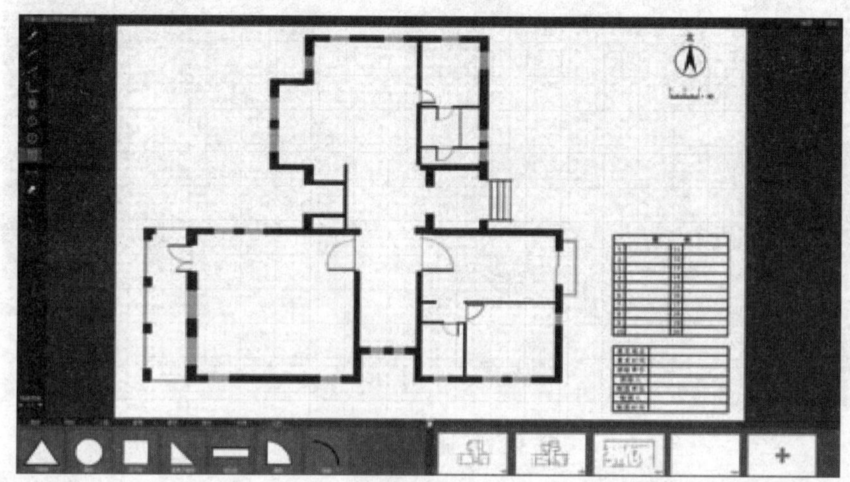

图 3-25　现场绘图

8.技术员拍照固定

(1)阶段任务与内容:拍摄案发现场方位照和概貌照。

(2)具体操作:①首先进入场景中会有语音提示拍摄任务。可以打开工具箱选择相机,如图 3-26。通过滚轮调整视角远近,点击【拍照】按钮进行拍照,点击【取消】按钮取消本次拍照,如图 3-27。拍摄完成之后填写照片信息,点击【保存】按钮保存该照片,点击【删除】按钮则删除本次拍照,如图 3-28。

图 3-26　打开工具箱选择相机

图 3-27 调整视角拍照

图 3-28 填写照片信息

②已拍摄的照片可以在右下角背包照片一栏中查看，点击照片可查看其基本信息，如图 3-29。点击【源文件】可以打开照片信息编辑对其信息进行修改，如图 3-30。

③拍摄结束之后点击右上角的【结束拍照】按钮后，出现切换人物即进入下一阶段的提示框，点击【确定】按钮进入下一阶段，点击【取消】则留在此阶段，如图 3-31。

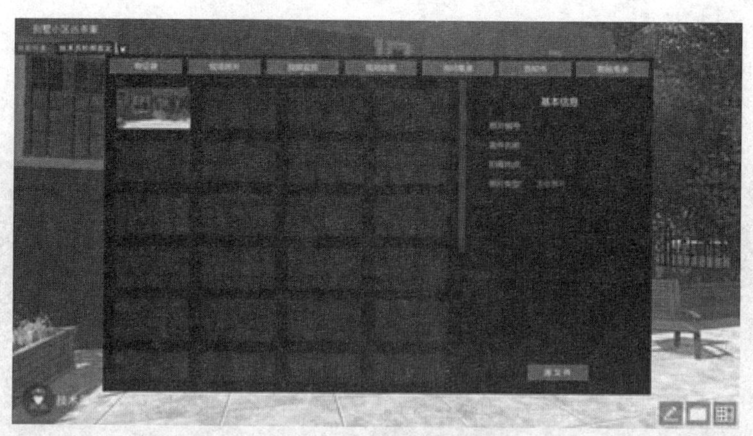

图 3-29 查看背包中的照片

图 3-30 修改照片信息

图 3-31 结束拍照

9.法医检查被害人

(1)阶段任务与内容:对被害人进行检查并向指挥员汇报。

(2)具体操作:①通过键盘和鼠标移动到别墅门口,如图3-32。

图3-32 进入案发现场

②移动到被害人前,如图3-33。

图3-33 检查被害人

③返回到别墅门口对指挥员汇报被害人情况,如图3-34。

④汇报结束会出现一道测试题,选择结束提交答案后进入下一阶段,如图3-35。

图 3-34　汇报被害人情况

图 3-35　选择答题

10.技术员勘查现场

(1)阶段任务与内容:拍照并提取物证,勘查现场并绘制现场图。

(2)具体操作:①阶段开始会出现两道测试题,如图 3-36,完成之后才开始进行现场勘查。

②工具箱中工具比之前的阶段会更加丰富,比例尺、标识牌使用方法与通行踏板相同。新增的卷尺使用方式为:鼠标左键点击卷尺图标之后,在需要测量物品点击拉伸测量即可,测量数据会以文字的形式显示在下方,如图 3-37。

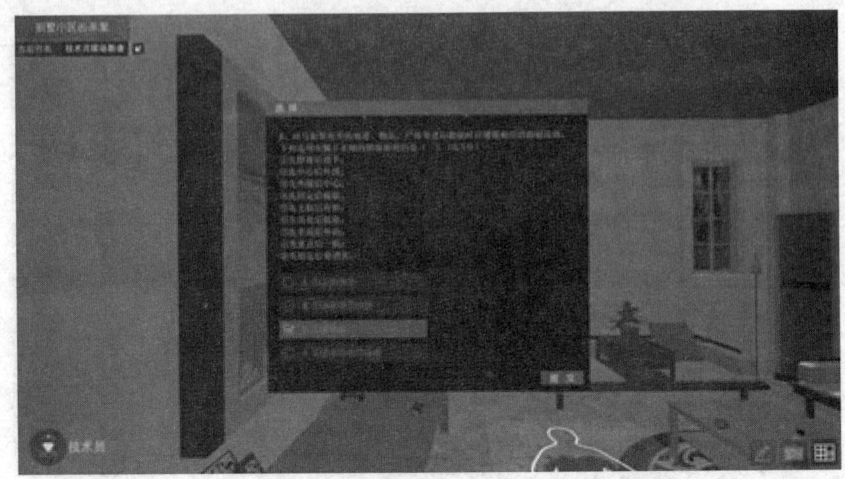

图 3-36 选择答题

图 3-37 对现场进行测量

③提取物证时，首先移动到物证前，将鼠标移动到物证上，当鼠标变为手状时，表示此物证可被提取，然后左键点击即可提取，其中指纹提取分为扫指纹、获取指纹两个阶段，因此需要两次提取，如图 3-38。提取完成之后填写物证信息，点击【保存】按钮即可保存物证，如图 3-39。物证可在背包中查看、修改，如图 3-40。

④现场勘查完成之后，点击右上角的【结束勘查】按钮会出现跳转提示，点击【确定】切换至下一个角色即进入下一个阶段，点击【取消】则取消转换，继续本阶段勘查，如图 3-41。

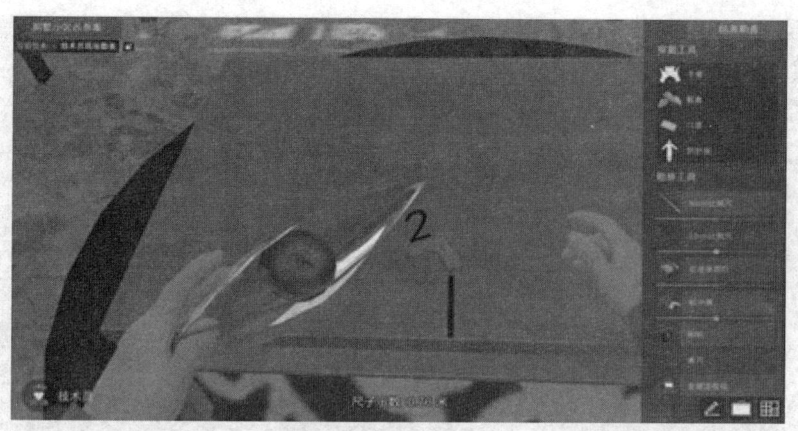

图 3-38　提取物证

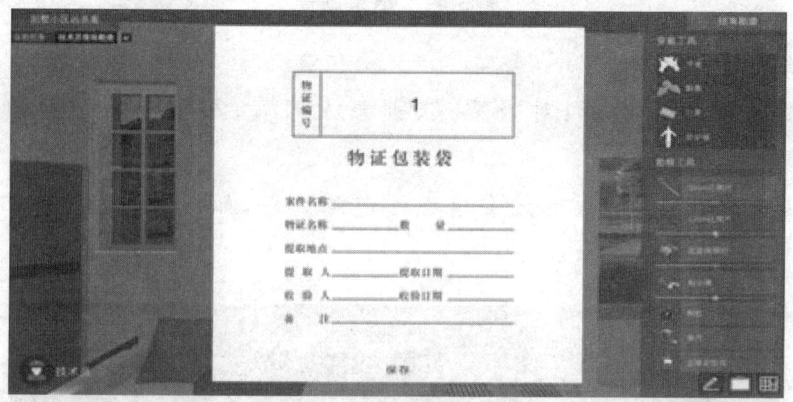

图 3-39　填写物证信息

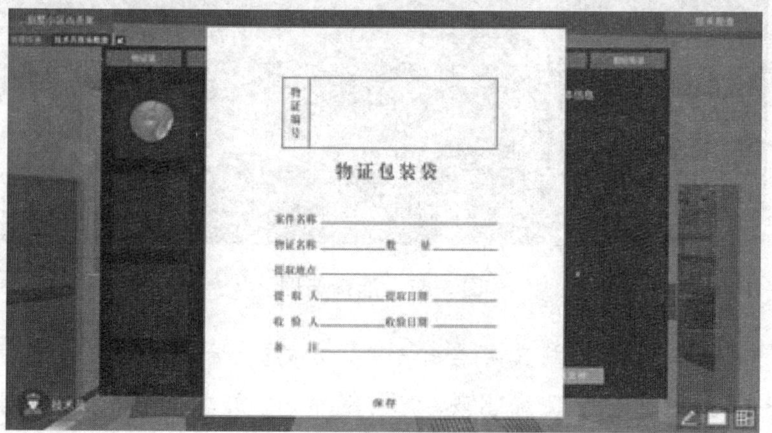

图 3-40　填写并修改物证信息

图 3-41　结束勘查

11.侦查员现场访问

(1)阶段任务与内容:对报案人、被害人家属、小区保安进行询问,调取监控。

(2)具体操作:①阶段开始会出现两道测试题,如图 3-42,完成之后开始进行现场访问。

图 3-42　选择答题

②点击《证人诉讼权利义务告知书》下方的【交予证人】按钮进行证人的询问,如图 3-43。询问时右侧会出现《询问笔录》的文本文档,可以将信息填写在文档中,对话语音和对话文字会在一问一答后暂停,在对话文字的上方会出现【点击继续】按钮,点击后对话将继续进行,如图 3-44。

图 3-43　交予告知书

图 3-44　询问报案人

③最后在监控室调取监控，如图 3-45。填写完成监控信息之后点击右上角【结束询问】进入下一阶段，如图 3-46。

12.现场案情分析

(1)阶段任务与内容：对案情进行分析。

(2)具体操作：填写选择对案情进行分析，完成之后点击【提交】按钮进入下一阶段，如图 3-47。

13.制作勘验笔录

(1)阶段任务与内容：编写制作勘验笔录。

图 3-45　调取小区监控

图 3-46　填写监控信息

图 3-47　现场案情分析

(2)具体操作:①阶段开始会出现《现场勘验情况分析报告》,此报告会被收录在勘验笔录中,如图 3-48,填写完成后完成一道测试题正式开始进行勘验笔录的填写,如图 3-49。

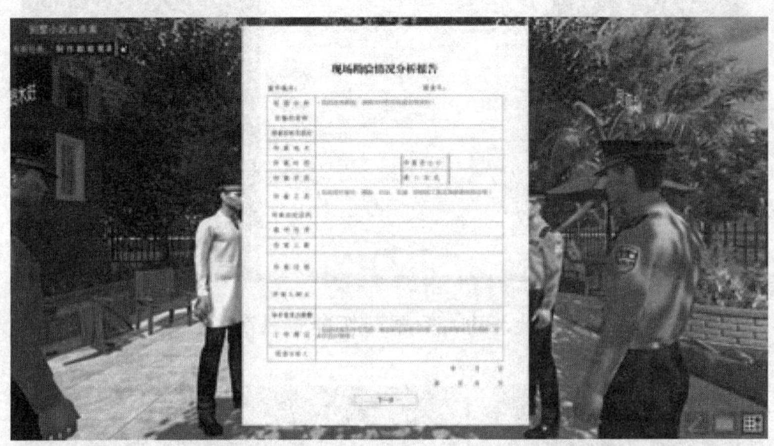

图 3-48　填写分析报告

图 3-49　制作勘验笔录

②勘验笔录每一页完成之后,点击【下一页】开始填写另一页内容,完成最后一页,点击【结束勘验笔录填写】按钮进入到最后阶段,如图 3-50。

14.综合测试

(1)阶段任务与内容:完成系统随机提供的 10 道选择题。

(2)具体操作:综合测试阶段会从题库中随机抽取十道选择题,如图 3-51。完成之后会给出本系统测试的总成绩,然后点击【退出系统】按钮即可完成本次勘查并退出,如图 3-52。

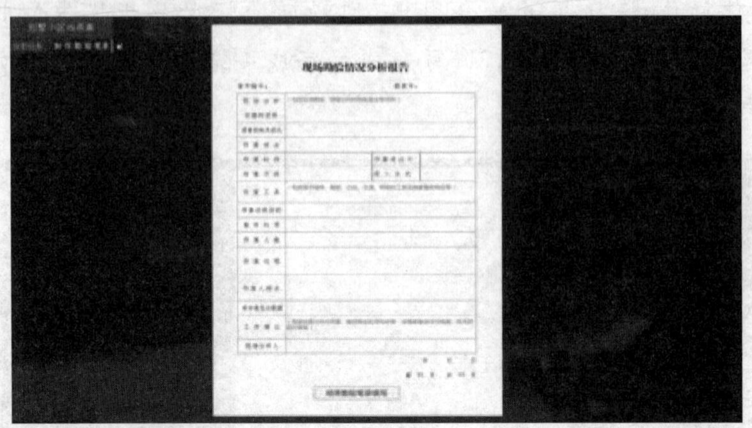

图 3-50　结束制作勘验笔录

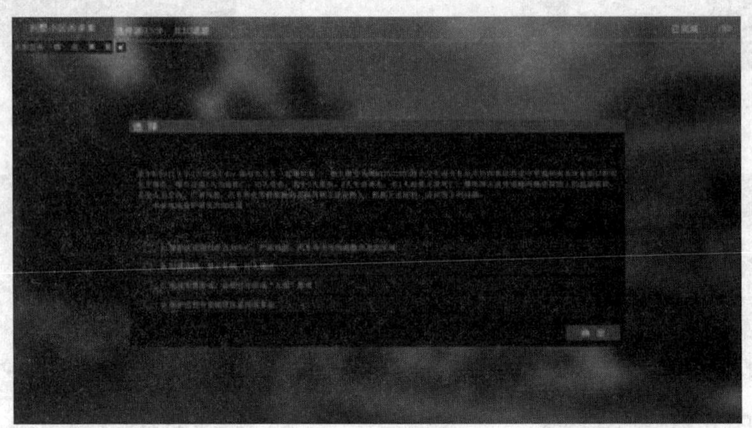

图 3-51　选择答题

图 3-52　最终成绩

第四章　法定侦查措施训练*

项目一　讯问犯罪嫌疑人

(一)训练目的

通过训练使学员理解讯问的概念,了解相关法律程序,在不同的案情中,能够依据收集的证据情况,制作讯问提纲;熟悉讯问前的准备工作,掌握讯问的策略与方法、讯问时的语体表达形式、讯问中的问答模式的启动、s3r参与框架的维持,以及第一次讯问的法定程序和格式要求;学会制作讯问笔录和其他相关法律文书;通过组织讯问的实训,使参训的学员口头表达能力和文字表达能力得到锻炼。

(二)训练方案设计

2016年7月6日11时许,韦猛伙同网名"从头来过"(另案处理)经商量以假装租房的名义对带去看房的人在房间内实施抢劫。由"从头来过"通过网上出租房信息了解到王某某的联系方式,并以看房租房为由约好见面看房的时间地点,韦猛着手准备作案用的弹簧刀、封口胶等物品。两人于当日16时许来到南宁市民主路9号粮食局宿舍5栋1单元8楼802室,等王某某进入房间后,韦猛即拿出弹簧刀对其进行威胁、恐吓,并由"从头来过"用封口胶封住王某某的嘴巴,用绳子将其绑在凳子上,随后抢走王某某手提包内的现金人民币5000元和苹果手机一部。等韦猛及同伙逃离现场后,王某某随即报案,经鉴定,被抢手机案发时价值人民币8600元。7月23日,刑侦大队依法拘留韦

* 本章撰稿人:闫霞飞。

猛,并准备对其进行讯问。

(三)训练要求

1.训练时数:2 课时。

2.人员分工:以 10 个人为一组,将学员分为若干组。设实训小组负责人 1 名(仅限于实训的组织和指挥),侦查人员 4 名,犯罪嫌疑人 1 名扮演韦猛,受害人 1 名扮演王某某,剩余的参训学员扮演警戒人员。

3.实训场所:警察学院综合模拟实训大楼讯问室。

4.器材设备或工具:警察常规设备(含警察执法记录仪)、制作笔录材料、弹簧刀、封口胶、通信工具、同步录音、录像设备、工作笔记本、笔、印泥。

5.训练的内容和效果:通过讯问情节的设计,由参训学员扮演各种角色实施讯问。熟悉讯问所需法律手续、讯问前准备工作,了解讯问提纲的制作、讯问突破口的选定,以及如何结合语体形式来实施讯问策略;掌握第一次讯问的程序和事实内容、制作讯问笔录。其他学员通过观察围绕讯问设定的问题完成情况,制作实训报告。

(四)训练依据

本训练属于实践性模拟训练,强调对参训学员的讯问能力和文书制作能力的训练。使学员通过讯问手段,锻炼收集获取案件信息、固定证据的能力。依据《刑事诉讼法》(2018 修正)第 118 条~第 123 条和《公安机关办理刑事案件程序规定》(2020 修正)(以下简称《规定》)第 198 条~第 209 条中关于讯问的规定,组织进行第一次讯问;并根据公安部印发的《公安机关刑事法律文书式样(2012 版)》(公通字[2012]62 号)的要求,制作讯问笔录。

(五)训练组织实施

1.指导老师进行方案设计,并在实训前将设计的情节介绍给实训小组成员。

2.拟定讯问计划。实训小组拟定讯问计划,其中应明确此次讯问的顺序、方法、讯问突破口以及讯问的重点事实。

3.准备同步录音录像设备。

4.各个小组按照所制订的讯问提纲进行第一次讯问的训练。

5.制作讯问笔录。

学员根据上述步骤完成情况以及实训小组实验过程中的表现完成实训报告。

(六)考评依据与方式

1.组织管理(20 分):根据人员到位、器材设备准备、人员之间的配合和讯问计划完成情况评分。

2.角色扮演(20 分):根据与设计情节的相符度与真实度评分。

3.规定过程、动作的完成(20 分):根据完成的规范程度、合法程度、合理程度评分。

4.实训报告(30 分):根据实训组表现,对讯问的问题回答情况、犯罪嫌疑人供述情况、口供笔录制作情况及其他评分。

5.其他(10 分):指导老师根据现场表现自由评判。

在以上指标中,组织管理、角色扮演、规定情节完成、其他等由指导老师临场观察,当场评分;实训报告由指导老师根据实训组完成的实训报告评分。

(七)其他

注意实训中审讯室同步录音录像设备、监控设备等的保护。

项目二　调查询问

(一)训练目的

通过实训,使参与训练的学员能熟练掌握调查询问的概念、作用、相关法律程序,掌握不同案情中,嫌疑人心理状态不一样的情况下,询问方式方法的区别,并学会调查询问的笔录制作。通过组织调查询问的实训,使参训的学员口头表达能力和文字表达能力得到锻炼。

(二)训练方案(情节)设计

2017 年 10 月 23 日凌晨 2:58,枫溪县城关宾馆发生火灾。接警后,公安局一方面组织人员进行灭火抢险救灾工作,一方面对现场进行勘验取证。凌晨 3:40,大火被扑灭,但是宾馆仍然损失严重。通过分析,认定是人为放火。犯罪分子用汽油在该宾馆一楼放火,起火点在城关宾馆一楼“好再来”小餐馆门口处，在起火点有烧焦的用来装汽油的塑料油壶。该宾馆共有五层，一楼为好再来餐馆和聚财小卖部，二楼至五楼为旅馆，一楼两个店内价值 60 万元货物全部烧毁，餐馆老板周某和小卖部老板许某均系江西九江人。二楼旅馆老板倪某系本地人。

经现场勘查和走访后发现，第一，此次为人为放火的案件，放火目的在于报复许某和周某。第二，被害人周某的妻子李某反应，城关宾馆附近的“迎宾”酒店老板唐某宣称，因好再来餐馆抢走其生意，并扬言要报复。应将唐某列为重点，对三个人的社会关系、矛盾以及同行人员进行询问，以确定嫌疑人。第三，作案工具为油壶，其中的汽油很有可能是嫌疑人从加油站购买的，因此应对城关宾馆周边的加油站进行走访调查，以发现线索。第四，核查该油壶生产地、销售范围，以发现侦查线索。

（三）训练要求

1.训练时数：2 课时

2.人员分工：以 10 个人为一组，将学员分为若干组。设实训小组负责人 1 名（仅限于实训的组织和指挥），访问人员 4 名，犯罪嫌疑人 1 名扮演唐某，受害人 2 名分别扮演周某、许某。证人 2 名扮演证人李某和加油站工作人员方某。

3.场所：实训楼酒店场所和校内主干道路。

4.器材设备或工具：警察常规设备（含警察执法记录仪）、制作笔录材料、纵火用的油壶、交通工具、工作记事本、笔。

5.训练的内容和效果

根据训练方案设计的内容、情节，由参训学员进行角色设定，其中侦查人员根据案件需要开展具体调查询问工作。在调查访问中参训学员应该根据不同心理的询问对象采取不同的询问方法，并学会制作调查询问的工作记录以及调查询问笔录。

（四）训练依据

本训练属于操作性模拟训练，强调对参训学员的口头表达和文书制作能力的训练。通过模拟的情节设计，使参训学员依据《刑事诉讼法》（2018 修正）第 124 条～第 127 条、公安部《规定》（2020 修正）第 210 条～第 212 条中关于询问的规定，理解调查询问的原则和程序；根据公安部印发的《公安机关刑事法律文书式样（2012 版）》（公通字[2012]62 号）的要求，制作询问笔录；根据案件性质、询问对象的不同，结合侦查学教材中调查询问的内容；联系并掌握各种询问方法。

（五）训练组织实施

1.访问小组以 4 个人为一组，熟悉案件材料，并在此基础上，根据不同的案件情况以及所涉及的问题初步拟定询问的提纲。

2.将已经分工好的被害人周某、许某，以及被害人妻子李某和知情证人方某，安排在不同的住处或场所，并向他们分发案件材料。

3.指导老师指导被害人、被害人妻子及知情证人等参训人员正确应对访问小组或询问小组。

4.访问小组佩戴执法记录仪及准备好访问所需的工作笔记本、笔和纸，在相关信息的引导下，访问小组到达被询问人的住处或所在场所处进行访问。

5.访问小组就访问对象展开询问。

6.制作调查询问笔录。

学员根据上述步骤完成情况以及实训小组实训过程中的表现完成实训报告。

（六）考评依据及方式（100 分）

1.组织管理（20 分）：根据人员到位、器材设备准备、人员之间的配合和工作计划完成情况评分。

2.角色扮演（20 分）：根据与设计情节的相符度与真实度评分。

3.规定过程、动作的完成（20 分）：根据完成的规范程度、合法程度、合理程度评分。

4.实训报告（30 分）：根据实训组的表现，对规定问题的回答情况及其他评分。

5.其他（10 分）：指导老师根据现场表现自由评判。

在以上指标中，组织管理、角色扮演、规定情节完成、其他等由指导老师临场观察，当场评分；实训报告由指导老师根据实训组完成的实训报告评分。

（七）其他

注意实训中的安全与器材的保护等。

项目三　搜查训练

科目一:场所搜查训练*

(一)实训目的

通过本节设计的实训,使学生掌握搜查的概念、意义,了解搜查前应做好哪些准备工作,掌握场所搜查的法律程序、执行规范,具体通过对住所以及露天场所的搜查训练,使学生能熟练掌握搜查的程序、方法、策略,以及在搜查和扣押过程中应注意的问题。学会制作搜查、扣押的相关法律文书。

(二)实训方案(情节)设计

1.住所搜查实训方案设计

郭某与孟某本是居住在同一村子的农民。孟某与郭某之妻有通奸关系,郭某遂产生杀死孟某的念头,某年3月14日,孟某来到郭家,郭某用铁棍猛击孟某头部数下,又用菜刀割其颈部,致孟某当场死亡。郭某杀死孟某后,将铁棍和菜刀隐藏在其叔叔家中,后在其父母的劝说下来到派出所投案自首,根据郭某的交代,民警在其叔叔家中搜查出杀人凶器。

2.露天场所搜查方案设计

某年10月30日21时许,关西县城关镇居民李斌外出返家,行至家门口时,被两名中年男子叫住,对方喊出他的名字,称有事找他。毫无戒心的李斌让两个人进了屋,就在他打开屋内灯的同时,两名男子闪进家中,并将门关上……李斌被两名男子左右夹击摔倒在沙发上,双手、双脚被缠上胶带,嘴巴和眼睛也被用胶带封住。动弹不得的李斌窝在沙发里,只听到卧室里有拉抽屉的声音。几分钟后,四人离去。约10分钟后,李斌的妻子回到家中,连忙将胶带撕开并报警。夫妻俩清点发现,家中放的4.1万元现金、300元港币和部分首饰被劫。警方经侦查发现,自10月23日起,一辆"鄂c"牌照的面包车曾在

* 本章撰稿人:闫霞飞。

现场多次出现，十分可疑。民警顺藤摸瓜，锁定邓某、王某、张某和孟某正是作案嫌疑人。11 月 2 日 17 时许，警方得知，孟某当晚将在城区某酒店设宴，为邓某等人庆功。民警火速赶到城区酒店附近布控。当晚 20 时许，四名嫌疑人发现警察身影后四处逃窜，但最终均被抓获。在逃窜经过公园途中，四名嫌疑人将劫来的现金和首饰随意乱丢。

(三)训练要求(以露天场所的搜查方案为例)

1.实训时数：2 课时。

2.角色设定：以 10 个人为一组，将学员分为若干组。其中 6 人为搜查员；1 人为受害人扮演李斌，1 人为受害人家属饰演李斌的妻子，2 人扮演见证人。

3.场所模拟：警察学院校内一住处、综合模拟实训大楼(其中酒店场所，与案件情况相符场所)以及警察学院校园空旷处。

4.器材、工具和物品准备：制作笔录的材料、法律手续(搜查证)、人民币若干、首饰若干(用替代物)、警察常规设备(含执法记录仪)、交通工具。

5.训练所要达到的效果：在对搜查露天场所情节的设计中，由参训学生通过扮演各种角色实施搜查。熟悉搜查所需法律手续、制作搜查笔录时法律所要求的格式，了解搜查证呈请程序、文书制作格式和内容。部分学生扮演群众，通过观察围绕设定的问题完成搜查训练，并制作搜查笔录。

(四)训练依据

本训练属于操作性模拟训练，强调对参训学生的动手操作和文书制作能力的训练。通过模拟的情节设计，使参训学生依据《刑事诉讼法》第 134 条～第 138 条、公安部《规定》第 217 条～第 221 条中关于搜查的规定，理解调查搜查的方法和程序、呈请搜查报告书以及持证搜查和无证搜查的适用情形的区分；根据公安部印发的《公安机关刑事法律文书式样(2012 版)》(公通字[2012]62 号)的要求，制作搜查笔录；并结合侦查学教材中搜查的内容，掌握搜查的方法、顺序、搜查范围和搜查目标确定等内容。

(五)训练组织实施

1.住所搜查的实施步骤及方法

(1)指导老师进行方案设计，并在实训前将设计的情节(脚本)提交给本实训小组成员，使参训学生在进行搜查训练前熟悉案件情况。

(2)侦查人员进入住所内,先向被搜查人或其家属出示搜查证,并让其签字。

(3)确定搜查的位置、顺序、方法以及此次搜查的重点。

(4)将侦查人员进行分工,依照顺序有目标、有分工的进行住所的搜查。

(5)搜查取得的菜刀、铁、当天所穿的衣物、鞋帽等物品应当当场进行扣押,并制作《查封、扣押清单》,责令被搜查人或其家属在笔录上签字,见证人签字。

(6)侦查人员应将搜查的情况制作成笔录,由侦查人员、被搜查人或其家属、邻居和其他见证人签字或盖章。若拒绝签字或在逃的,侦查人员应当在笔录上注明。

学生根据上述问题完成情况以及实训小组实训过程中的表现完成实训报告。

2.露天场所搜查实施的步骤及方法

(1)指导老师进行方案设计,并在实训前将设计的情节(脚本)提交给本实训小组成员,使参训学生在进行搜查训练前熟悉案件情况。

(2)指导老师事先将所需搜查的人民币若干、首饰若干,丢落在已经划定区域的露天场所。

(3)了解和熟悉案件后,由带队组长确定此次搜查的重点、区域和方法。

(4)组长带队进入现场进行搜查。

(5)对现场搜查到的人民币和首饰,应当当场扣押,并制作《查封、扣押清单》和搜查笔录,并由见证人签字。

学生根据上述问题完成情况以及实训小组实训过程中的表现完成实训报告。

(六)考评依据及方式(100分)

1.组织管理(20分):根据人员到位、器材设备准备、人员之间的配合和工作计划完成情况评分。

2.角色扮演(20分):根据与设计情节的相符度与真实度评分。

3.规定过程、动作的完成(20分):根据完成的规范程度、合法程度、合理程度评分。

4.实训报告(30分):根据实训组表现,对规定问题的回答情况及其他评分。

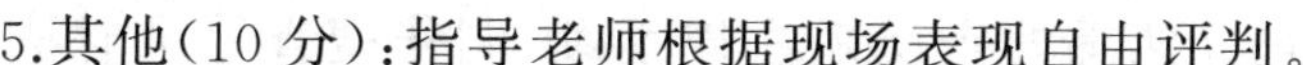

5.其他(10分):指导老师根据现场表现自由评判。

在以上指标中,组织管理、角色扮演、规定情节完成、其他等由指导老师临场观察,当场评分;实训报告由指导老师根据实训组完成的实训报告评分。

(七)其他

注意实训中的安全防护措施、器材的维护、警械的使用等。

科目二:车辆搜查训练*

(一)训练目的

明确车辆搜查程序,做到能够依法、规范搜查,学会搜查笔录制作。

(二)训练方案(情节)设计

某年7月16日,某小区群众报案,称有一组可疑的人员在小区的树林里面进行毒品交易。民警接到报案后,立即赶到报案现场,发现了已经完成交易的张某和王某。王某看见民警进入小区,撒腿就跑,张某见状马上躲入自己的车中,并准备驶离现场。民警见状,使用警械将车辆拦截下来,遂即责令张某下车,对其人身及车辆分别进行检查。经检查,发现了藏于车辆后备厢中的毒品(冰毒),经鉴定系210克的冰毒。

(三)训练要求

1.实训时数:1课时

2.人员分工:以班为单位进行训练,每班12人,一个班即一个小组。每组设实训指挥人员1人(仅限于实训的指挥),警戒人员1人;侦查人员2人;犯罪嫌疑人2人;见证人2人。余下4人扮演群众,并负责实训报告的制作。

3.场所:警察学院校外某一主干道旁(与实际情况相符、不影响正常的交通)。

4.器材设备(工具):交通工具、制作笔录材料、警察常规设备(含执法记录仪)、法律手续(搜查证)、冰毒(用替代物)、人民币、称重器。

5.训练所要达到的效果:在对搜查露天场所情节的设计中,由参训学生通

* 本章撰稿人:闫霞飞。

过扮演各种角色实施搜查。熟悉搜查所需法律手续、制作搜查笔录时法律所要求的格式,了解搜查证呈请程序、文书制作格式和内容。部分学生扮演群众,通过观察围绕设定的问题完成搜查训练,并制作搜查笔录。

(四)训练依据

本训练属观察性、操作性模拟训练。通过实训,巩固知识、训练技能、提高操作能力。实训依据:《公安机关办理刑事案件程序规定》之搜查规定、侦查措施教材中搜查内容。

(五)组织实施

1.指导老师进行方案设计,并在实训前将设计的情节(脚本)提交给本实训小组成员,使参训学生在进行搜查训练前熟悉案件情况。

2.侦查人员应先控制所需搜查的车辆,侦查人员截停车辆,并拔出该车的钥匙。

3.控制住车辆后,发现驾乘人员想逃离车辆的,侦查人员还需严密控制该人员,并责令将其手放头上,走出车外接受人身搜查。

4.待人员离开车辆后,搜查人员对车辆进行搜查和检查。

5.对从车上搜查出来的毒品和人民币,应当当场扣押,并制作《查封、扣押清单》和搜查笔录,并由被搜查人、见证人签字。

学生根据上述问题完成情况以及实训小组实训过程中的表现完成实训报告。

(六)考评依据及方式(100 分)

1.组织管理(20 分):根据人员到位、器材设备准备、人员之间的配合和工作计划完成情况评分。

2.角色扮演(20 分):根据与设计情节的相符度与真实度评分。

3.规定过程、动作的完成(20 分):根据完成的规范程度、合法程度、合理程度评分。

4.实训报告(30 分):根据实训组表现,对规定问题的回答情况及其他评分。

5.其他(10 分):指导老师根据现场表现自由评判。

在以上指标中,组织管理、角色扮演、规定情节完成、其他等由指导老师临场观察，当场评分；实训报告由指导老师根据实训组完成的实训报告评分。

（七）其他

注意实训中的安全防护措施、器材的维护、警械的使用等。

科目三：人身搜查*

（一）训练目的

明确搜查程序，做到能够依法、规范搜查，学会搜查笔录制作。

（二）训练方案（情节）设计

2015 年 3 月 5 日凌晨，福州市仓山区公安分局接到报案称，在该区主干道上有两人持刀拦路抢劫行人。仓山区公安分局立即组织侦查人员赶赴案发现场。到达时，拦路抢劫的犯罪嫌疑人萧意（男，19 岁，无业青年）和陆童（女，18 岁，某个体服装店临时工）已被下夜班路过此地的永辉超市保安人员刘元庆当场抓获。在出示搜查证后，侦查人员决定对萧意和陆童进行搜查。因为在场的侦查人员均为男性警察，于是分别对萧意、陆童二人进行人身搜查，并搜得人民币 6000 余元、金项链 2 条。侦查人员将人民币、金项链一起放入一文件袋内后，制作了搜查笔录，由侦查人员、被搜查人萧意和陆童及在场见证人签名。

（三）训练要求

1.实训时数：2 课时。

2.人员分工：以班为单位进行训练，每班 12 人，一个班即一个小组。每组设实训指挥人员 1 人（仅限于实训的指挥），警戒人员 1 人；侦查人员 2 人；犯罪嫌疑人 2 人：扮萧意、陆童（女）；保安人员 1 人：扮刘元庆；见证人 1 人：扮见证人赖吏。余下 4 人扮演群众，并负责实训报告的制作。

3.场所：警察学院校外某一主干道旁（与实际情况相符、不影响正常的交通）。

4.器材设备（工具）：交通工具、制作笔录材料、警察常规设备（含执法记录

* 撰稿人：闫霞飞。

仪)、法律手续(搜查证)、人民币若干、金项链 2 条(用替代物)。

5.要达到的效果:根据设计的内容、情节由学生扮演各角色实施搜查。部分学员扮演群众,通过观察围绕设定的问题完成搜查训练报告。

(四)训练依据

本训练属观察性、操作性模拟训练。通过实训,巩固知识、训练技能、提高操作能力。实训依据:《公安机关办理刑事案件程序规定》之搜查规定、侦查措施教材中有关搜查的内容。

(五)组织实施

1.指导教师进行方案设计,并在实训前将设计的情节(脚本)提交给本实训小组成员。

2.在规定的时间内,在指挥员的指挥下,参与实训的参与人员到达训练现场;指挥员指挥,各角色根据脚本实际操作;扮演群众的学员就近观察;搜查结束后,指导教师当场提出以下问题(书面):

(1)搜查是否必须出示搜查证?什么情况下可以无证搜查?

(2)侦查人员在搜查时应当有何人在场予以监督?

(3)搜查结束后是否要制作搜查笔录,笔录如何制作才能规范有效?

(4)搜查女性如何进行?

(5)搜查中可否扣押物品?如何履行法律手续?

(6)本搜查存在哪些问题?

学员围绕实训组表现及以上问题完成实训报告。

(六)考评依据及方式

1.组织管理(20 分):根据人员到位、器材设备准备、规定任务按时完成情况评分。

2.角色扮演(20 分):根据与规定情节的相符度与真实度评分。

3.规定情节、动作完成(20 分):根据完成的规范程度、合法程度、合理程度评分。

4.实训报告(30 分):根据实训组表现、对规定问题的回答情况及其他评分。

5.其他(10 分):指导教师自由评判。

在以上指标中,组织管理、角色扮演、规定情节完成、其他等由指导教师临场观察、群内考察评分;实训报告由指导教师根据实训组所完成的实训报告评分。

(七)其他

注意实训中的安全与器材保护等。

项目四　侦查辨认训练

科目一:物品辨认训练*

(一)实训目的

通过对侦查辨认这一侦查措施的实训,使学生掌握和理解辨认的概念、程序和要求。本次训练的内容主要有:了解辨认前需要做好的准备工作,掌握侦查辨认的规则,熟练应用辨认的方法并能制作侦查辨认法律文书。

(二)训练方案设计

某年 7 月 17 日晚 11 时许,某市郊区发生一起残害少女的犯罪案件,被害人孙某 13 岁,在校学生。当晚 11 时,孙某从亲戚家返家途中,被犯罪分子劫持到一偏僻地方。犯罪分子利用手中的斧头,对受害人的四肢及腹部造成重伤。正在作案时,犯罪嫌疑人听到有人路过的声音,便仓皇而逃,慌乱中将作案用的一把斧头遗留在现场。被害人后被路人发现送往医院抢救。

公安机关接到报案后,赶到案发现场进行现场勘查,提取了现场上犯罪分子遗留的斧头,并围绕该作案工具进行调查访问,请现场周围的群众对凶器进行辨认,一个星期后,没有人认出斧头。公安机关决定通过电视广告扩大辨认的范围,电视广告打出的第二天,有一居民李某报案称,该斧头可能是他家的,公安机关侦查人员又组织李某对该斧头再次进行辨认,李某立即指认现场遗

* 撰稿人:闫霞飞。

留的斧头就是其一个月前购买的斧头，一周前被其邻居张某以砍木头为由从家中借走，侦查人员将张某传唤至公安局审查，张某对残害少女的犯罪事实供认不讳，现申请受害人对现场遗留的斧头进行辨认。

（三）训练要求

1.实训时数：2 课时。

2.人员分工：以 10 人为一组，将学生分为若干组，其中确定一名组长，1 名辨认人，1 名学生扮演见证人，其余人员为侦查人员。

3.场所：警察学院校园内和综合模拟实训大楼辨认室。

4.器材、设备、工具：制作笔录材料、遗留在案发现场的斧头、与斧头具有类似特征的陪衬物品 5 件、法律手续（呈请辨认报告书）。

5.训练内容与所要达到的效果：

根据设计的内容、情节由学生扮演各角色实施侦查辨认。熟悉辨认前的准备工作、辨认前的询问笔录的制作，了解搜查证呈请程序、文书制作格式，并能熟练将辨认过程和结果制作成辨认笔录。部分学生扮演群众，通过观察围绕设定的问题完成辨认训练，并制作辨认笔录和询问笔录。

（四）训练依据

本训练属于观察性、操作性模拟训练，强调对参训学生的组织能力和文书制作能力的训练。通过模拟的情节设计，使参训学生依据公安部《规定》第 249 条～第 253 条中关于辨认的规定，了解辨认前的询问工作、呈请辨认报告书以及对物品辨认的不同方法和程序。根据公安部印发的《公安机关刑事法律文书式样（2012 版）》（公通字[2012]62 号）的要求，制作询问笔录和辨认笔录。并结合侦查学教材中辨认的内容，掌握辨认的原则、辨认的方法和内容。

（五）训练组织实施

1.准备被辨认物品、文件。要求该物品必须是辨认人在案发前或案发过程中见过的，或是辨认人自己所有的。

2.选择陪衬物品。准备 5 件以上特征相类似的陪衬物品、文件，例如种类、颜色、特征、破损程度与被辨认物品、文件相类似的陪衬物。

3.将辨认物品、文件与所选择的陪衬客体混杂在一起放置。

4.辨认开始前，辨认物品、文件不能被辨认人看到或接触到。

5.主持辨认的侦查员不得少于2名，且侦查人员实施辨认前，应先询问辨认人有关辨认物品、文件的详细特征和其他情况，并制作《调查询问笔录》。

6.侦查人员将准备的辨认物品、文件出示给辨认人，由辨认人多次、反复辨认。辨认过程中侦查人员不得给辨认人任何提示。

7.辨认结束后，制作《辨认笔录》，并由见证人签字。

学生根据上述问题完成情况以及实训小组实训过程中的表现完成实训报告。

（六）考评依据及方式

1.组织管理（20分）：根据人员到位、器材设备准备、人员之间的配合和工作计划完成情况评分。

2.角色扮演（20分）：根据与设计情节的相符度与真实度评分。

3.规定过程、动作的完成（20分）：根据完成的规范程度、合法程度、合理程度评分。

4.实训报告（30分）：根据实训组的表现，对规定问题的回答情况及其他评分。

5.其他（10分）：指导老师根据现场表现自由评判。

在以上指标中，组织管理、角色扮演、规定情节完成、其他等由指导老师临场观察，当场评分；实训报告由指导老师根据实训组完成的实训报告评分。

（七）其他

注意实训中的安全与辨认场馆的保护等。

附：对尸体辨认的实施步骤及方法

1.对尸体的辨认，应当由专业技术人员例如法医协助。辨认前，由专业技术人员对尸体进行尸表检验，发现和记录尸体上的特征情况。对头部受伤变形的尸体，应当由专业技术人员或其他专业人员进行擦洗和整容。

2.辨认前，侦查人员应向辨认人详细询问有关死者生前的体貌特征、穿着和随身携带的物品特征，然后再进行辨认。

3.侦查人员应引导辨认人对重要特征进行辨认，即死者的面部特征、死者的四肢和胸背部特征与特别记号，例如胎记、伤疤、痣、文身和手术疤痕等；死者的牙齿形状、残缺和镶补情况，死者穿着衣物，帽子，鞋袜，佩戴的首饰的式样、颜色和工艺，死者随身携带的物品的名称、标记。

4.对于已经或基本确定死者身份的尸体，侦查人员可以组织其亲属、邻居、同事、朋友等进行辨认。对于无名的尸体，可以先组织尸体现场附近的群众进行辨认，仍不能辨认的，应根据不知名尸体处置原则开展相关工作。

科目二：犯罪嫌疑人辨认*

（一）训练目的

明确辨认程序、规则，做到能够依法、规范、科学辨认，学会辨认笔录的制作。

（二）训练方案（情节）设计

某年、某月、某日，某室内房间。犯罪嫌疑人张山云，因感情纠纷，在女友租的房间里用水果刀捅死女友李青照后逃离现场，这一杀人过程刚好被前来收房租的房东王一八目睹，于是王一八报警。王一八目击张山云实施杀人行为时长近一分钟。

福州市公安局仓山公安分局刑侦大队立案侦查，次日便抓获犯罪嫌疑人张山云。办案人员组织目击者王一八对嫌疑人张山云进行辨认。

（三）训练要求

1.实训时数：2课时。

2.人员分工：以班为单位进行训练，每班12人，一个班即一个小组。每小组设实训指挥人员1人；主持辨认的侦查人员3人；配合主持辨认的侦查人员1人；陪衬对象6人；见证人1人。犯罪嫌疑人、目击者由指导教师请来的与侦查人员不相识的学员扮演。

3.场所：校内实训场所辨认室。

---

* 撰稿人：闫霞飞。

4.器材设备(工具):制作笔录材料、警察常规设备(含执法记录仪)、水果刀。

5.要达到的效果:有序地组织辨认;遵循辨认规则;制作相关的辨认文书。

(四)训练依据

本训练属操作性模拟训练。通过实训,巩固知识、训练技能、提高操作能力。实训依据:《公安机关办理刑事案件程序规定》之辨认规定、侦查措施教材中有关辨认的内容。

(五)组织实施

1.指导教师进行方案设计,并在实训前将设计的情节(脚本)提交给本实训小组成员。

2.指导教师请来犯罪嫌疑人张云山、目击者王一八,实训之前做好交代,并与参加实训的学员做好交接。

3.在规定的时间内,在指挥员的指挥下,参与实训的人员到达训练现场,侦查人员主持辨认。侦查人员把犯罪嫌疑人张云山和其他辨认对象(陪衬人员)带入辨认室,对辨认对象进行无规律编号排列;把证人王一八带入辨认室,在辨认室外自主对室内的辨认对象进行辨别指认;侦查人员制作辨认笔录。

要求依法主持辨认,辨认之前侦查人员要评估辨认人的辨认条件,向辨认人讲明辨认的有关要求。辨认遵循辨认规则。要对辨认结果进行评估。

(六)考评依据及方式

1.组织管理(10分):根据人员到位、器材设备准备、规定任务按时完成情况评分。

2.依法辨认(20分):根据辨认符合法律规定的程度评分。

3.遵循辨认规则(30分):根据是否遵循辨认规则的程度评分。

4.辨认笔录(20分):依据提交的辨认笔录评分。

5.辨认实训报告(10分):根据实训组制作的辨认实训报告评分。

6.其他(10分):指导教师自由评判。

在以上指标中,组织管理、依法辨认、遵循辨认规则、其他等由指导教师临场观察、群内考察评分;依法辨认、辨认笔录、实训报告由指导教师根据实训组所完成的笔录、实训报告评分。

（七）其他

注意实训中的安全与器材保护等。

项目五　侦查实验

（一）实训目的

通过侦查实验的训练，使参训学员明确侦查实验规则、侦查实验的步骤和方法，制作侦查实验方案，并掌握侦查实验笔录的制作要求。

（二）训练方案设计

赵喆曾受过电子专业的高等教育，且具有多年从事证券交易的经历，谙熟证券交易的电脑操作程序。2018 年 3 月 31 日下午，赵喆到三亚营业部营业厅，通过操作专供客户查询信息所用的电脑终端，非法侵入三亚营业部的计算机信息系统，发现该系统中委托报盘数据库未设置密码，即萌生了通过修改该数据库中的数据抬高上市股票价格，以便使自己在抛售股票时获利的念头。4 月 15 日，赵喆再次通过三亚营业部的电脑侵入该营业部的计算机系统，先复制下委托报盘数据库，再对该数据库进行模拟修改。当修改获得成功后，赵喆即决定次日实施。为了炫耀自己具有操纵股市改变趋势的“能耐”，赵喆示意股民高淳购进“莲花味精”股票，待该股票价格上扬时，抛售获利。4 月 16 日中午股市休市时，赵喆再次将三亚营业部信息系统中报盘数据进行修改，将周某等 5 位股民买卖其他股票的数据，均修改成以当日涨停价位委托买入“兴业房产”198.95 万股、“莲花味精”298.98 万股。当日下午股市开盘时，上述修改的数据被三亚营业部发送到证券交易所后，立即引起“兴业房产”和“莲花味精”两种股票价格大幅上扬。赵喆乘机以涨停价格抛售了其在天津市国际投资公司上海证券业务部账户上的 7800 股“兴业房产”股票，获利 7277.01 元。股民高淳及其代理人王琦华也将受赵喆示意买入的 8.9 万股“莲花味精”股票抛出，获利 8.4 万余元。由于拥有这两种股票的股民都趁机抛售，使发出买入信息的三亚营业部不得不以涨停价或接近涨停价的价格买入，为此需要 6000

余万元的资金。三亚营业部一时无法支付此巨额资金，最后被迫平仓，遭受经济损失达295万余元。随后，三亚营业部发现赵喆修改数据库信息的情况，随即报案。案发后，公安机关为三亚营业部追回经济损失40余万元，现需要就赵喆是否侵入委托报盘数据库并修改数据的现实可行性结论进行验证，组织并进行侦查实验。

（三）训练要求

1.实训时数：2课时。

2.人员分工：以10个人为一组，将学员分为若干组，选择1名学员为实训小组组长（仅限于实训的指挥），侦查人员2名，1名计算机专业技术人员，其余扮演参与工作人员，负责实训报告的制作。

3.场所：警察学院综合模拟实训大楼。

4.器材设备（工具）：制作笔录的材料、法律手续（呈请报告书）、计算机、模拟的报盘数据库。

5.训练的内容与所要达到的效果：根据设计的内容、情节，由学员扮演各种角色组织实施侦查实验。熟悉侦查实验的适用情形、实验前的准备工作，了解侦查实验的呈请手续、文书制作格式，并能熟练将侦查实验的情况制作成笔录。部分学员充当其他工作人员，通过观察围绕设定的问题完成训练，并完成实训报告。

（四）训练依据

本训练属于观察性、操作性模拟训练，强调对参训学员的组织能力和文书制作能力的训练。通过实训，使学员能依据《刑事诉讼法》（2018修正）第135条和公安部《规定》（2020修正）第221条中关于侦查实验的规定，对计算机系统中的委托报盘数据库侵入并修改数据库的现实可行性结论予以验证。了解侦查实验适用的情形，熟悉侦查实验前的准备工作，并将侦查实验的情况根据公安部印发的《公安机关刑事法律文书式样（2012版）》（公通字［2012］62号）的要求，制作成侦查实验笔录。

（五）训练的组织实施

1.指导老师进行方案设计，并在实训前将设计的情节介绍给实训小组成员。

2.拟定实验计划。实训小组拟定实验计划,其中应明确此次实验的目的、实验的时间、地点,实验的顺序、方法,实验的物品、工具,以及参加实训的人员。

3.各个小组按照所制定的侦查实验计划进行侦查实验训练。

4.同一情况下反复进行试验。

5.将侦查实验过程和结果制成侦查实验笔录。

(六)考评依据及方式(100 分)

1.组织管理(20 分):根据人员到位、器材设备准备、人员之间的配合和工作计划完成情况评分。

2.角色扮演(20 分):根据与设计情节的相符度与真实度评分。

3.规定过程、动作的完成(20 分):根据完成的规范程度、合法程度、合理程度评分。

4.实训报告(30 分):根据实训组的表现,对规定问题的回答情况及其他评分。

5.其他(10 分):指导老师根据现场表现自由评判。

在以上指标中,组织管理、角色扮演、规定情节完成、其他等由指导老师临场观察,当场评分;实训报告由指导老师根据实训组完成的实训报告评分。

(七)其他

注意实训中的安全与辨认场馆的保护等。

项目六　技术侦查

(一)实训目的

通过本次训练,使参训学员熟悉适用技术侦查的申请程序和要求,了解公安机关采用技术侦查措施的具体种类和应用范围,掌握技术侦查所适用的案件范围、技术侦查措施的批准和执行等内容。由于技术侦查措施秘密性、技术性较高,当前公安机关、国家安全机关对大多数案件的技术侦查都处于相对保密阶段。

(二)训练方案设计

2018 年 1 月 19 日，云南普洱市公安局根据情报获悉：以许连科、邵思国（男，系不久前被我国捕获的缅甸大毒枭谭小林的主要合伙人之一）、王祖光和泰国人派蓬为首的贩毒访华团，密谋用柚木掏空的方法运输大宗毒品，从缅甸瓦联军的辖区进入我境，经云南、广东向香港贩运海洛因，此前该集团已贩毒得手多次，走私贩运的海洛因达 113 件 80 多公斤。该集团的贩毒手法狡猾，主要特点是：在泰国、香港注册公司掩护，在香港谈判、泰国付款、缅甸发货；在中国境内雇人分段、分批运输；通过海上或陆地口岸毒货混装出境。

云南省普洱市公安局上报云南省公安厅并经省厅报公安部批准，将此案立为“1・19”特大贩毒专案展开侦查。经公安部禁毒局与有关国家、地区警方联系、协调，发现我国广州海关和香港海关也在对该贩毒集团人员布控侦查，云南省普洱思茅区公安分局对该集团泰国籍成员实施行踪和通信监控。3 月 27 日，第一批毒品在境外装车后驶入我境。根据云南侦获的情况和各方面提供的线索判断，此案有条件顺线延伸，通过隐匿身份的侦查方法，实施跨境的“控制下交付”，以彻底打掉这一国际贩毒网络。4 月 2 日晚，运送毒品的第一辆大货车抵达广东省佛山市南海市郊一停车场内。专案指挥部迅速安排侦查人员以隐匿身份的侦查方式进入集团内部做内线，为专案组提供了大量的侦查线索，并控制和发现了与犯罪分子交接毒品的详细计划。4 月 5 日深夜，犯罪分子调用大型平板拖车将毒品装车后驶出，侦查人员迅速沿途严密监控，跟踪至第二个仓库——深圳市龙港区一汽车修理厂停车场。专案组根据可靠情报获悉，下货后香港毒贩胡育光将入境看货，并在核对藏毒的木材记号后出境，准备在境外用电话指挥马仔将毒品运走……专案指挥部立即决定收网实施抓捕，当场抓获从香港前来接货的胡育光、陈启浩，缴获车内藏毒 70 公斤。

(三)训练要求

1.实训时数：2 课时。

2.人员分工：以 10 个人为一组，将学员分为若干组，选择 1 名学员为实训小组组长（仅限于实训的指挥），2 人扮演嫌疑人胡育光和陈启浩，1 人为特情人员，其余为侦查人员，负责实训报告的制作。

3.场所：警察学院综合模拟实训大楼情报指挥中心。

4.器材设备(工具):交通工具、各类通信工具、仿真武器、仿真毒品、录音设备、录像设备和工具、法律手续,制作文书所需材料。

5.训练内容与所要达到的要求:根据设计的内容、情节,由学员扮演各种角色组织实施技术侦查。使学员熟悉不同的技术侦查手段,并掌握应用方法。部分学员通过观察围绕设定的问题完成技术侦查实训报告。

(四)训练依据

本训练属于观察性、操作性模拟训练,强调对参训学员的组织、协调能力和实际操作能力的训练。通过对技术侦查方案和公安部《规定》(2020 修正)第 263 条～第 270 条中关于技术侦查的规定,使参训学员了解技术侦查的适用范围、申请和审批程序,并结合侦查学和信息化侦查战法教材,掌握技术侦查方法,训练技能、提高操作能力。

(五)训练组织实施

1.指导老师进行方案设计,并在实训前将设计的情节介绍给实训小组成员。

2.拟定侦查计划。实训小组拟定技侦计划,其中应明确此次技术侦查措施适用的对象、如何采取控制下交付。

3.各个小组制作《技术侦查措施报告书》,完备所需的法律手续。

4.实训小组按照计划进行本次技术侦查的训练。

5.学员根据上述问题完成情况以及实训小组实训过程中的表现完成实训报告。

(六)考评依据及方式(100 分)

1.组织管理(20 分):根据人员到位、器材设备准备、人员之间的配合和工作计划完成情况评分。

2.角色扮演(20 分):根据与设计情节的相符度与真实度评分。

3.规定过程、动作的完成(20 分):根据完成的规范程度、合法程度、合理程度评分。

4.实训报告(30 分):根据实训组的表现,对规定问题的回答情况及其他评分。

5.其他(10 分):指导老师根据现场表现自由评判。

在以上指标中，组织管理、角色扮演、规定情节完成、其他等由指导老师临场观察，当场评分；实训报告由指导老师根据实训组完成的实训报告评分。

（七）其他

注意实训中的安全和对场所、系统和器材设备的维护等。

项目七　通缉、通报训练

（一）训练目的

通过实训，使参训学员掌握通缉、通报的概念、条件、形式，学会制作《通缉令》等法律文书。

（二）训练方案设计

2018 年 2 月 23 日 13 时 18 分，结束寒假刚返校不久的云南某大学北院学生公寓 6 栋 317 室，两名学生张理与林义军感觉宿舍有异味，遂一起打扫卫生，发现本室内一衣柜内有液体流出，并带有臭味后，随即向学校报告。保安撬开衣柜门后发现四名学生尸体被藏在宿舍内的四个衣柜中，校方随即向昆明市公安局报案。警方经侦查后，认定 317 室为作案现场，被害人均系钝器打击头部导致颅内脑损伤死亡，死亡时间为一周左右；作案时间初步认定在 2 月 13 日至 15 日，作案工具即现场遗留的石工锤。同时，警方将嫌疑对象确定为云南某大学本校学生马佳佳。犯罪嫌疑人马佳佳，男，汉族，1981 年 5 月 4 日出生于广西壮族自治区宾阳县，时为云南某大学生化学院生物技术专业 2000 级学生，身高 171.5 厘米，户籍地为广西壮族自治区宾阳县××镇××村一队。

（三）训练要求

1.实训时数：2 课时。

2.人员分工：以 10 个人为一组，将学员分为若干组，选择 1 名学员为实训小组组长(仅限于实训的指挥),2人扮演侦查人员,1人扮演犯罪嫌疑人马佳佳,2人分别扮演知情人员张理和林义军,其余扮演参与工作人员,负责实训报告的制作。

3.场所:福建警察学院学生宿舍、综合模拟实训大楼虚拟仿真侦查实验室。

4.器材设备(工具):制作法律文书所需材料、交通工具、法律手续、电话、计算机等设备。

5.训练内容与所要达到的要求:通过设计的内容、情节,由学员扮演各种角色组织实施通缉、通报。熟悉通缉的条件,掌握《通缉令》的制作,还应根据案件情况需要制作、发布通缉通报。部分学员扮演群众,围绕设定的问题观察通缉、通报的方法,并完成实训报告。

(四)训练依据

本训练属于观察性、操作性模拟训练,强调对参训学员的组织、协调能力和实际操作能力的训练。实训依据:《公安机关办理刑事案件程序规定》之通缉、通报的规定以及侦查学教材中通缉、通报的内容。

(五)训练的组织实施

1.指导老师进行方案设计,并在实训前将设计的情节介绍给实训小组成员。

2.准备被通缉的犯罪嫌疑人照片及知情人张理与林义军(知悉犯罪嫌疑人的体貌特征的人)。

3.以小组为单位,参训学员观察被通缉的犯罪嫌疑人的照片,详细询问知情人张理与林义军有关犯罪嫌疑人的体貌特征。

4.实训小组制作《通缉令》。

5.学员根据上述问题完成情况以及实训小组实训过程中的表现完成实训报告。

(六)考评依据及方式(100分)

1.组织管理(20分):根据人员到位、器材设备准备、人员之间的配合和工作计划完成情况评分。

2.角色扮演(20分):根据与设计情节的相符度与真实度评分。

3.规定过程、动作的完成（20 分）：根据完成的规范程度、合法程度、合理程度评分。

4.实训报告（30 分）：根据实训组的表现，对规定问题的回答情况及其他评分。

5.其他（10 分）：指导老师根据现场表现自由评判。

在以上指标中，组织管理、角色扮演、规定情节完成、其他等由指导老师临场观察，当场评分；实训报告由指导老师根据实训组完成的实训报告评分。

（七）其他

注意实训中安全与器材的保护等。

项目八　固定、调取证据

（一）训练目的

通过实训，使参训学员掌握查询冻结的程序和方法，学会制作查询、冻结的相关法律文书。

（二）训练方案设计

2015 年 12 月 3 日上午 9 时许，在江城市紫荆北路 58 号 2 栋 1 单元 502 号暂住的刘宇趁同居的女友杜丽睡觉不备之际，盗走杜丽放在床头柜上钱包里的工商银行卡后，在本市紫竹北街储蓄所取走卡内人民币 12000 元，次日上午，刘宇再次趁杜丽睡觉之际，又用同样的手法盗取杜丽人民币 25000 元，同时盗走杜丽金手镯一个、三星数码相机一部，共价值人民币 4274 元。上述赃款、赃物均被刘宇先藏匿于前妻曾某暂住地，后刘宇将其中 12000 元赃款带回老家交给其母亲用于给其父亲买养老保险，15000 元存入曾某的中国银行卡内由曾某代为保管，赃物一直存放在曾某暂住地的保险柜中。公安机关于 12 月 9 日抓获刘宇后，随即在曾某暂住地查获、扣押了涉案赃款赃物，并明确告知曾某，刘宇存于其中国银行卡上的 15000 元系赃款，扣押了该银行卡并当场出具了扣押物品清单，但因工作人员的疏忽未及时去银行办理冻结手续。曾某于12月11日让其弟弟用被公安机关扣押的银行卡配套存折将15000元代为取出，非法占为已有。

(三)训练要求

1.实训时数：2课时。

2.人员分工：以10个人为一组，将学员分为若干组，选择1名学员为实训小组组长（仅限于实训的指挥），侦查人员2名，3个犯罪嫌疑人，分别饰演刘宇、曾某（刘宇前妻）、曾某弟弟。其余人员扮演参与工作人员和群众，负责实训报告的制作。

3.场所：福建警察学院校园内ATM机、综合模拟实训大楼宾馆模拟场馆、行政办公大楼办公室514室。

4.器材设备（工具）：交通工具、制作笔录材料、法律手续（含扣押证、调取证据通知）、银行卡、银行存折、计算机等。

5.训练内容与所要达到的要求：通过设计内容、情节，由学员扮演各种角色组织实施辨认。熟悉查询、冻结前的准备工作，学会制作查询、冻结的相关法律文书，能够结合相关理论知识和法律规定，在银行、其他金融机构或邮局的配合下，熟练地对犯罪嫌疑人的存款、汇款进行查询和冻结。部分学员扮演群众，通过观察围绕设定的问题完成查询、冻结训练，制作实训报告。

(四)训练依据

本训练属于观察性、操作性模拟训练，强调对参训学员的组织、协调能力和实际操作能力的训练。实训依据：公安部印发的《公安机关刑事法律文书式样（2012年版）》中关于查询、冻结有关法律手续文书的规定，《刑事诉讼法》（2018修正）第54条的规定、公安部《规定》（2020修正）第60条～第66条的规定以及侦查学教材中有关查询、冻结的内容。

(五)训练的组织实施

1.指导老师进行方案设计，并在实训前将设计的情节介绍给实训小组成员。

2.以小组为单位，制作查询、冻结的相关法律文书。

3.各个小组参训学员携带相关法律文书进入实训场地进行实训。

4.完成相关作业。

5.学员根据上述问题完成情况以及实训小组实训过程中的表现完成实训报告。

(六)考评依据及方式(100 分)

1.组织管理(20 分):根据人员到位、器材设备准备、人员之间的配合和工作计划完成情况评分。

2.角色扮演(20 分):根据与设计情节的相符度与真实度评分。

3.规定过程、动作的完成(20 分):根据完成的规范程度、合法程度、合理程度评分。

4.实训报告(30 分):根据实训组表现,对规定问题的回答情况及其他评分。

5.其他(10 分):指导老师根据现场表现自由评判。

在以上指标中,组织管理、角色扮演、规定情节完成、其他等由指导老师临场观察,当场评分;实训报告由指导老师根据实训组完成的实训报告评分。

(七)其他

注意实训中的安全与器材保护等。

项目九　强制措施

(一)训练目的

通过拘传、取保候审、监视居住、拘留、逮捕强制措施的实训,使参训学员掌握不同强制措施的概念、适用的对象和条件,了解适用情形和程序规定。通过实训学会制作相关法律文书,具有在紧急情形下,采取适当强制措施的应对能力。通过实训,提高学员对拘传、取保候审、监视居住、拘留和逮捕五种措施的应用能力和法律文书制作能力。

(二)训练方案设计

2015年2月至2015年5月,梁状(绰号"英送""醉鬼")、邵日祥伙同同案人邵锦彬、"光进"(另案处理)先后参与上家梁华强、"西狗"、"阿虎"(均另案处理)等组织的以"猜猜我是谁"为主要诈骗方式的电信诈骗集团。由该集团内的同案人(均另案处理)在广州市某区及广州市外全国各地假冒被害人的亲戚、同学、同事、朋友、领导等取得被害人的信任,再以嫖娼、醉酒被公安机关抓获需要保证金或急需用钱、送礼等名义,骗被害人将财物存入指定银行用户,再通知上述同案人取款;上述人员接到通知后,迅速组成若干提款小组,分别在海南省、广东省等地银行ATM机取款,并从提取款项中提出5%,在组内评分提成,余款交给上家。经查证,梁状实施诈骗94宗,诈骗财物共计人民币2738800元;邵日祥实施诈骗91宗,诈骗财物共计人民币728000元。2015年4月30日,海口市公安局接到线报,发现嫌疑人梁状在海南省万宁市宇新路某餐厅就餐,随即组织抓捕。2015年5月19日,民警在广州市天河区某大厦塔门口抓获同案犯邵日祥。

(三)训练要求

1.实训时数:2课时。

2.人员分工:以10个人为一组,将学员分为若干组,选择1名学员为实训小组组长(仅限于实训的指挥),侦查人员4名,2名犯罪嫌疑人,分别饰演梁状、邵日祥。其余学员扮演参与工作人员和群众,负责实训报告的制作。

3.场所:福建警察学院校园内、综合模拟实训大楼宾馆模拟场馆以及侦查讯问室。

4.器材设备(工具):交通工具、警察常规设备(含执法记录仪)、佩戴的警械武器、手铐、法律手续、人民币若干、工作笔记本及笔等。

5.训练内容与要求:由参训学员扮演各种角色组织实施各种强制措施。熟悉强制措施前的准备工作。掌握适用强制措施的情形和条件,了解相关法律手续和审批程序,并能在实施其他侦查措施的过程中,熟练应用逮捕与拘留等强制措施。部分学员扮演群众,通过实训观察,完成强制措施的实训报告。

(四)训练依据

本训练属于观察性、操作性模拟训练,强调对参训学员的组织能力和法律手续制作完成等能力的训练。通过模拟的情节设计，使参训学员依据公安部《规定》（2020 修正）和《刑事诉讼法》（2018 修正）中关于拘传、取保候审、监视居住、拘留和逮捕的规定，了解 5 种强制措施的适用条件和对象。

（五）训练的组织实施

1.指导老师进行方案设计，并在实训前将设计的情节介绍给实训小组成员。

2.实训小组进行角色分工。指定 1 人为实训小组组长，指挥实训，安排 4 人为侦查人员、2 人为犯罪嫌疑人，其余人员作为群众。

3.设置一些特定情节，如犯罪嫌疑人系生活不能自理人的唯一抚养人、患有严重疾病等情节下适用、变更或解除强制措施。

4.实训小组制定法律手续，按照计划完成实训。

5.学员根据上述问题完成情况以及实训小组实训过程中的表现完成实训报告。

（六）考评依据及方式（100 分）

1.组织管理（20 分）：根据人员到位、器材设备准备、人员之间的配合和工作计划完成情况评分。

2.角色扮演（20 分）：根据与设计情节的相符度与真实度评分。

3.规定过程、动作的完成（20 分）：根据完成的规范程度、合法程度、合理程度评分。

4.实训报告（30 分）：根据实训组的表现，对规定问题的回答情况及其他评分。

5.其他（10 分）：指导老师根据现场表现自由评判。

在以上指标中，组织管理、角色扮演、规定情节完成、其他等由指导老师临场观察，当场评分；实训报告由指导老师根据实训组完成的实训报告评分。

（七）其他

注意实训中的安全与设备、仪器的保护，和实训场馆的卫生、桌椅的归位等问题。

第五章　实务性侦查措施训练*

项目一　视频侦查训练

训练一:视频监控系统辨识训练

(一)训练目的

通过实训,使学员了解视频监控系统的种类,明确视频监控系统的构成。

(二)训练方案(情节)设计

以校内及校园四周的视频监控系统作为观察目标。学员通过观测对监控探头所属系统进行归类,继而观察该系统,判断该系统的种类,最后解构该系统的结构。

(三)训练要求

1.实训时数:2 课时。

2.人员分工:5 人 1 组实施训练。每个区队分成 10 组同时进行。每小组设组长 1 人,组员 4 人。

3.场所:校内侦查楼学生宿舍、校视频监控中心,校园四周监控探头及系统所涉及的场所。

4.器材设备(工具):制作侦查文书材料、警察常规设备(含执法记录仪)。

5.要达到的效果:了解视频监控种类,解剖视频监控系统结构。

* 本章撰稿人:褚红云。

(四)训练依据

本训练属观察性模拟训练。实训依据:视频监控分类相关标准,参见《侦查中电子数据取证》。

(五)组织实施

1.指导教师设计实训方案,在实训前向参加实训的学员提供相应的书面材料。

2.在指导教师的指导下,由小组组长带队实施实训。

3.以小组为单位完成实训报告。

(六)考评依据及方式

1.组织管理(10 分):根据人员到位、规定任务按时完成情况等评分。

2.监控探头观察记录(20 分):根据对监控探头观察的完整性、正确性评分。

3.监控探头归属系统分析(20 分):根据分析的正确性评分。

4.监控系统结构分析(30 分):根据对系统解构的正确性评分。

5.实训报告(10 分):根据所制作的实训报告质量评分。

6 其他(10 分):指导教师自由评判。

训练二:视频反侦查手法辨识训练

(一)训练目的

通过实训,使学员了解视频反侦查手法。

(二)训练方案(情节)设计

提供视频反侦查案例,学员依托校内视频监控系统对视频反侦查手法进行再现分析。

(三)训练要求

1.实训时数:2 课时

2.人员分工:以小组为单位进行训练。每组 5 人。每区队分成 10 组同时进行。

3.场所:视频监控中心及与之相关的监控设备。

4.器材设备(工具):校内视频监控中心及设备;各类视频反侦查工具。

5.要达到的效果:通过对视频反侦查手法的解剖,再现视频反侦查手法。通过对再现手法的分析,实现对视频反侦查手法的正确辨识。

(四)训练依据

视频监控系统建设标准;视频反侦查手法研究成果。

(五)组织实施

1.指导教师对实训方案进行设计,并在实训前向参加实训的学员提供相应的书面材料。

2.以小组为单位,研读提供的案例,发现相关的视频反侦查手法。

3.再现视频反侦查手法。

4.对视频反侦查手法进行分析。

5.完成实训报告。

(六)考评依据及方式

1.组织管理(10 分):根据人员到位、规定任务按时完成情况等评分。

2.视频反侦查手法发现设计(20 分):根据发现的数量及设计的合理性评分。

3.视频反侦查手法再现(40 分):根据视频反侦查手法的数量、再现的完整性评分。

4.视频反侦查手法分析(20 分):根据视频反侦查手法分析的质量评分。

5.实训报告(10 分):根据所制作的实训报告质量评分。

训练三:视频追踪训练

(一)训练目的

通过实训,使学员初步了解视频追踪战法。

(二)训练方案(情节)设计

提供视频追踪案例,学员阅读案例,总结出视频追踪方法。视频追踪案例如下:

某年9月20日6时50分左右,长乐市江田镇三溪村旧街内潘钿记金店店主潘钿记将装有黄金饰品的木箱子放置在玻璃柜台上,后潘钿记背对箱子在电脑桌前查看电脑;一名戴摩托车头盔的男子到潘钿记店内柜台前将有黄金首饰的木箱子抱起转身逃跑,窜至金店旁边巷子内驾驶摩托车逃离现场;据潘钿记初步统计,被盗黄金饰品重量约3000克左右,价值90余万元。

现场勘查情况:

接到报警后,我局迅速组织刑侦民警赶赴现场进行勘查,现场位于长乐市江田镇三溪村旧街的一家金店内,经技术勘查在店内探头提取到盗窃嫌疑男子影像,发现有一名头戴黑色头盔的嫌疑男子(着肩有条纹的灰色T恤、牛仔裤和黑红面白底运动鞋,手戴手串)到店内实施盗窃(见图5-1,图5-2)。

图 5-1

图 5-2

通过视频监控找线索，图侦民警兵分两路，一路查找嫌疑人进入现场轨迹，另一路查找嫌疑人案后逃跑的轨迹。

1.案前轨迹

为发现嫌疑人的案前轨迹，图侦民警走访大量周边群众、查找现场周边探头。通过对搜集到的线索和监控资料进行分析，发现作案嫌疑男子于2016年9月20日6时27分许驾驶一辆后座加装有红色大塑料箱的黑色男士摩托车沿Y017县道经三溪商贸城，左拐进入三溪，经石料厂路口绕行宝开路口后左转金店方向。嫌疑男子疑经过金店后经惠丰茶叶店路口绕到金店旁巷子，停车后伺机作案。

图侦民警通过周边监控视频，将嫌疑男子案前轨迹追溯至Y017县道后，再未发现嫌疑男子更早的活动轨迹。

为发现嫌疑人当天案前全部轨迹及其可能的住处，图侦民警调取了案发现场及Y017县道沿线周边商店、村居近3天的监控资料，寻找嫌疑男子行迹。通过分析大量的监控资料后，图侦民警于漳坂村黄朱路口发现案发当天嫌疑男子手提头盔步行经过探头，此时嫌疑人步行头戴鸭舌帽，手拿头盔（图5-3）。

图 5-3

而后图侦民警追溯该探头往前一百米处谢氏礼堂探头，并未发现嫌疑男子的影像。民警判断嫌疑男子可能由漳坂村内出发，经漳坂村民辨认，该人不是该村村民。至此，民警判断嫌疑男子可能乘坐其他交通工具抵达漳坂黄朱路口。

图侦民警立即入驻漳坂村村部，对村内所有监控探头进行筛查，重点筛查

201 省道漳坂黄朱路段探头。图侦民警对漳坂黄朱路口和谢氏礼堂的探头视频中嫌疑男子出现前五分钟内过往的所有车辆、人员一一进行比对。重点研判仅在谢氏礼堂出现或车上人员数量前后不一致的车辆。经细致比对后发现有一反穿黑色外套着绿色裤子驾驶女士电动车的人后座载有一人经过谢氏礼堂(图 5-4),但在黄朱路口未发现其轨迹。民警研判嫌疑男子应该乘坐该人的摩托车经谢氏礼堂在黄朱路口前下车步行。再次分析以上两个路口的监控,发现该驾车人在经过漳坂谢氏礼堂后独自驾车掉头返回往松下方向(图 5-5),其下车的后座人员很可能为该案嫌疑人。

图 5-4

图 5-5

图侦民警立即再分三路分别追踪二人来路、男子及驾车人去路:一路民警发现驾车人与嫌疑男子同乘一电动车从江田镇团结村烟台路口的巷子驶出,沿 201 省道向漳坂村方向行驶,从图上看,驾车人应为女子,且与嫌疑人抱在一起,行为较为亲密(图 5-6、图 5-7);二路民警追踪嫌疑女子驾驶电动车原路返回至烟台路口,未回原处,径直沿 201 省道往松下方向,在长林村路段废品回收站路段后未发现该女子(图 5-8);三路民警追踪嫌疑男子经漳坂环岛后往两港方向步行约百米后穿过马路往 Y017 县道方向,而后失去嫌疑人踪迹(图 5-9)。

图 5-6

图 5-7

图 5-8

综合以上信息,图侦民警还原嫌疑男子案前轨迹如下:案发当天清晨 5 时 45 分,嫌疑男子与嫌疑驾车女子同乘一辆黑色电动车从江田镇团结村烟台路

图 5-9

口驶出，沿 201 省道开往漳坂村方向。二人行至漳坂谢氏礼堂后，男性嫌疑人下车继续向前步行，女性嫌疑人驾驶电动车返回松下方向。嫌疑男子下车步行途径漳坂黄朱路口、漳坂环岛后往两港方向步行约百米后，于 5 时 51 分许穿过马路往 Y017 县道方向，而后失去男性嫌疑人踪迹(可能去取作案车辆)。6 时 26 分许，嫌疑男子驾驶作案摩托车沿 Y017 县道经三溪商贸城，左拐进入三溪，经石料厂路口、宝开路口后往金店方向。6 时 52 分嫌疑男子经过惠丰茶叶店十字路口绕到金店后巷子，停车伺机作案。(综合上述，案前嫌疑男子轨迹见图 5-10)

图 5-10

2.案后轨迹

另一路图侦民警调取了大量社会探头，也发现嫌疑男子案后逃跑的轨迹。盗窃得手后，嫌疑人驾驶摩托车直行经过惠丰茶叶店十字路口、溪山村部旁、依好建材，开往 Y017 县道方向，之后失去嫌疑男子轨迹。（北京时间 6 时 58 分许，嫌疑男子经过溪山村村部旁，见图 5-11）

图 5-11

专案组立即组织人手对依好建材往 Y017 县道路段进行大规模走访，调取沿线探头监控视频材料，没有发现嫌疑男子出现的轨迹。民警扩大搜索范围，终于在漳流村牌坊处发现嫌疑男子此时摩托车车头呈摇晃状（见图 5-12），图侦民警判断嫌疑车辆可能爆胎。

图 5-12

专案组立即入驻漳流村，在村内进行秘密摸排，调取分析村内所有探头，发现嫌疑男子在摩托车爆胎后，推车途经春利厂、国平厝边，并在国平厝边探头相隔约 10 分钟后再次出现（见图 5-13，图 5-14）。经过亨学厝边后疑往沙坡岭方向。此后又一次失去嫌疑男子踪迹。

图 5-13

图 5-14

民警前往国平厝边探查，发现嫌疑人进入的是一在建房的死胡同，经询问业主得知，嫌疑男子到该巷子后在地上捡了一个腻子粉袋，将摩托车后座筐里的东西往里装。

民警马上到沙坡岭查看地形，有群众反映"20 日早上有人在沙坡岭焚烧车辆"。经搜查，在林子深处发现烧焦的摩托车车架，并在附近民宅的监控发现，一男子于 7 时 15 分许驾车到达沙坡岭，烧毁作案车辆。民警大胆判断烧车男子就是金店作案嫌疑人（见图 5-15）。

民警排查该民宅周边道路、住宅、工厂等处所监控探头，发现嫌疑男子烧车后步行穿过树林于 7 时 18 分许到达金纶大道，并乘坐另一男子驾驶的男式助力车离开（见下图 5-16）。该助力车经过常春车厢厂、华枫纺织厂门口后失去踪迹。

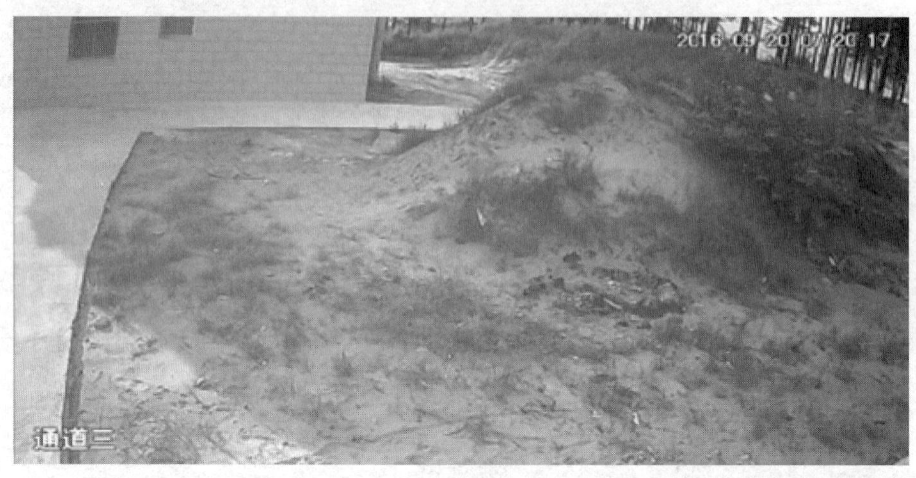

图 5-15

图 5-16

工作又一次陷入僵局。图侦民警转变思路将追查重点移到接应嫌疑男子的助力车上。图侦民警扩大在金纶大道的搜索排查范围,发现接应男子独自驾驶该助力车进入常春车厢厂旧厂(见图 5-17),民警立即进入该厂排查并抓获该人。

经审讯,该男子供述其在送孩子上学返回途中,遇嫌疑男子花钱乘坐他的车辆,行至正隆厂后门,嫌疑男子下车步行离开,接应男子返回常春厂。

图侦民警当即查找正隆厂后门附近的监控探头发现嫌疑男子手提袋子过兴隆正门步行往海边方向(见图 5-18),后再次失去踪迹。

民警再次到消失点周边查看地形,发现该地点与之前两名嫌疑人出现的烟台路口较接近。民警大胆判断该嫌疑男子可能回到案前出发点烟台,海量筛查烟台村所有探头,图侦民警终于发现嫌疑男子于 8 时 1 分许由烟台路靠

图 5-17

图 5-18

海边路口返回案前出发的巷口。此时嫌疑男子更换上衣(图 5-19)。

(嫌疑男子案后轨迹如图 5-20)

*摸排发现嫌疑人

图侦民警对作案嫌疑人案发前后进出的巷口的监控视频进行查看分析，发现作案嫌疑人赤手返回。在当天下午 14 时 8 分许，女性嫌疑人从海边回到该处，判断其住处就在附近。

当日 15 时 11 分至 16 时 54 分许，作案嫌疑人手持铲子、耙子等挖土工具往返于海边和该处(此时嫌疑男子再次换装，见图 5-21，图 5-22)，判断嫌疑人可能将黄金埋藏在海边方向。16 时 56 分许，作案嫌疑人与另一男子前往海边后(见图 5-23)，未见返回。18 时后，作案嫌疑人与女性嫌疑人多次往返住处和海边。

图 5-19

图 5-20

图侦民警在巷子周边利用视频截图进行秘密摸排。经走访，民警发现二人的暂住处。根据房东讲述，19 日一男一女租下房间，24 日离开。

*技术勘查锁定嫌疑人

技术人员通过对出租屋进行勘查，在嫌疑人用过的矿泉水瓶上取到指纹，经比对确认作案嫌疑人为陈开，身份证号码为 33501821××××××33216，户籍地址为江田镇友爱村隘门楼××号，曾于 2001 年 8 月因盗窃电线电缆被抓获。

图 5-21

图 5-22

图 5-23

图 5-24　19 日嫌疑人进入巷子租房子

*技侦手段抓获嫌疑人

经研判，民警发现陈开手机号码，立即对其上线侦查，发现陈开于 9 月 24 日停机。通过对陈开话单进行研判分析，发现女性嫌疑人为吴安利。

通过调查，作案嫌疑人陈开在案后逃往贵州后又逃至四川德阳投靠关系人林春梅（女，身份证号码为：510623××××××××0924，户籍地址为：四川省德阳市中江县回龙镇××村 6 组），吴安利在长乐松下一带活动。专案组立即组织警力赶赴四川省中江县回龙镇处抓获陈开与林春梅，当晚在长乐松下抓获吴安利。

*指认现场找回黄金

经连夜审讯，陈开对盗窃黄金一事供认不讳，并交代剩余金器被掩埋在长乐市江田镇烟台村一防护林里。

图 5-25　嫌疑人指认现场

图 5-26　嫌疑人指认埋黄金的小树林

由于受台风影响，黄金具体掩埋地点模糊难辨。专案组民警通过不懈努力，锄头、探测仪、挖土机均派上用场，终于在 2016 年 10 月 28 日 15 时找到被盗的剩余金器黄金。案件圆满告破。

图 5-27　民警动用挖掘机挖黄金

（三）训练要求

1.实训时数：1 课时。

2.人员分工：每位学员独立完成。

3.场所：实训楼智慧教室。

4.器材设备（工具）：案例播放设备。

图 5-28　涉案黄金

5.要达到的效果：通过对案例的剖析，总结出视频追踪战法。

(四)训练依据

视频侦查；视频侦查战法研究成果。

(五)组织实施

1.指导教师选择好案例。
2.在实训楼智慧教室播放案例。
3.学员阅读、审查案例。
4.学员总结视频追踪战法。
5.完成实训报告。

(六)考评依据及方式

1.视频追踪战法总结报告(80 分)：根据视频追踪战法总结报告评分。
2.实训报告(20 分)：根据所制作的实训报告质量评分。

训练四：视频侦查实战

（一）训练目的

通过实训，使学员明确侦查中视频数据收集提取的流程、步骤、方法。

（二）训练方案（情节）设计

校内侦查楼学生宿舍 205、206 室失窃。犯罪分子侵入室内盗走笔记本电脑 3 部、单反相机 1 部、现金 6700 元。侦查楼一层东西两侧及侦查楼其他出入口外均安装有监控探头。侦查过程中，需要调取与侦查楼监控系统相关的视频数据。

（三）训练要求

1.实训时数：4 课时。

2.人员分工：以班为单位进行训练，每班 12 人，一个班即一个小组。每个小组设实训指挥人员 1 人；现场勘验、检查人员 2 人；视频数据调取人员 2 人；现场访问人员 2 人；视频监控中心管理员 1 人；见证人 1 人；事主、群众 2 人；作案人 1 人。

3.场所：校内侦查楼学生宿舍、校视频监控中心。

4.器材设备（工具）：现场勘查器材、笔记本电脑（带绘图软件）、移动硬盘、U 盘、制作侦查文书材料、警察常规设备（含执法记录仪）。

5.要达到的效果：依法规范地实施现场勘验检查、调取视频数据。

（四）训练依据

本训练属操作性模拟训练。通过实训，巩固知识、训练技能、提高操作能力。实训依据：《公安机关办理刑事案件程序规定》之勘验检查规定，《收集提取和审查判断电子数据若干问题的规定》之电子数据收集提取的相关规定。

（五）组织实施

1.指导教师对实训方案进行设计，并在实训前向参加实训的学员提供相应的书面材料。

2.在指导教师的指导下，作案人按照设计好的方案模拟作案，并布置好犯罪现场。

3.参加实训的学员做好勘查前的准备及视频数据调取前的准备工作。备好《刑事案件现场勘查证》《调取证据通知书》；获取校内监控点的分布图；备好勘验检查器材设备、调取视频数据器材设备。

4.按法定的程序有序地实施勘验检查。对现场情况、勘查过程、勘查结果通过笔录、照相、绘图、录像等手段进行记录。

5.对事主群众进行现场访问，并制作询问笔录。

6.根据侦查需要，访问学校视频监控系统中心管理人员，作好询问笔录，并采用复制法调取相关的视频数据，列出提取的视频图像资料清单，并由保管人员、见证人签名。

7.对视频图像进行分析，制作分析报告。

8.完成实训报告。

（六）考评依据及方式

1.组织管理(10分)：根据人员到位、勘验检查前准备、现场布置、调取前准备、器材设备准备、规定任务按时完成情况等评分。

2.现场勘查(20分)：根据现场勘查的合法性、规范性、效率性、完整性评分。

3.视频数据调取(50分)：根据调取的准备、调查前的询问、调取方法的选择、调取工具的使用、所调取的数据的证据能力等评分。

4.实训报告(10分)：根据所制作的实训报告质量评分。

5其他(10分)：指导教师自由评判。

以上指标中，组织管理、现场勘查、其他等由指导教师临场观察、群内考察评分；视频数据调取、实训报告由指导教师根据实训组所提取的视频数据及所完成的实训报告评分。

（七）其他

注意实训中的安全与器材保护等。

项目二　追缉堵截训练

(一)训练目的

通过实训,使学员明确追缉堵截的步骤、方法。

(二)训练方案(情节)设计

福州市公安局盖山分局接报:甲在首山路 49 号(盖山公安分局辖区)门前的街道上打劫,抢走乙的随身携带物品后逃走。接报后,盖山公安分局该如何应对?

(三)训练要求

1.实训时数:2 课时。

2.人员分工:以班为单位进行训练,每班 12 人,一个班即一个小组。每个小组设实训指挥人员 1 人;现场勘验、视频数据调取、现场访问人员 3 人;追缉堵截人员 4 人,视频监控中心管理员 1 人;见证人 1 人;事主、群众 1 人;作案人 1 人。

3.场所:首山路 49 号路段;视频监控中心;作案人潜逃路段。

4.器材设备(工具):警械武器、现场勘查器材、笔记本电脑(带绘图软件)、移动硬盘、U 盘、制作侦查文书材料、警察常规设备(含执法记录仪)。

5.要达到的效果:依法规范地实施现场勘验、调取视频数据,重点实施追缉堵截。

(四)训练依据

本训练属操作性模拟训练。通过实训,巩固知识、训练技能、提高操作能力。实训依据:《公安机关办理刑事案件程序规定》之勘验检查规定,《侦查措施》之相关规定。

(五)组织实施

1.指导教师对实训方案进行设计,并在实训前向参加实训的学员提供相应的书面材料。

2.在指导教师的指导下,作案人按照设计好的方案模拟作案,并布置好犯罪现场。

3.参加实训的学员做好勘查前的准备、视频数据调取前的准备、追缉堵截的准备。备好追缉堵截器材设备、《刑事案件现场勘查证》、《调取证据通知书》;备好勘验检查器材设备、调取视频数据器材设备。

4.按法定的程序有序地实施勘验检查。对现场情况、勘查过程、勘查结果通过笔录、照相、绘图、录像等手段进行记录。

5.对事主群众进行现场访问,并制作询问笔录。

6.依法实施追缉堵截。

7.根据侦查的需要,访问视频监控系统中心管理人员,作好询问笔录,并采用复制法调取相关的视频数据,列出提取的视频图像资料清单,并由保管人员、见证人签名。

8.完成实训报告。

(六)考评依据及方式

1.组织管理(10 分):根据人员到位、勘验检查前准备、现场布置、调取前准备、器材设备准备、规定任务按时完成情况等评分。

2.现场勘查(20 分):根据现场勘查的合法性、规范性、效率性、完整性评分。

3.追缉堵截(40 分):根据追缉堵截程序的合法性、步骤的合理性、方法的恰当性、行动的谋略性评分。

4.视频数据调取(10 分):根据调取的准备、调查前的询问、调取方法的选择、调取工具的使用、所调取的数据对追缉的作用等评分。

5.实训报告(10 分):根据所制作的实训报告质量评分。

6.其他(10 分):指导教师自由评判。

(七)其他

注意实训中的安全与器材保护等。

项目三　跟踪训练

(一)训练目的

通过实训,使学员了解跟踪的类型,明确跟踪的方法,初步掌握跟踪过程中取证的技巧。

(二)训练方案(情节)设计

有证据证明黄元林系"2020.7.8 黑社会性质组织犯罪案"犯罪嫌疑人之一。为了进一步收集犯罪证据,摸清该黑社会性质组织结构,"7.8 黑社会性质组织犯罪案件"专案组布置人力对黄元林进行 24 小时全方位跟踪。

(三)训练要求

1.实训时数:跟踪从黄元林当日离家开始至返家结束(上午 8 时至晚上 9 时)。

2.人员分工:跟踪小组每组 5 人,一个区队分成 10 组同时进行。5 人跟踪小组设组长 1 人,主梢 1 人,副梢 1 人,备梢 2 人。被跟踪人 1 位。

3.场所:福州市区、郊区。

4.器材设备(工具):照相机、手机、其他记录器材、伪装工具、乘坐交通工具 app。

5.要达到的效果:(1)不脱、不露;(2)跟踪包括徒步跟踪、自行车跟踪、公交车跟踪、出租车跟踪、地铁跟踪等类型;(3)尾随跟踪,记录犯罪嫌疑人进行重要场合与重要相关人相见的情景;(4)进行必要的化装掩护。

(四)训练依据

本训练属操作性模拟训练。通过实训,巩固知识、训练技能、提高操作能力。实训依据:《侦查措施》之跟踪相关规定。

(五)组织实施

1.指导教师对实训方案进行设计,并在跟踪前向参加实训的学员(包括跟踪人与被跟踪人）提供相应的书面材料。

2.跟踪人与被跟踪人在实训前需明确跟踪与被跟踪的要求、任务。

3.被跟踪人按照方案要求进行相应的活动。

4.跟踪人按照方案要求实施跟踪，并做好该做的事。

5.教师借助通信工具并在市区设点与学员保持联系，处理实训过程中可能出现的各种意外。

6.跟踪结束学员提交跟踪报告。被跟踪人在报告中写明规定的时间里的活动情况。跟踪小组提交的报告须附上记录的图片等信息。

（六）考评依据及方式

1.组织管理（10 分）：根据人员到位、规定任务按时完成情况等评分。

2.跟踪情况（40 分）：根据跟踪的合法性、规范性、技巧性、完整性评分。

3.实训报告（30 分）：根据追缉堵截程序的合法性、步骤的合理性、方法的恰当性、行动的谋略性评分。

4.对意外情况的处置（10 分）：根据处置情况评分。

5.其他（10 分）：指导教师自由评判。

项目四　追逃训练——虚拟与现实结合

（一）训练目的

了解信息技术渗透下的追逃方式演变，初步明确新时代追逃的步骤、技术、方法等。

（二）训练方案设计

刘飞羽杀死自己的母亲后，潜逃，越北公安分局成立专案组展开追逃。学员依托《大数据侦查虚拟仿真系统——命案追踪》进行追逃训练。《大数据侦查虚拟仿真系统——命案追踪》系统融入了新时代追逃的技术、方法，学员边在系统上操作边回答提出的问题，通过两轮的操作达到训练目的。

(三)训练要求

1.训练时数:4 课时。

2.人员分工:以区队为单位进行训练。每位学员拥有可独立操作的《大数据侦查虚拟仿真系统——命案追踪》,整个区队在同一时间内进行训练。

3.场所、器材设备:实训楼虚拟仿真教学训练中心;大数据侦查虚拟仿真系统。

4.在《大数据侦查虚拟仿真系统》上操作。熟练大数据命案追踪流程,解决追逃中遇到的技术、方法难题。

(四)训练原理、依据

现实空间与虚拟空间交错理论;新时代追逃原理;大数据侦查。

(五)组织实施

1.任课教师指导学员熟悉大数据追踪程序、步骤、方法。

2.任课教师指导学员熟悉大数据侦查虚拟仿真系统的使用。

3.学员在大数据侦查虚拟系统上操作。

4.在操作过程中回答操作提出的问题。

5.训练完毕,完成实训报告。

(六)考评

依据操作情况、回答问题情况、操作结果评分。

第六章　信息化侦查训练*

项目一　新侦查时空观案例分析训练

(一)训练目的

侦查时空观的发展与变革,是信息化社会侦查工作区别于传统社会侦查工作的一个显著特点。通过新侦查时空观案例分析训练,提升学生对新侦查时空观的认知,认识到新时期信息化对侦查办案的极大影响,加强学生对新时期案件侦查中运用新侦查时空观的主要途径、方法、作用、效果的认识,让学生意识到新时期侦查时空观变革的重要价值与实践意义。

(二)训练方案设计

对新时期若干个案例的信息化元素进行分析,整理归纳案件侦查中新侦查时空观如何体现,即侦查过程中应认识到的时间联系、空间联系及时空组合关联。

(三)训练要求

1.实训时数:2 课时。

2.人员分工:以 3 人为一个训练组,自行内部分工,共同完成。

3.场所:公安网机房、综合实训场馆、校内、校外实践基地。

4.器材设备:查找案例所需的电脑网络设备。

5.要达到的效果:通过该训练,学生应认识到新时期信息化形势下侦查办

* 本章撰稿人:阮书敏。

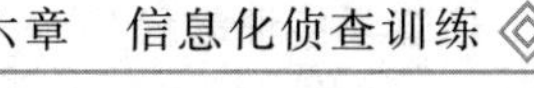

案观念的变革、实践中运用新侦查时空观的途径办法。

(四)训练依据

本训练属于观察性、分析整理归纳型训练。实训依据是《法治视野下的信息化侦查》之信息引导侦查。

(五)组织实施

1.各训练组做好训练前准备:理解熟悉训练所涉及知识要点。

2.上网收集若干近年案件信息,或联系校外实践基地民警索取案例,以备后续分析归纳。要求案例不要雷同。

3.分析案例中在人、事、物的侦查或查找线索过程中的时空联系,分析探究侦查员在此过程中应具备的观念意识。

4.撰写分析报告,要求提出具体观点、结合具体案例,字数不超过500字。

(六)考评依据及方式

不作具体量化考核,完成即给予基本分;提出观点具体且深刻,或案例体现较典型突出,或态度积极,即适当加分(不超过15%的学生数比例)。

(七)其他

1.注意案件资料保密,不上网、不外传等。

2.有关知识点附注(与课程知识点对应补充):

(1)信息化对侦查活动的影响与推动

社会活动的信息化体现在社交、交易、资讯传播、生产活动、休闲娱乐、社会管理等等。

犯罪活动的信息化体现在通信、网络社交、网上交易、资金流转以及出行等其他各类登记、痕迹上。

(2)信息化影响侦查客体

虚拟社会:是客观实在的,感觉是真实的!既有现实社会特征,又区别在不同的时间/空间概念、语言文化特色、社会交往方式等等。“互联网不是法外之地”。

犯罪距离消失:跨区域结伙、流窜作案突出;模仿学习犯罪思路、手段成为常态。

全新犯罪手法:(犯罪)时机随意性、空间跨越性、工具电信化、环境网络化。

(3)信息化影响侦查主体

影响总是通过具体的阶段性的建设而逐步推进实现的。

侦查环境:公安网、互联网等资源环境。

工作体制:侦查程序、信息共享等。

新资源的开发:理论源于实践,实践才有创新。

(4)信息化影响侦查中介

新的侦查时空观:时间观念上的三度、空间观念上的两域、时空组合上的多维、多样化和任意性。

信息化技术应用到侦查领域、整合资源,使拓宽侦查途径成为可能;各侦查元素在时间和空间上实现多种形式的任意组合。

拓宽侦查途径:从案到人、从人到案、从案到案、从人到人等多种侦查模式。

同时要研究新的犯罪规律、创新侦查思维方法、完善办案标准及立法推进等。

项目二　信息资源挖掘训练

(一)训练目的

通过信息资源挖掘训练,让学生了解信息时代具体存在哪些信息资源,清晰地认识到信息资源的具体类别划分、性质特征、应用场景等,理解这些信息资源对当代侦查办案的作用价值、实践意义,加强学生对信息资源进行有序管理的重要性的认识。

(二)训练方案设计

各训练组通过互联网、现实环境、公安工作等途径,对当代常见信息资源进行探索挖掘,从合理视角进行归纳整理、分门别类,并试着探究该信息资源对侦查办案的具体应用场景、价值。

(三)训练要求

1.实训时数:2 课时。

2.人员分工:以一个班(12 人左右)为一个训练组,可根据资源类别或获取途径进行内部分工。

3.场所:机房、校内、校外实训基地等。

4.器材设备:网络、电脑、书籍、资料等。

5.要达到的效果:通过信息资源挖掘训练,学生应对信息资源有清晰具体、分门别类的认识,对信息资源的具体应用场景有感性认识。

(四)训练依据

本训练属于基础认知性、分类整理型训练。实训依据是《法治视野下的信息化侦查》之信息引导侦查、金盾工程建设有关资料。实现信息引导侦查流程即:信息资源→侦查平台→信息化手段,建立信息化侦查模式。

(五)组织实施

1.成立训练组、指定指挥员,熟悉训练要求及所涉及知识点,讨论训练具体执行方案、明确成员分工。

2.根据个人经历思考讨论,罗列所知道的信息资源。

3.通过互联网、现实社会、公安工作等各种途径,进一步加强对所罗列信息资源的认知,并补充新获得的信息资源类别。

4.结合所学知识及公安基层实践交流,分析各类信息资源在当前公安工作中的典型应用场景、应用效果。

5.制作表格、结论报告。格式见表 6-1。

表 6-1　训练报告格式

序号	资源类别	资源实例	侦查场景	应用实例	挖掘途径

(六)考评依据及方式

不作具体量化考核,完成即给予基本分;根据信息资源类别划分的准确性、挖掘其应用场景的典型性、列举实例的精确性等，部分同学给予良好（比例不超过学生数的20%）或优秀评价（比例不超过学生数的10%）。

（七）其他

1.注意做好涉及案件资料、侦查技战法等保密工作。

2.有关知识点附注（与课程知识点对应补充）：

社会活动的信息化体现在社交、交易、资讯传播、生产活动、休闲娱乐、社会管理等等方面。犯罪活动的信息化体现在通信、网络社交、网上交易、资金流转以及出行等其他各类登记、痕迹上。

实现信息引导侦查的途径即：信息资源→侦查平台→信息化手段，建立信息化侦查模式。

3.金盾工程，是公安信息化建设成果，具体参考有关资料：

“金盾工程”是以公安信息网络为先导，以各项公安工作信息化为主要内容，建立统一指挥、快速反应、协同作战机制，在全国范围内开展公安信息化的工程。

尤其是二期建设从“广度、深度”上解决问题：广度指“信息共享、地区差异、新建资源”等、深度指“数据维护、资源整合、信息研判”等。

项目三　公安网侦查资源挖掘*

（一）训练目的

通过以“公安网侦查资源挖掘”为主题的上网实践、学习研究，熟悉公安网信息资源的具体内容，分析挖掘出具有应用价值的侦查信息资源，探索利用公安网有目的地获取信息资源的方法与技巧，锻炼学生整理归纳信息资源的能力。

---

* 撰稿人：阮书敏。

(二)训练方案设计

在广泛深入阅读的基础上,在一定范围内对公安网信息资源进行内容整理、归纳分析,挖掘出具有侦查应用价值的信息资源。

(三)训练要求

1.实训时数:2 课时。

2.人员分工:以 2 人为一个训练组,可根据公安网资源类别栏目进行内部分工。

3.场所:公安网机房、校内等。

4.器材设备:公安网络、电脑等。

5.要达到的效果:通过公安网侦查资源挖掘训练,学生应对公安网信息资源有清晰具体、理性的认识,对公安网信息资源的侦查应用价值有一定的感性认识。

(四)训练依据

本训练属于基础认知性、分类整理型训练。实训依据是《法治视野下的信息化侦查》之信息引导侦查、信息化侦查章节、金盾工程建设有关资料。实现信息引导侦查流程即:信息资源→侦查平台→信息化手段,建立信息化侦查模式。

(五)组织实施

1.实践准备:检查实验室电脑、网络是否正常启用;草拟上网实践方案。

2.上网阅览:广泛阅览公安网各类网站资源,如福建省公安厅网站、刑侦总队网站、指挥中心网站、公安部网站等等;深入阅读网站的栏目内容,如新闻资讯、经验知识、数据库信息等等。

3.重点阅读:选择登录某个网站,通过挖掘判断侦查价值大小,有选择地对若干个栏目内容进行深入阅读;经判断有较大侦查价值的栏目内容,如案件信息、侦查思路、办案技巧及其他业务知识等,分栏目进行归纳总结,并填写下表;分析这些栏目资源对开展侦查业务的应用价值,并举例说明、填写下表。

4.实践报告:将以上阅读与分析挖掘的结果进行汇总整理,提交实训报告。

附公安网侦查资源汇总表6-2：

表6-2 公安网侦查资源汇总表

序号	网站名称	栏目名称	栏目内容(概括+举例)	侦查价值(概括+举例)
1				
2				
3				

(六)考评依据及方式

不作具体量化考核。该实训在公安网机房集中完成，主要结合完成实训总体情况并以是否完成实训为标准，完成即给予90分，表现特别出色的100分。

(七)其他

(1)遵守实验室管理制度，爱护实验室财物。

(2)服从命令、听从指挥、遵守纪律、严肃认真。

(3)明确分工、配合默契，共同完成实践任务。

(4)参加实践全体学生务必熟悉以上各项内容；实践表现将作为该课程平时考核成绩的重要部分。

项目四 信息引导侦查案例分析训练

(一)训练目的

通过信息引导侦查案例分析训练，让学生深入领会当代侦查办案中信息的引领作用价值，让学生熟悉一个完整办案过程中信息技术的具体应用，了解当代侦查办案中信息引导侦查理念的具体实践，同时启发学生发现目前信息引导侦查实践上还存在的问题与不足，以及该如何进一步变革完善。

(二)训练方案设计

给定以下全国网上作战经典案例，记录下从案发到结案整个侦查办案过程中所应用到的信息技术或信息化手段，分别分析其所起到的作用效果，最后根据该案例情况分析当下信息化建设与信息引导侦查实践仍存在的不足问题。

以案例“DNA 比对显身形　网上摸排综合研判定身份打掉跨省市流窜盗窃作案犯罪团伙”为例。

2010 年 8 月，宝坻分局刑侦支队经过长期经营，根据一条虚假的身份信息比中的 DNA 线索，运用多种网上作战形式与传统侦查手段，缜密分析，多方查证，破译嫌疑人身份并发现犯罪嫌疑人行动轨迹，适时出击，一举成功打掉了以王玉伟等三人组成的专门以党政机关为侵害目标的跨省市流窜盗窃犯罪团伙。

1.案件简要情况

2010 年 4 月 5 日 9 时 50 分许，刑侦支队综合室接宝坻分局 110 指挥中心转警称：宝坻区人民法院一楼、二楼共有 6 间办公室被盗，涉案总价值 2500 余元。以下为接处警信息表：

图 6-1

2.DNA 网上技术比对，确定嫌疑人“苏德威”

分局刑侦支队接到 110 指挥中心的指令后，支队领导带领技侦人员赶赴现场。经初步勘查发现，犯罪嫌疑人翻墙入院后撬窗入室，室内有明显的翻动痕迹。技术人员在现场提取了一枚咀嚼过的口香糖，经访问排除法院内部人员丢弃,分析应为嫌疑人所留。送市局刑事科学技术所进行 DNA 检验比对。

4 月 27 日,市公安局刑事侦查总队十三支队通报现场提取的口香糖 DNA 分型比中"苏德威"。如下图 6-2:

DNA 比中通报

案件辖区	案件编号	案件名称	物证实验室编号	物证名称	人员姓名
宝坻分局	2010-00778	2010.04.05 宝坻区法院被盗案	2010-00778-W0001	现场提取的口香糖	苏德威

图 6-2

(1)网上常住人口信息查询未果。办案民警通过 DNA 比中的"苏德威"身份信息在全国违法人员信息库中检索得知:苏德威,男,1986 年 8 月 14 日生,黑龙江省鸡西市滴道区王家村人,2005 年因盗窃罪被蓟县法院判处有期徒刑 2 年 6 个月。但通过"全国人口信息系统"查询检索并未查得该"苏德威",通过与黑龙江警方联系发现:该地址无此人,说明"苏德威"在 2005 年被蓟县处理时并未报真实姓名,"苏德威"应当是虚假的姓名。案件常规侦查陷入僵局。

(2)网上 DNA 比对,叠加串并案件。根据"苏德威"假名,技术人员在 DNA 比对系统中进行检索发现:2008 年天津市大港区一饭店被盗,现场提取烟蒂 DNA 检测与"苏德威"DNA 分型一致。如下图 6-3:

案件情况					比中案件情况				
案件辖区	案件编号	案件名称	物证实验室编号	物证名称	比中案件辖区	比中案件编号	比中案件名称	比中物证实验室编号	比中物证名称
宝坻分局	2010-00778	2010. 04. 05 宝坻区法院被盗案	2010-00778-W0001	现场提取的口香糖	大港分局	2008-00622	2008 年 3 月 28 日兴盛酒楼被盗案	2008-00622-W0001	吧台上"雪碧"瓶口拭子

图 6-3

3.旅馆住宿轨迹跟踪摸排，证实“苏德威”＝王玉伟

2008 年至 2010 年之间“苏德威”在津大港、宝坻两区留有犯罪轨迹，办案民警推断“苏德威”在津或津周边地区应留下住宿轨迹。由此，侦查人员在津、冀等周边省市旅店查询系统中进行查询，但未检索出“苏德威”的住宿登记信息。

据此，办案民警分析“苏德威”虽在津、冀等地有活动，但其住宿时应未用“苏德威”这个名字登记。侦查员拓宽侦查思路，由其同案犯查证“苏德威”。通过调取网上案件信息获悉：2004 年与“苏德威”在蓟县参与盗窃的同案犯有何春波、吕国成二人，这两人均系黑龙江省人。他当初的同伙在津有无活动呢？侦查员通过《旅馆旅客信息联查系统》对何春波、吕国成二人身份信息进行检索，发现何春波、吕国成在天津的大港、塘沽、静海、宝坻均有住宿记录。侦查人员在网上通过对何春波、吕国成在上述地区入住旅店的房间同住人员进行反查时，发现在大港、塘沽旅店与何春波、吕国成同住一房间的均有一名叫王玉伟的人员。

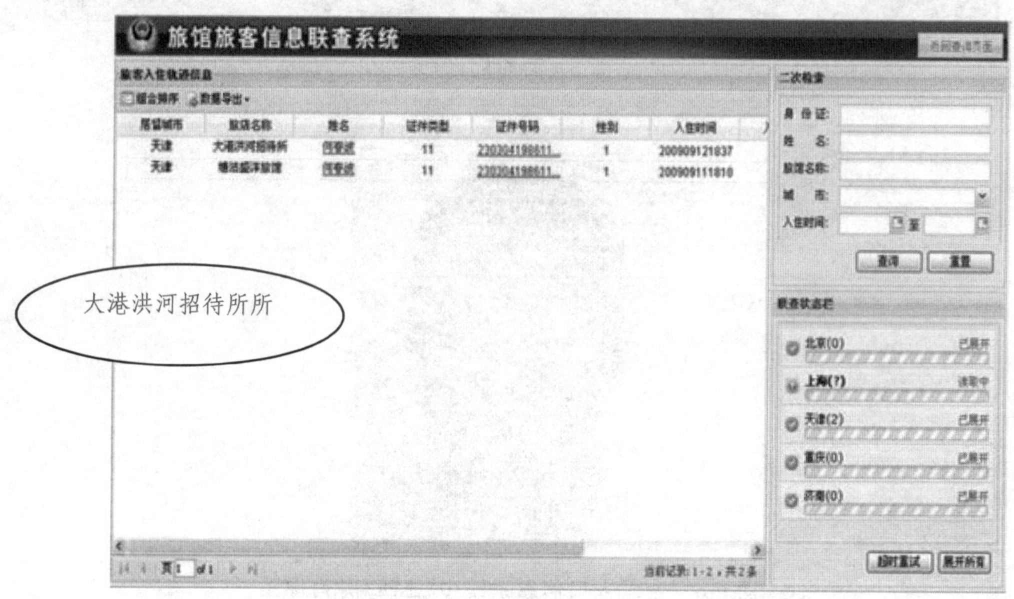

图 6-4

办案民警从全国人口信息系统中调出王玉伟的户口信息，发现该男子照片与网上现行人员信息系统的“苏德威”极为相像，右脸眼周围均有一块“记”。由此证实“苏德威”就是王玉伟。

4.案件时空与活动轨迹碰撞分析，犯罪团伙浮出水面

侦查人员通过“河北省旅店住宿系统”、“网吧上网人员信息核查系统”进

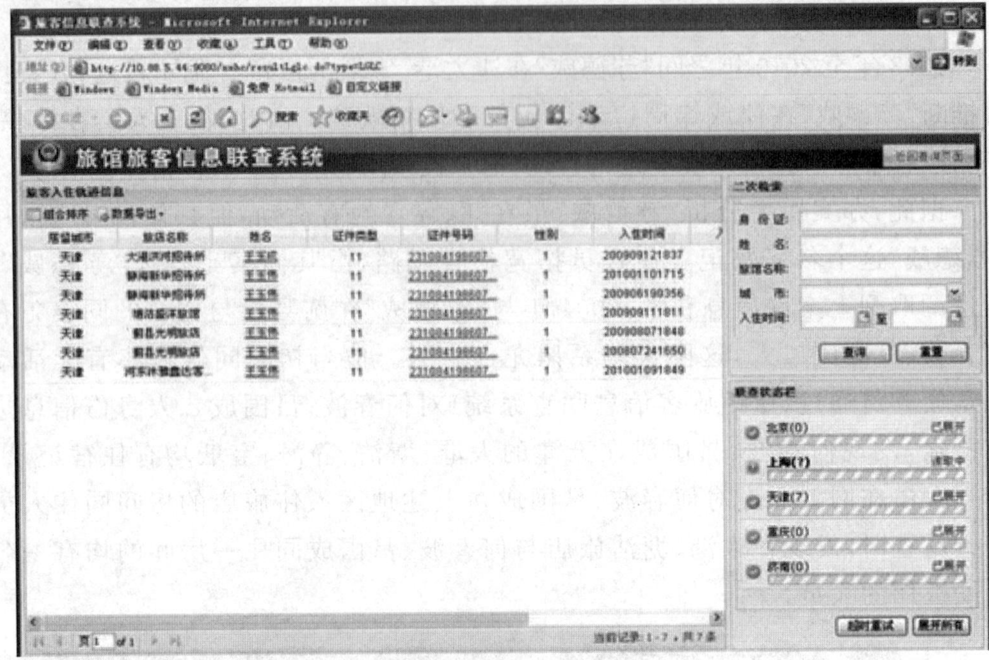

图 6-5

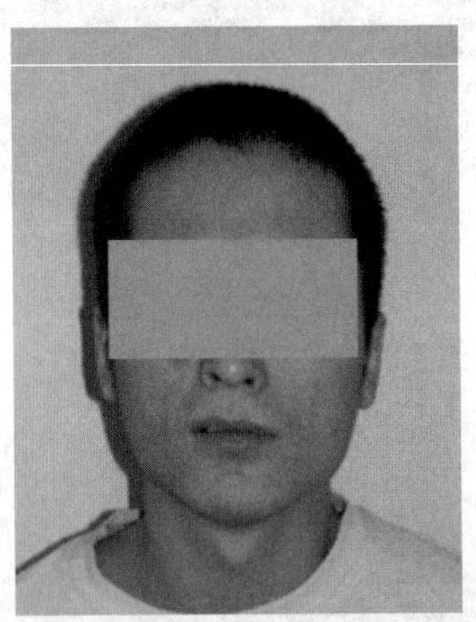

图 6-6　全国人口信息系统中“王玉伟”肖像图

行检索发现，王玉伟的住宿信息有 41 条、吕国成有 39 条，王玉伟上网记录 213 条、吕国成上网记录 176 条，遍布河北省的唐山、秦皇岛 16 个县市，二人活动轨迹基本同步。住宿旅店、上网记录见下图：

何春波在 2009 年 11 月之后至今无网上记录信息。据此，办案民警又通过“河北刑事案件查询系统”，网上串并同类案件查询获知：在王玉伟等人曾经到过的河北省均有党政机关被盗案件发生，被盗单位涉及林业局、农业局、财

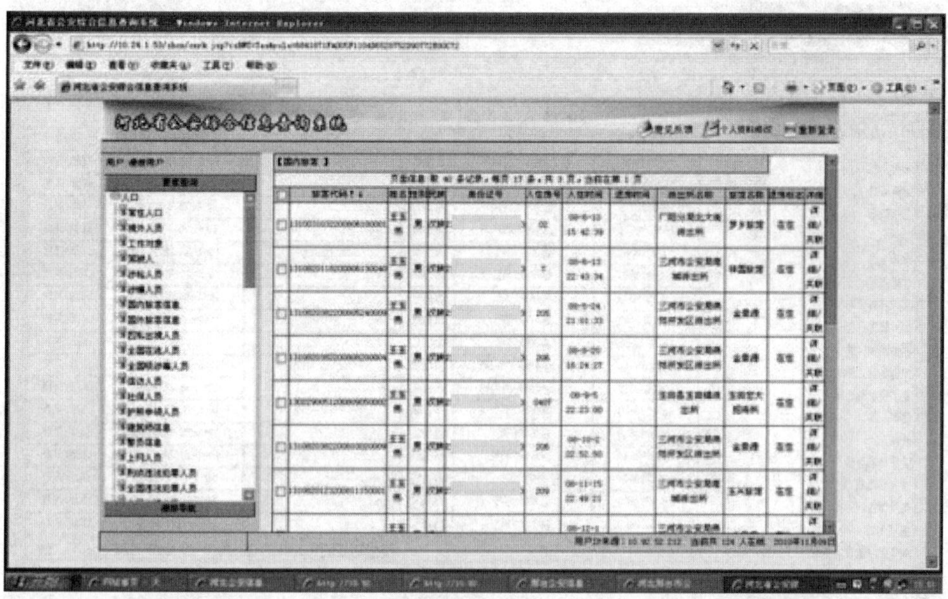

图 6-7

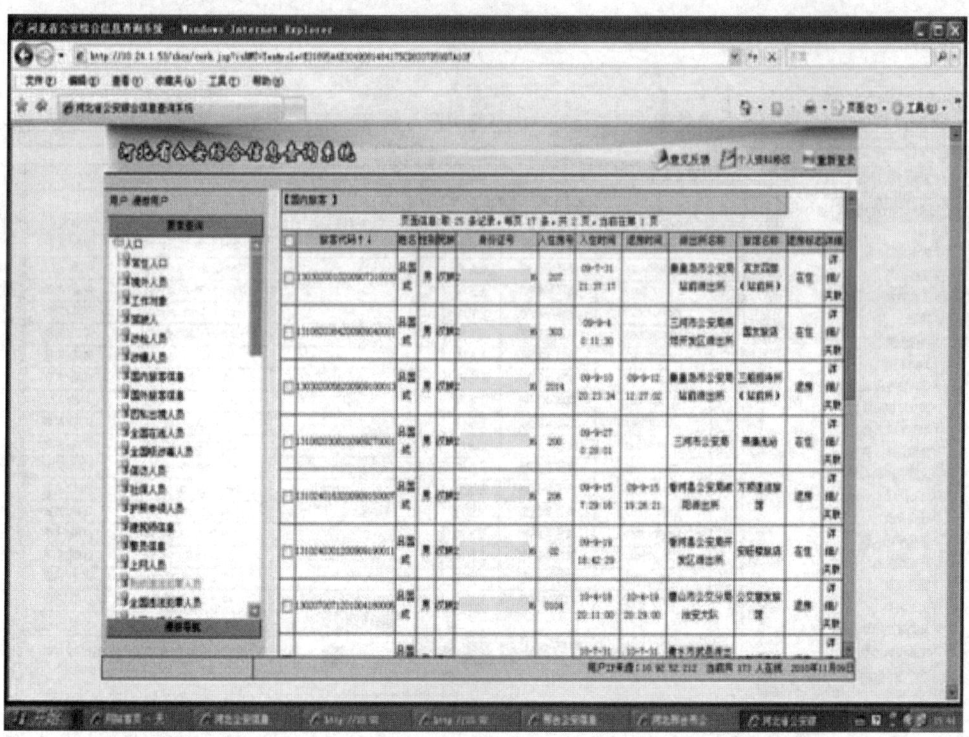

图 6-8

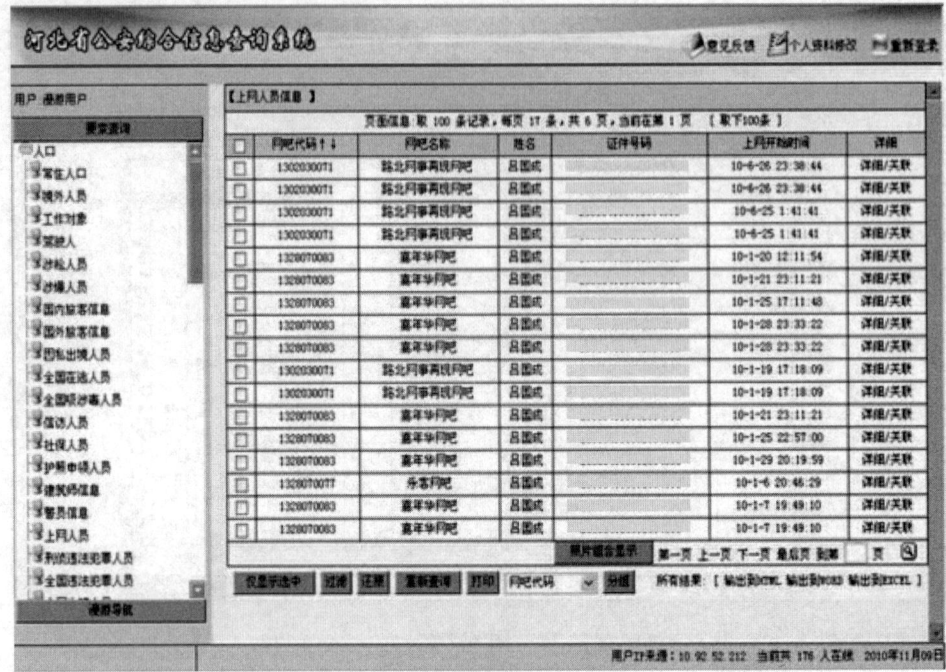

网吧代码↑↓	网吧名称	姓名	证件号码	上网开始时间	详细
1302030071	路北网事再现网吧	吕国成	[illegible]	10-6-26 23:38:44	详细/关联
1302030071	路北网事再现网吧	吕国成	[illegible]	10-6-26 23:38:44	详细/关联
1302030071	路北网事再现网吧	吕国成	[illegible]	10-6-25 1:41:41	详细/关联
1302030071	路北网事再现网吧	吕国成	[illegible]	10-6-25 1:41:41	详细/关联
1328070083	嘉年华网吧	吕国成	[illegible]	10-1-20 12:11:54	详细/关联
1328070083	嘉年华网吧	吕国成	[illegible]	10-1-21 23:11:21	详细/关联
1328070083	嘉年华网吧	吕国成	[illegible]	10-1-25 17:11:48	详细/关联
1328070083	嘉年华网吧	吕国成	[illegible]	10-1-28 23:33:22	详细/关联
1328070083	嘉年华网吧	吕国成	[illegible]	10-1-28 23:33:22	详细/关联
1302030071	路北网事再现网吧	吕国成	[illegible]	10-1-19 17:18:09	详细/关联
1302030071	路北网事再现网吧	吕国成	[illegible]	10-1-19 17:18:09	详细/关联
1328070083	嘉年华网吧	吕国成	[illegible]	10-1-21 23:11:21	详细/关联
1328070083	嘉年华网吧	吕国成	[illegible]	10-1-25 22:57:00	详细/关联
1328070083	嘉年华网吧	吕国成	[illegible]	10-1-29 20:19:59	详细/关联
1328070077	乐客网吧	吕国成	[illegible]	10-1-6 20:46:29	详细/关联
1328070083	嘉年华网吧	吕国成	[illegible]	10-1-7 19:49:10	详细/关联
1328070083	嘉年华网吧	吕国成	[illegible]	10-1-7 19:49:10	详细/关联

图 6-9

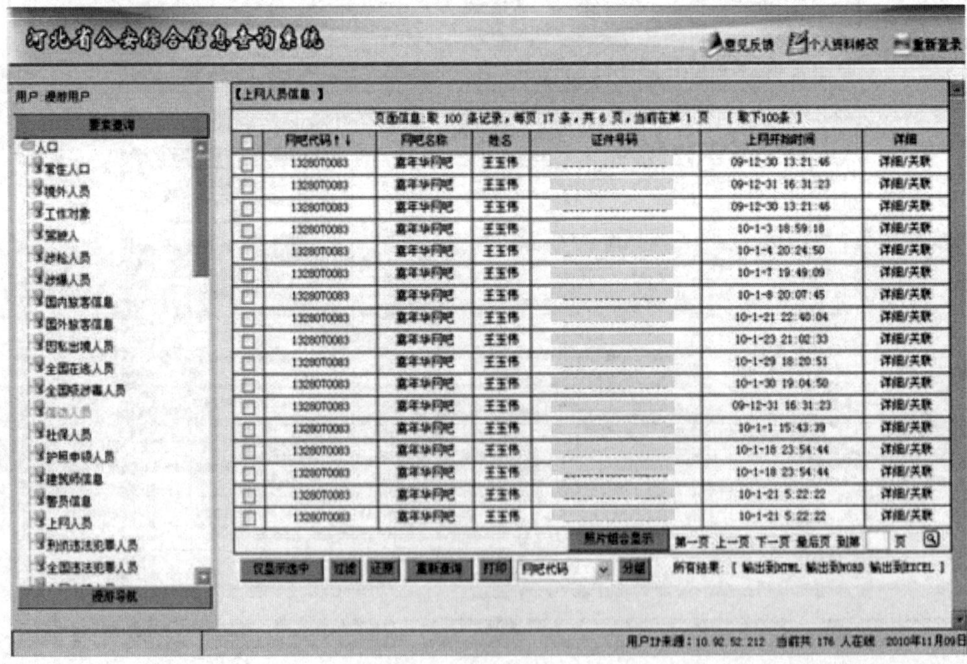

网吧代码↑↓	网吧名称	姓名	证件号码	上网开始时间	详细
13280T0083	嘉年华网吧	王玉伟	[illegible]	09-12-30 13:21:46	详细/关联
13280T0083	嘉年华网吧	王玉伟	[illegible]	09-12-31 16:31:23	详细/关联
13280T0083	嘉年华网吧	王玉伟	[illegible]	09-12-30 13:21:46	详细/关联
13280T0083	嘉年华网吧	王玉伟	[illegible]	10-1-3 18:59:18	详细/关联
13280T0083	嘉年华网吧	王玉伟	[illegible]	10-1-4 20:24:50	详细/关联
13280T0083	嘉年华网吧	王玉伟	[illegible]	10-1-7 19:49:09	详细/关联
13280T0083	嘉年华网吧	王玉伟	[illegible]	10-1-8 20:07:45	详细/关联
13280T0083	嘉年华网吧	王玉伟	[illegible]	10-1-21 22:40:04	详细/关联
13280T0083	嘉年华网吧	王玉伟	[illegible]	10-1-23 21:02:33	详细/关联
13280T0083	嘉年华网吧	王玉伟	[illegible]	10-1-29 18:20:51	详细/关联
13280T0083	嘉年华网吧	王玉伟	[illegible]	10-1-30 19:04:50	详细/关联
13280T0083	嘉年华网吧	王玉伟	[illegible]	09-12-31 16:31:23	详细/关联
13280T0083	嘉年华网吧	王玉伟	[illegible]	10-1-1 15:43:39	详细/关联
13280T0083	嘉年华网吧	王玉伟	[illegible]	10-1-18 23:54:44	详细/关联
13280T0083	嘉年华网吧	王玉伟	[illegible]	10-1-18 23:54:44	详细/关联
13280T0083	嘉年华网吧	王玉伟	[illegible]	10-1-21 5:22:22	详细/关联
13280T0083	嘉年华网吧	王玉伟	[illegible]	10-1-21 5:22:22	详细/关联

图 6-10

政局等多个单位。另外，办案民警在工作中还发现：2010 年 4 月份河北省邯郸市丛台区人民政府被盗，案件所提取 DNA 检测与“苏德威”DNA 分型一致。结合犯罪前科分析，王玉伟、吕国成、何春波三人应为重新犯罪的跨省市结伙作案的盗窃犯罪团伙。

5.住宿旅馆与上网时空轨迹分析，发现嫌疑人落脚地

通过对王玉伟、吕国成登记的旅店住宿信息、上网记录进行梳理，发现二人在河北省三河市燕郊镇的鑫东旅店、金景源旅店住宿较多，在燕郊镇的超速网吧、嘉年华网吧上网次数较多，且多为连续深夜上网，分析二人应在三河市燕郊镇有落脚点。

对此，侦查员及时赶赴河北三河燕郊，发现鑫东旅店、金景源旅店只有一道之隔。通过走访旅店经营人员并提供王玉伟、吕国成、何春波三人的照片进行辨认，发现王玉伟、吕国成在 2010 年 5 月之前经常在这两个旅店住宿。经过访问，分析王玉伟、吕国成二人后来已在燕郊租房居住，但具体租住在哪里，尚不清楚。

对上网记录排查分析，嘉年华网吧位于鑫东旅店和金景源旅店不远处，王玉伟等人在嘉年华网吧的上网记录也在 5 月份终止了，侦查员由此推测该网吧应为嫌疑人在旅店住宿期间经常上网的网吧。对超速网吧的调查显示，该网吧坐落在燕郊镇福成五期小区内，并且王玉伟等人在该网吧的上网记录均在 5 月份之后，分析王玉伟等人在福成小区租房居住的可能性极大。该小区均为高层，根据物业反映情况得知：该小区楼房多数为北京居民购买用来出租用，小区内租房人员在 5 万人左右，且均无租房人员信息，该小区基本处于失控状态。根据业主信息寻找租房人的工作量太大，且有可能打草惊蛇。对此，办案民警决定利用网吧上网记录对犯罪嫌疑人信息展开进一步排查。在河北省网监部门的大力协助下，网监民警很快译出了王玉伟、吕国成二人的 QQ 号码。办案民警随即进入二人的 QQ 空间，发现 QQ 空间内的嫌疑人生活照片有在室内的照片。据此，侦查员再次赶往燕郊，让福成五期小区物业人员对房间格局进行辨认，物业人员称：该房间格局就是该小区的一种房型。由此进一步确定了嫌疑人租住于此的可能性。

6.发现嫌疑人 QQ 锁定 IP 信息，上网“钓鱼”

办案民警策略是运用一名女子昵称的 QQ 号码与王玉伟、吕国成联系。吕国成与侦查员化身的女子进行了短暂的联系就下线了，王玉伟的 QQ 根本就不与外人联系。可见二人的警惕性非常高，但就是吕国成与侦查员短暂的

联系，使得侦查员获取了嫌疑人的上网 IP，通过 IP 地址，发现吕国成应当在广东省，进而通过广东省的旅店信息查询系统查到王玉伟、吕国成于 2010 年 7 月 1 日入住广州市白云区一宾馆尚未退房。

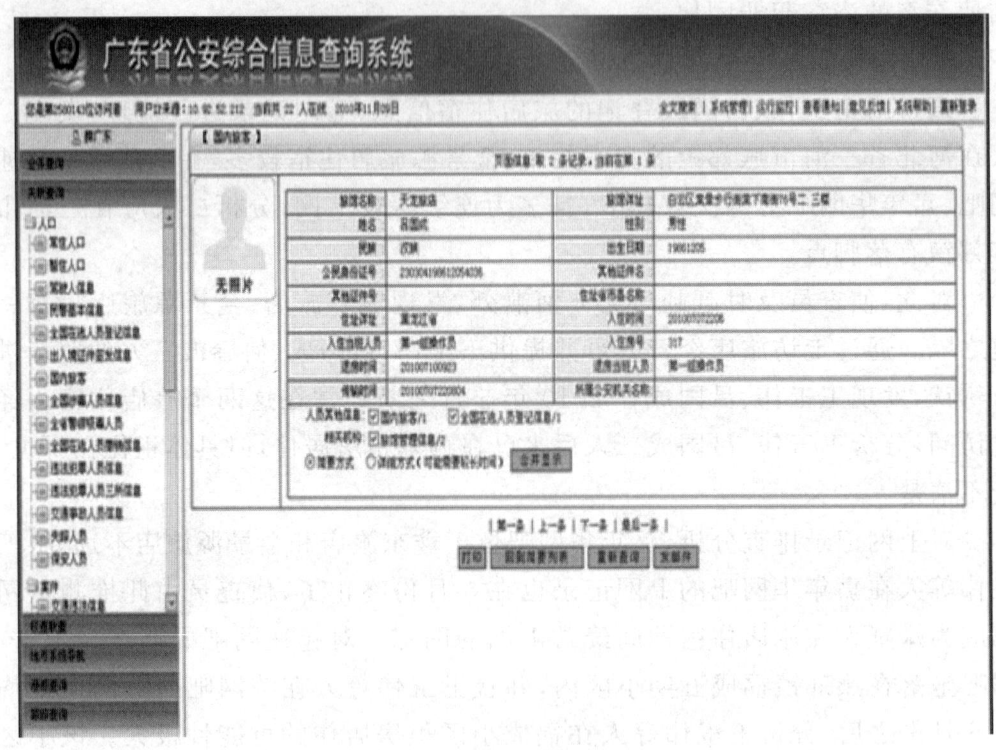

图 6-11

通过对二人以往在广州的住宿登记来看，近两年二人每年都有去广州的记录，且均居留 10 天左右，分析应当是去广州挥霍赃款。

7.精准研判犯罪团伙活动规律，适时收网

支队考虑到人力、物力及办案经费问题，暂未派员抓捕，而是由刑侦一队负责，每小时进行一次旅店信息查询，盯住王玉伟、吕国成何时退房。经过 21 天的不懈努力，截至 7 月 28 日 22 时，侦查员发现二人退房。考虑到嫌疑人退房后，极有可能返回河北三河的落脚点，侦查员第三次赶赴河北三河燕郊，在福成五期小区门前进行蹲堵。但福成五期小区门前不通班车，多数人都是开车或是“打的”进入的，由于车流太大且对王玉伟、吕国成归来的时间无法确定，所以无法对进入小区的车辆逐辆进行检查。

侦查员分析：只要嫌疑人住在此处他就要生活。为此，侦查员携带着王玉伟、吕国成、何春波的照片对小区周边的超市、药店、水站、饭店、理发店等门脸

图 6-12

店铺逐一走访。功夫不负有心人，8 月 2 日下午，小区附近一饭店服务人员提供：当日中午福成五期小区 32 号楼 1 门 206 室，叫外卖的两个人就是照片上的王玉伟、吕国成二人。

兵贵神速，获此信息后，侦查员化装成物业维修人员敲开了王玉伟、吕国成的出租房，将王玉伟、吕国成成功抓获。经对突击审讯，王玉伟、吕国成交代了伙同何春波在天津、河北等地盗窃作案的犯罪事实，且交代了 2009 年底何春波与王玉伟、吕国成闹矛盾分手，王玉伟、吕国成继续作案，何春波回黑龙江原籍开出租车。专案组派员驱车 3000 余里直奔黑龙江省鸡西市，8 月 3 日 8 时将何春波在家中抓获。

8.跨区域办案协作与串并同类案件，深挖犯罪

鉴于侦查员早已掌握犯罪嫌疑人历史活动轨迹，所以，审讯工作进行得较为顺利。王玉伟等三人交代，自 2008 年夏至 2010 年 6 月份，先后窜至天津市大港区、静海县、宝坻区、塘沽区及河北省秦皇岛市、丰南县、沧州市、廊坊市、石家庄市、保定市、山东省、辽宁省等 30 余个县市，在人民法院、农业局等政府机关单位作案 30 余起，涉案总价值 30 余万元。至此，这一长期骚扰天津、河北地区的重大盗窃团伙被彻底摧毁。

【案例评析】该案例成功侦破的亮点，一是办案民警在认真勘查现场中及时提取了一枚咀嚼过的口香糖，继而通过 DNA 网上技术比对，确定为嫌疑人

“苏德威”所留，为办案民警的深入开展调查找到了突破口，为网上叠加串并案件提供了条件；二是办案民警充分运用了网上旅馆住宿信息轨迹，研判出“苏德威”的同案犯信息，证实作案嫌疑人“苏德威”的真实身份为王玉伟，以及团伙成员情况；三是办案民警通过将住宿旅馆与上网时空轨迹综合分析，发现嫌疑人落脚地域，为抓捕犯罪团伙划定了区域范围；四是运用QQ锁定IP信息，网上“钓鱼”发现嫌疑人；五是办案民警精准研判犯罪团伙活动规律，为适时抓获犯罪嫌疑人提供了可靠的情报支持；六是办案民警积极开展网上办案协作跨区域串并同类案件，深挖犯罪，使得跨区域案件得以侦破。

（三）训练要求

1.实训时数：2课时。

2.人员分工：以6人为一个训练组，指定一名组长，内部讨论分工。

3.场所：教室、机房等。

4.器材设备：电脑、网络、笔记本等。

5.要达到的效果：通过信息引导侦查案例分析训练，学生应对信息引导侦查的具体实践应用有个基本的感性的认识，对信息化手段或信息技术在当代侦查办案中的具体应用基本了解，对当下信息化建设及信息引导侦查实践存在的问题不足具备初步的认识。

（四）训练依据

本训练属于概念理解型、应用分析型训练。主要依据是《法治视野下的信息化侦查》之信息引导侦查章节、信息化侦查的提出章节、有关案件材料。实现信息引导侦查流程即：信息资源→侦查平台→信息化手段，建立信息化侦查模式。第一次提出“信息化侦查”：利用信息技术搭建各类侦查平台，并采用信息化手段在各类平台上开展侦查工作，这是信息引导侦查理念的实践。

（五）组织实施

1.训练前熟悉有关信息引导侦查及信息化侦查提出的有关知识点、概念定义。

2.训练中认真阅读给定案例材料，按侦查办案进度来罗列出所涉及的信息化手段，确认其所依托的侦查平台及性质类型，分析所涉及手段的应用效果价值，按要求填写表格。

3.列举并分析思考案例中信息引导侦查实践或信息化建设存在的不足问

题及产生的影响后果。

4.按要求提交表格、报告。见表6-3：

表6-3　训练报告格式

序号	信息化手段	依托侦查平台	应用效果作用
1			
2			
3			
序号	存在的不足问题	需依托的侦查平台	产生影响后果
1			
2			

(六)考评依据及方式

不作具体量化考核，基本完成即给予基本分；提出了独特的观点、思考或完成度很高或态度积极等可适当加分(比例不超过学生数的15%)。

(七)其他

1.注意案例资料的保密，做到不复制、不外传等。

2.附注本训练所涉及部分知识点(与课程知识点对应补充)：

(1)信息引导侦查的实现：搭建网络化工作平台，开发应用系统、数据库，全面收集信息数据，转变侦查观念、提升队伍素质，改善工作环境、机制，充分应用信息开展侦查。

(2)侦查平台，是指依托"金盾工程"，同时从侦查工作的需要出发而建设的以犯罪情报信息系统为核心，兼容各种大小不等、功能各异的子系统和数据库的网络化工作环境。

按应用属性分为常规基础平台和案时介入平台；又可按网络属性分为公安网、社会部门、互联网等三类平台。

(3)信息化手段，是指信息获取网络化、设备仪器电子化、工作方式科技化等。

(4)开展信息化侦查的前提条件：侦查先进性是否与社会相适应？侦查环境建设是否完善？各类信息资源是否充分掌握？

(5)信息化侦查基础操作：信息录入，查询比对，基础研判。

项目五　信息化侦查基本技能训练

(一)训练目的

通过信息化侦查基本技能训练,让学生深刻领会信息化侦查 7 个基本技能的内涵特点、应用场景,熟悉掌握这些基本技能的基本应用方法、技巧,并了解各基本技能的区别及综合应用。

(二)训练方案设计

各训练组根据所学知识积累,列举出信息化侦查 7 个基本技能相对应的操作实例若干个,并进行具体操作形成相对应的操作结论,以加深对各个基本技能的认知。

(三)训练要求

1.实训时数:2 课时。

2.人员分工:以 3 个人为一个训练组,指定组长 1 名,内部讨论分工。

3.场所:教室、机房、图书馆、校外实训基地等。

4.器材设备:电脑、网络、相关案件资料等。

5.要达到的效果:通过本训练,学生应准确理解信息化侦查基本技能的内涵特点、应用场景及各自区别,对基本技能的操作方法有个感性认识。

(四)训练依据

本训练属于认知型、操作体验型训练。主要依据是《法治视野下的信息化侦查》之信息化侦查方法、《公安信息化应用技能训练教程》。

(五)组织实施

1.训练前各组熟悉理解信息化侦查 7 个基本技能的有关知识点。

2.各训练组内讨论并罗列各基本技能对应的操作实例,不少于 3 个以上。

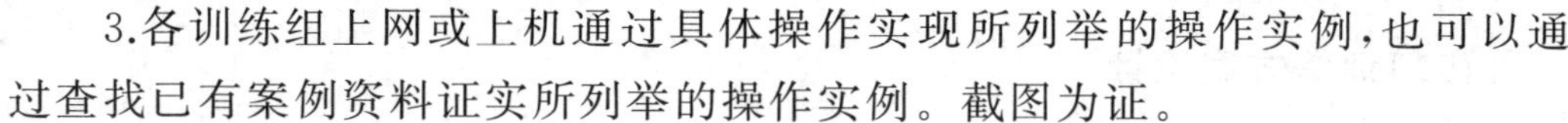

3.各训练组上网或上机通过具体操作实现所列举的操作实例，也可以通过查找已有案例资料证实所列举的操作实例。截图为证。

4.按要求提交训练报告。

（六）考评依据及方式

不作具体量化考核，完成即给予基本分；根据完成质量情况、所列举实例特别典型、态度积极等可以适当加分（不超过学生数的15%）。

（七）其他

1.做好案件资料等保密工作。

2.附注所涉及有关知识点（与课程知识点对应补充）：

（1）信息化侦查方法，是指信息化侦查实践中形成并持续发展的适应当代案件侦查需要的一般规律或方法，是一般技能、模型、措施、战法、经验等的总和，主要包括信息化侦查技能、措施、各类信息资源侦查法等。

（2）搜索，没有目的地查找，网络时代的概念；检索，有目的地查找某一类文献；查询，对某一方面的内容进行查找和咨询，数据库时代的概念。

碰撞是对同级别数据集的操作，比对经常是对不同级别数据（集）的操作，其区别可以用示意图展示；比对强调信息的正确性，碰撞强调数据的同一存在，而查询与搜索突出强调获得更多相关信息，四者也从技术性上区分。

分析，可见数据的直接统计；研判，隐藏信息的间接推断，往往出于一个侦查目的、侦查思维引领的涉及多种手段的综合运用。

项目六　信息化侦查基本措施训练

（一）训练目的

通过信息化侦查基本措施训练，让学生深刻领会信息化侦查7个基本措施的概念属性、应用场景，让学生熟悉掌握这些基本措施的基本应用方法、技巧，让学生了解各基本技能的区别及综合应用。

(二)训练方案设计

各训练组根据所学知识的积累,列举出信息化侦查 7 个基本措施相对应的操作实例若干个,并进行具体操作形成相对应的操作结论,以加深对信息化侦查基本措施的认知。

(三)训练要求

1.实训时数:2 课时。

2.人员分工:以 3 个人为一组,指定一名组长,自行讨论分工。

3.场所:公安网机房、普通机房、图书馆、校外实训基地等。

4.器材设备:公安网、互联网、电脑、案件资料等。

5.要达到的效果:通过本训练,学生应熟知信息化侦查 7 个基本措施的概念属性及特点区别,对信息化侦查措施的应用场景及作用效果有个直观感性的认识。

(四)训练依据

本训练属于认知型、操作体验型训练。主要依据是《法治视野下的信息化侦查》之信息化侦查方法、《信息化侦查教程》之信息化侦查总论。

(五)组织实施

1.训练前各组熟悉理解信息化侦查 7 个基本措施的有关知识点。

2.各训练组内讨论并罗列各基本措施对应的应用场景、操作实例,不少于 3 个。

3.各训练组上网或上机通过具体操作实现所列举的操作实例,也可以通过查找已有案例资料证实所列举的操作实例。截图为证。

4.按要求提交训练报告。

(六)考评依据及方式

不作具体量化考核,完成即给予基本分;根据完成质量情况、所列举实例特别典型、态度积极等可以适当加分(不超过学生数的 15%)。

(七)其他

1.做好所涉案件资料等保密工作,不拷贝、不外传等。

2.附注训练中所涉知识点(与课程知识点对应补充):

(1)信息化侦查方法,是指信息化侦查实践中形成并持续发展的适应当代案件侦查需要的一般规律或方法,是一般技能、模型、措施、战法、经验等的总和,主要包括信息化侦查技能、措施、各类信息资源侦查法等。

(2)信息化侦查基本措施应用要点归纳:

侦查平台(信息资源)→信息化技能→侦查应用,见表6-4:

表6-4　信息化侦查基本措施要点

1.网上查证	通过查询来证实有关情况。
2.网上排查	根据已知情况查找新情况。
3.网上串并	依据案件性质特征搜索同类案件或同伙案件。
4.网上控制	通过网络阵地实时管控重点人口或高危人群,及时发现涉案物品或可疑物品。
5.网上追逃	通过数据比对发现在逃人员的踪迹。
6.网上预警	通过分析研判发布重要警情或趋势预警信息。
7.网上研判	通过分析研判或工具模型,深度挖掘潜在的案件线索。

项目七　信息化侦查方法应用分析训练

(一)训练目的

通过信息化侦查方法应用分析训练,让学生理解当代信息化侦查办案中信息化技能、措施的应用场景、方法,让学生深刻体会信息化侦查方法给侦查办案带来的作用效果、存在问题及可能推动的变革影响。

(二)训练方案设计

指定以下真实案例(某省网上作战十大经典案例,训练需要稍作编辑),分析该案例中所涉及的信息化侦查方法(主要是基本技能、基本措施),并指出信息化侦查应用中存在的不足。

温州“12.18”系列杀人案:

(1)2005年12月18日,温州航标路18号402室发生一起入室杀死两人的特大案件,犯罪分子作案手段非常残忍,令人发指。

报案时间:12月18日19时许。

案发地点:温州航标路18号402出租房。

被害人:白丽君(女,23岁,平阳县堂蛟镇人,3W摄影公司员工);合租人贺松梅(女,26岁,湖南合田乡人,系化妆品推销员)。

初步案情:同事拨打白丽君手机关机;出租房房门没有上锁;房间凌乱;死者赤身裸体叠置于衣柜中;门窗无撬痕。

(以上讨论:该案可从哪些方向开展侦查工作?可能涉及哪些信息化侦查措施?)

(2)进一步现场勘查:现场已被清洗;两死者衣物均被用水和洗衣粉泡在脸盆中(无法提取到指纹、脚印等痕迹);现场丢失手机及银行卡;小区监控录像模糊不清无法辨识。

法医初步检验:两死者生前均曾被捆绑,强奸后被勒死;死者白丽君下身被利器割开,被用水清洗过;已无法提取有用的体液信息。

现场访问:没有获得有价值的线索。

至此,专案组暂时分析本案为入室杀人案件。

(3)专案组调取了死者手机通话记录,发现12月17日傍晚与死者通话的联通“132＊＊＊＊0102”手机疑点很大。调取该手机通话记录后发现,该手机曾打过五个电话,最后两个电话均为死者手机号码:133＊＊＊＊1216。

经查证被劫银行卡,发现18日凌晨2时,该银行卡在龟湖路一邮政自动取款机被取走现金1000元。但该自动取款机没有记录下取款人的影像资料;可疑手机在与被害人联系后,即停止使用。案件又一次陷入僵局!

(4)重要线索:

死者白丽君朋友反映:“死者生前在网上发布了求合租的信息,12月17日傍晚,有一名男子打电话给白丽君相约晚上7:30去看房。”

重点嫌疑:打电话给白丽君的神秘男子;之前掌握的可疑电话号码“132＊＊＊＊0102”。

(5)侦查方向一：

线索:死者曾在网上发布过求合租信息。

→侦察员使用GOOGLE搜索引擎查询四个电话号码。→发现四个电话在互联网上都有求合租的信息记录。→侦察员分别调取了所有浏览过四条信息的IP地址。

比对发现,某个IP地址曾同时点击过四条信息。

经查,该IP地址为市区皮坊网吧所使用。侦察员通过查看皮坊网吧的上网日志,确定了犯罪嫌疑人使用的电脑,经查犯罪嫌疑人上网登记使用的是假身份证。

专案组对犯罪嫌疑人上网记录进行查询,发现在其上网时间段曾登录使用过QQ,对QQ实施布控。

在使用互联网信息技术对犯罪嫌疑人实行布控的同时,持续开展技术侦查工作。

侦查方向二：

线索:已停用的嫌疑人号码"132＊＊＊＊0102"。

→对"132＊＊＊＊0102"案发前的通话记录发现重点联系人。→联系人在案发前后通话记录进行分析,发现一可疑新手机号码。

12月25日晚,依据通信部门的信息技术支持,将可疑手机号码区域定位,专案组发现犯罪嫌疑人驾驶一辆小四轮在市区景山出现,遂在市区三维桥予以拦截,当场抓获犯罪嫌疑人章敏(男,1970年6月29日出生,住平阳县××镇×××巷61号),在其身边搜获被害人白丽君、贺松梅的手机及一支已上膛的仿六四式手枪(带消声器),子弹18发,铁榔头、铁丝、手套、剧毒河豚内脏及一辆面包车(系12月13日失窃车)等赃物和作案工具。

(6)经上网查询数据库,犯罪嫌疑人章敏系新疆劳改场释放,曾服刑14年,具有一定的反侦查能力。章敏天真地认为公安机关并没有掌握充分的证据,只要自己拒不交代犯罪事实,就可以蒙混过关。根据章敏这一心理,专案组充分利用网上查证的证据,将其上网具体地点、时间和点击死者发布求合租房屋的网页,用手机与死者联系等证据逐一抛出,章敏的侥幸心理被逐步瓦解,认识到公安机关对其犯罪事实已了如指掌,才不得不交代了入室抢劫、强奸的事实,并提供了同案犯唐令军(男,1966年6月29日出生,广西桂林市××巷10号)的下落。

12月26日凌晨,在获取犯罪嫌疑人唐令军落脚点地址后,分局领导带领二十余名全副武装的民警火速赶赴瓯海潘桥，将唐令军居住的出租房团团围住，将在睡梦中的唐令军一举抓获。

据两名犯罪嫌疑人的交代，两人于今年5月在重庆购买了枪支，预谋抢劫杀人作案。12月17日中午11时许，章敏和唐令军在皮坊网吧上网搜索，选定了4条求合租的信息，之后逐一打电话探问情况，最终确定死者为作案目标。当晚7时30分，两名犯罪嫌疑人驾驶盗窃所得小四轮按约到死者家中。进入出租房后，两人持枪将两名死者用铁丝捆绑，搜走出租房内现金、手机、银行卡，并威逼套出银行卡密码，之后章、唐两人分别将两名死者强奸后勒死。

(7)由于犯罪嫌疑人作案手段非常老练、残忍，专案组分析，两人可能负案在身，专案组决定进一步深挖余罪。

根据犯罪嫌疑人的作案手段特点，专案组在信息网上对年内全市未破案件进行了搜索和查询，发现平阳"6.29"杀人案和"9.1"杀人案与本案作案手段十分相似。遂抽取了章敏和唐令君血液提交市局与上诉两起案件开展DNA比对，比对结果表明该两人即为平阳两起案件的犯罪嫌疑人。

当年6月29日晚上11时许，章、唐两人在平阳"老茶馆"茶室持枪杀死店主及一名服务员，将尸体扔进洗手间，并将死者衣物浸泡于水中，后劫走现金500余元。9月1日，两人在平阳鳌江拦了一辆出租车，在途中一偏僻处，用塑料袋套住死者头部，枪击其头部致其当场死亡，后将尸体抛于路边桥下。章、唐两人驾驶劫来的出租车开往瑞安码头，准备绑架杀人，后因赶到时间已晚，不具备作案时机，只好将出租车弃于路边。

此后，该局并将嫌疑人使用过的手机、手机卡、QQ、DNA、枪弹、指纹卡及作案工具等物提交市局，在全省、全国范围内开展串并工作，进一步深挖犯罪。

(三)训练要求

1.实训时数:2课时。

2.人员分工:以1人为一训练组，独立完成。

3.场所:教室、机房。

4.器材设备:电脑、网络等。

5.要达到的效果:通过本训练，学生应熟知信息化侦查方法(尤其是信息化侦查措施)的应用场景及方法，对具体应用有个直观感性的认识。

(四)训练依据

本训练属于认知型、分析研究型训练。主要依据是《法治视野下的信息化侦查》之信息化侦查方法、《信息化侦查教程》之信息化侦查总论、《公安信息化应用技能训练教程》等。

(五)组织实施

1.训练前熟悉信息化侦查方法的有关概念属性等知识点。

2.认真阅读给定案例,发现挖掘办案中所涉及的信息化侦查措施,分析甄别其属于哪类基本措施,并指出其应用了哪项信息化侦查基本技能。

3.分析案例中反映出的信息化侦查方法实践及信息化建设存在的不足问题。

4.按要求提交表格及分析报告。

(六)考评依据及方式

不作具体量化考核,独立完成即合格;对训练中完成质量比较好、态度积极、善于探索思考、提出独到见解的给予良好或优秀的评价(不超过学生数的15%)。

(七)其他

注意案件资料保密,不拍照不外传等。

项目八　公安网刑侦系统资源探析训练

(一)训练目的

通过公安网刑侦系统资源探析训练,让学生熟悉目前应用于刑事案件侦查的主要数据库系统资源或主要平台,了解刑侦系统资源或平台的主要应用场景、作用效果、操作方法及存在问题,以助于学生明白在信息化条件下如何利用公安网系统资源来侦查办案。

(二)训练方案设计

通过案例分析、实习实践、交流讨论、公安网阅览、系统操作等途径,探索目前刑事案件侦查中常用的数据库系统或平台资源,分析刑侦系统或平台资源的主要应用场景、作用效果、存在问题等。

(三)训练要求

1.实训时数:2 课时。

2.人员分工:以 6 个人为一个训练组,指定一名组长,内部自主分工。

3.场所:教室、机房、图书馆、校外实训基地等。

4.器材设备:电脑、公安网、案例资料等。

5.要达到的效果:通过本训练,学生应熟知目前刑事案件侦查中常用的公安网数据库系统或平台资源,了解其主要应用场景、作用效果及存在问题等。

(四)训练依据

本训练属于基础认知型、观察分析型训练。主要依据是《信息化侦查战法》之公安网信息资源侦查章节、有关案件资料等。

(五)组织实施

1.训练前各组了解训练目的、熟悉训练方案,明确内部分工。

2.通过大量案例阅读分析、基层见习积累、与基层民警交流请教等,组内讨论罗列目前常用的公安网刑侦系统或平台。

3.在公安网机房或到基层所队,对公安网刑侦资源进行阅览,对有关系统进行操作体验分析,并对操作截图。

4.归纳分析公安网常用刑侦系统或平台的应用场景、作用效果等。

5.按要求提交训练报告。

(六)考评依据及方式

不作具体量化考核,完成即给予基本分;对个别完成质量特别好或态度积极或分析特别独到的给予适当加分。

（七）其他

1.注意做好案件资料等保密工作。

2.附注有关知识点（与课程知识点对应补充）。

四个公安网信息资源特征说明了公安网侦查的特别价值：独占性——需要 PKI 认证登陆；秘密性——个人信息、犯罪信息；规模化——全警全社会采集数据；规范化——金盾工程建设信息库、共享的基础。

项目九　公安网网上串案战法训练

（一）训练目的

通过公安网网上串案战法训练，让学生熟练掌握利用公安网资源网上串案战法、技巧，进一步熟悉公安网现有系统平台资源，让学生理解公安网网上串案在实战中的应用效果价值。

（二）训练方案设计

设计典型案例，应用网上串案的典型战法——利用周边地区抓获人员分析研判、关联本地未破案件，将案情层层分析、逐步抛出而展开训练。设计类似案例如下：

200×年 5 月 10 日，杭州市富阳市公安局刑侦情报中心分析人员，在浏览杭州市上城区公安分局网页时发现一条信息，该信息显示辖区清波派出所抓获一名盗窃车内物品嫌疑人。（人员梳理）

根据该人员涉及的案件性质，分析人员将上述人员信息流转至刑侦大队打击街面案件侦查中队，要求开展人员信息分析。（人员流转）

围绕犯罪嫌疑人祝某的身份信息，开展网上信息分析：

查旅馆住宿记录。祝某，200×年 5 月 5 日，入住萧山区某旅馆。其中，其同住人员为魏某，男，41142119900808××××，河南某县。祝某，200×年 7 月 7 日，入住宁波市江北区某旅社，无同住人员。

查暂住记录。祝某 200×年 7 月 20 日，在台州市黄岩区南城印山路 388

号办理暂住证。

查上网记录。祝某200×年5月9日0时24分至7时50分在富阳市区新浪网吧上网。其中,与其同时上网人员为:宋某,男,41142419881121××××,河南省某县。

围绕嫌疑人魏某身份信息,开展网上信息分析:

查旅馆住宿记录。魏某200×年5月5日,入住杭州萧山区某旅馆;200×年5月3日入住杭州萧山区某旅馆;200×年5月12日入住富阳市富春街道某宾馆;200×年4月19日入住杭州萧山区某旅馆。

查暂住记录。魏某200×年3月28日在杭州萧山江南村九号坝6组19号办理暂住证。

查上网记录。200×年5月9日0时21分到5时19分在富阳新浪网吧上网。

围绕犯罪嫌疑人宋某身份信息,开展网上信息分析:

查旅馆住宿记录。宋某在全省范围内无旅馆住宿记录。

查暂住记录。宋某200×年4月19日在杭州萧山时代云裳实业(杭州)有限公司宿舍2005办理暂住证。

查上网记录。200×年5月9日0时22分至5时20分在富阳新浪网吧上网。

刑侦大队技术中队,下载祝某指纹:3301025000200905××××比对,无比中。

根据祝某、魏某、宋某3人在富阳活动轨迹情况,搜索活动期间案件,发现富阳城区有敲汽车窗玻璃盗窃物品的案件发生,发案时间分别是200×年5月1日、5月2日、5月8日、5月9日。(分类分析)

根据祝某在杭州上城作案情况,以及祝某、魏某、宋某3人在富阳的活动轨迹情况,和本地案件串并情况分析,祝某与本地案件关联的可能性较大,属于外地抓获人员分析后"有情况"。(整合评估)

外地抓获人员祝某相关情况通过网上流转至派出所,后经派出所落实人员提审,其交代在富阳辖区内盗窃车内物品案件12起。(落实反馈)

(三)训练要求

1.实训时数:2课时。

2.人员分工:以6个人为1个侦查组,指定组长1名。另外独立成立案件设计组。

3.场所：教室、机房等。

4.器材设备：电脑等。

5.要达到的效果：通过本训练，学生应掌握周边地区抓获人员网上串案的战法，理解公安网网上串案的几种方法及应用效果。

（四）训练依据

本训练属于基本认知型、分析讨论型训练。主要依据是《信息化侦查战法》及部分案件资料等。

（五）组织实施

1.训练前分组，熟悉公安网网上串案战法内容、公安网资源等。

2.训练时，各侦查组根据案件设计组所提供的初步案情、运用该战法开展模拟侦查、分析讨论。

3.各侦查组将初步侦查结果反馈给案件设计组，通过考查后设计组再提供下一阶段案情给各侦查组。各侦查组运用战法开展进一步的模拟侦查。

4.各侦查组模拟侦查完毕，分析讨论该战法应用心得体会，撰写训练报告。

（六）考评依据及方式

不作具体量化考核，完成即给予基本分。对表现特别突出的给予适当加分。

（七）其他

1.注意做好案件资料等保密，不外传、不拷贝。

2.附注有关知识点（与课程知识点对应补充）：

网上串案典型战法：周边地区（含犯罪流向区域）抓获人员分析研判，关联本地未破案件。要求：对本地案发及未破情况熟悉；长期关注周边（犯罪流向）地区的抓获人员或破案信息。

战法流程：人员梳理（联系本地案情）→人员流转、密切联系→分类分析（人：活动轨迹、特征比对；物：使用轨迹、物证分析；案：手段特点研判）→整合评估、落实反馈。

项目十　视频监控资源挖掘训练

（一）训练目的

通过视频监控资源挖掘训练，让学生了解目前我国视频监控建设的现状进展、实践效果及存在问题、建设方向，掌握目前可利用的视频监控资源类别、属性特点及实践价值。

（二）训练方案设计

通过实地调研、走访座谈、查阅资料等多种方式，挖掘整理由国家机关、企事业单位、个人等建设的所有视频监控资源，摸清其具体所属部门、应用权限、具体设备参数、存储状况、数据调取流程等，分析其侦查应用效果价值、存在问题及建设建议，形成报告。

（三）训练要求

1.实训时数：2 课时。

2.人员分工：以 12 人为一个训练组，指定一名组长，内部自行分工。

3.场所：校内、校外。

4.器材设备：电脑、网络、U 盘等。

5.要达到的效果：通过本训练，学生应掌握现存视频监控资源的分类、属性特点及其侦查办案应用效果、存在问题，能够提出有关建设建议。

（四）训练依据

本训练属于基本认知型、观察归纳型训练。主要依据是《信息化侦查战法》、《福建省视频监控系统技术规范》及有关案件视频监控侦查资料等。

（五）组织实施

1.训练前分组，熟悉训练内容、有关知识点及训练要求等，讨论分工、训练实施方案、策略、路径等。

2.各组查阅视频监控资料、视频监控侦查资料及典型案例资料等，掌握当前各地区视频监控建设情况、视频监控类型及属性、案件侦查应用概况等。

3.各组通过对公安机关、企事业单位、社区等深入走访座谈，进一步明确各类视频监控概况及其侦查应用效果、存在问题等。

4.各组深入实地调研各类视频监控，拍照存档、标注其特性、应用价值及问题建议等形成调研记录，并再次对侦查部门走访座谈去完善调研记录。

5.各组从侦查应用角度对所掌握的各类视频监控属性及应用价值进行分类归纳总结，形成一份训练报告，格式自拟。

（六）考评依据及方式

按各组训练表现及报告给分，组长及表现突出的同学适当加分。

具体给分主要考虑以下几点：

1.训练过程中查阅资料、走访座谈、实地调研等多种手段应用是否充分、内容足够丰富、足够深入等，即根据各个训练环节完成质量给分。

2.训练报告中所体现的对所掌握视频监控资源是否充分、分类是否科学合理、对其属性、现状及侦查应用价值的分析是否准确明了等，即根据视频监控资源挖掘结论质量给分。

3.最后根据训练报告格式及其他训练要求等适当加减分。

（七）其他

注意视频监控侦查相关内容、案件资料等的保密。

项目十一　视频监控点位分布图制作训练

（一）训练目的

通过视频监控点位分布图制作训练，让学生理解特定区域内视频监控点位分布图在案件侦查中的重要作用与实践意义，让学生掌握视频监控点位分布图制作的基本流程、基本方法及注意事项。

(二)训练方案设计

先设计校园内一事件让学生调取学校有关监控,通过该方式充分认识到调取视频监控时点位分布图的重要性;再针对划定区域(校内、社区、企业或其他场所等)展开视频监控点位分布图制作训练,采用实地勘查、整理加工等步骤展开,最后形成该区域视频监控点位分布图(电子版)一份。

(三)训练要求

1.实训时数:2 课时。

2.人员分工:以 12 人左右为一个训练组,指定一名组长,内部自行分工。

3.场所:校内、校外实践基地、社区、企业或其他场所等。

4.器材设备:电子地图、图像处理软件等。

5.要达到的效果:通过本训练,学生应理解视频监控点位分布图在案件侦查中的重要性,掌握视频监控点位分布图制作的基本流程与基本方法。

(四)训练依据

本训练属于基础认知型、操作型训练。主要依据是 2013 年公安部《现场视频分布图编制规范》(GA/T1017-2013)、《视频侦查规范化指引》等。视频监控点位分布图的主要作用是在案发后及时精准地查找出涉案探头。

(五)组织实施

1.训练前给各组设计一个简单情节去调取校内视频监控,体验调取视频监控的难点及点位分布图的必要性、重要性。

2.根据实训方案,各组划定特定区域展开点位分布图制作,区域可以是校内或校外的社区、企业等场所(通过指导老师或自行进行有关联系)。

3.训练时首先准备一份划定区域的电子地图,尽量简洁明了又呈现必要内容。

4.展开实地勘查,对区域内所有视频监控点位情况进行记录,在划定区域地图上制作草图。记录点位情况包括探头的位置、朝向、视野、管理者、运行状态、图像质量等情况。

5.运用图像处理软件对草图进行整理加工,形成适用于实践办案的该区域视频监控点位分布图(电子版)。遵循“排列有序、互不遮挡”原则,具体点位标注格式自定。

(六)考评依据及方式

主要根据点位分布图中记录视频监控情况的完整度、显示视频监控情况的直观度等对各训练组进行考评,根据划定区域完成训练难度、同学具体表现等适当加减分。

(七)其他

1.注意有关视频监控情况信息等的保密。

2.附注有关知识点(与课程知识点对应补充):

视频监控点位分布图制作流程,即实地勘查视频监控点位分布,在电子地图或纸质地图上,规范标注探头位置、朝向、视野及其他信息。

项目十二　视频监控侦查战法训练

(一)训练目的

通过视频监控侦查战法训练,加深对视频侦查战法的理论认知,领会视频侦查战法的应用思路与技巧,深刻理解视频侦查的实战应用价值。

(二)训练方案设计

本训练由案件设计组设计模拟一起犯罪活动的全过程,合理融合视频监控侦查战法应用元素,再由案件侦查组应用战法展开实地的视频监控侦查、实时展开视频监控研判,并制作视频监控侦查报告一份。模拟设计案件如下(仅供参考):

1.案件情况:

吴、黄为一对情侣,林喜欢黄并多次表白,但黄严词拒绝。林因此怀恨在心,看吴与黄在一起,随即起了杀心。2019 年 12 月 17 日晚 9 点,吴、黄晚自习后相约去一食超市买酸奶。到一食超市后,黄突然说自己有事,让吴先去买,买完在门口等他。趁此机会,林拨打吴的电话,称黄给她准备了一份纪念礼物，让她去大礼堂后门的榕树边。吴相信，随即前往，林在大礼堂后门处等吴，见吴在榕树下张望，悄悄走到吴身后，用自己的陶瓷水果刀多次捅向吴的脖子，吴身亡。林用纸巾擦拭水果刀，将刀收入衣服内逃离。十分钟后，帅从大礼堂后门的楼梯下来，发现吴尸体，报案。

人物关系：吴丹煌，女，侦查系学生，受害人；黄梓杨，男，侦查系学生，受害人男朋友；林一，男，刑技系学生，犯罪嫌疑人，暗恋黄；帅伊静，女，报案人。

2.犯罪活动轨迹：

(1)2019 年 12 月 17 日晚 8 时 45 分，林一事先到大礼堂后门等候。

(2)2019 年 12 月 17 日晚 9 时 03 分，林一打电话告知吴丹煌前往大礼堂后门处拿东西。

(3)2019 年 12 月 17 日晚 9 时 05 分，林一持水果刀杀害吴丹煌，并逃离现场。

(4)2019 年 12 月 17 日晚 9 时 07 分，帅伊静路过此处，发现吴丹煌尸体，报案。

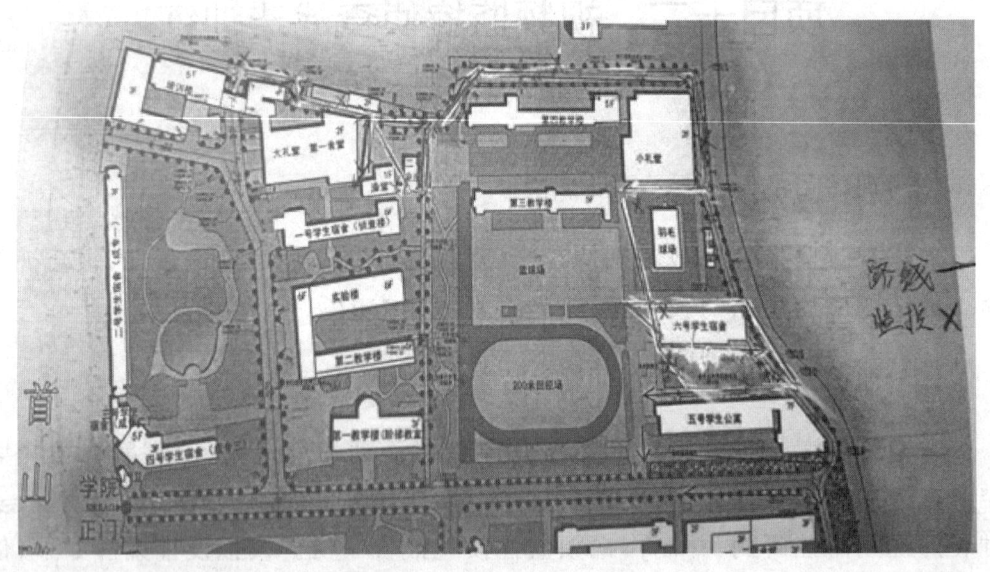

图 6-13　案例轨迹示意

查“轨迹”：(1)林一踩点的路线。(2)杀害吴丹煌后逃离的路线：环校北路的大礼堂北侧大榕树下→环校北路的第一食堂北侧路段→环校北路的实训楼路段→环校东路的小礼堂东侧路段→小礼堂南侧小路→小礼堂西侧道路→刑技楼西侧空地→治安楼北侧通道→环校东路的治安楼路段→刑技楼北侧通道→刑技楼。

找"细节"：(1)设计林一在实施犯罪刚开始逃离时戴帽，走到侦查楼澡堂木栈道无监控处把帽子摘掉，藏在衣服里面。(2)设计林一消失两次(躲到无监控处)，需要侦查组通过比对核实监控，注意时间点，捋清林一行走路线。

找"关系"：黄梓杨为该案的关系人，需要对黄梓杨进行询问得到相关线索。

建"阵地"：在现教中心整合监控与地理信息。

深度应用：对林一的图像信息进行处理，录入公安信息网。

3.侦查资源

(1)110指挥中心：2019年12月17日晚09时07分，首山路公安局仓山分局110报警台接群众帅伊静报警称：大礼堂后门发现一具女尸。经法医人员检查，死者名为吴丹煌，侦查一大队学生，尸体脖子有多处刺伤，初步断定凶器为小型刀具。

(2)帅伊静报警录音：2019年12月17日晚9时15分左右，我看到大礼堂后门的榕树那边有一具女尸体，脖子上面都是血，周围都是血。

(3)黄梓杨(联系方式：339701925)：我跟我女朋友相约去超市买东西，但是我们区队长喊我去大队部拿一份材料，说很急，我就去了，叫吴先买，买完在门口等我。

(4)吴丹煌通话录音：——(吴)喂，你哪位？——(林)我是黄的同学，他说你们纪念日，准备了一份礼物给你，让你去大礼堂后门那棵榕树下面等他。——(吴)好，我现在就过去。

(5)法医尸检报告：根据《法医尸检报告》得出结论死者系吴丹煌，尸体脖子处有多处刺伤，初步断定凶器为匕首、水果刀之类的小型刀具。死亡原因为遭利器刺伤失血过多死亡，身上无其他外伤，死亡时间为2019年12月17日晚9时左右。

(三)训练要求

1.实训时数：4课时。

2.人员分工：案件设计组由学生自愿报名，3个人为一组；案件侦查组以12人左右为一组，指定一名指挥员，根据侦查能力内部分工。

3.场所：教室、监控室、校内、校外实践基地等。

4.器材设备：电脑、存储设备、手机、图像处理软件等

5.要达到的效果：通过本训练，学生应掌握视频侦查基本流程、方法技巧

等，对视频侦查与其他侦查手段相融合有个直观感性的认识。

（四）训练依据

本训练属于认知型、操作体验型训练。主要依据是《信息化侦查战法》之视频监控资源侦查章节、有关战法总结资料、《视频侦查规范化指引》。

（五）组织实施

1.案件设计组：

(1)设计模拟一起刑事犯罪活动的全过程，并部署必要的侦查资源、条件。

提交案件设计说明一份，主要内容包含：犯罪情况、轨迹地图（须标注监控探头分布）、侦查资源等。

要求：所设计案件在侦查时能够运用视频监控侦查战法，查“轨迹”、抓“细节”、找“关系”、建“阵地”、拓展应用。

(2)组织演绎“完整、真实、合理”的犯罪实施过程。

(3)配合侦查组开展视频侦查，必要时回应其侦查请求、提供侦查资源。

(4)协助完成对侦查组训练表现情况的记录、训练报告的问题检查。

2.案件侦查组：

注：实训案件从非本班设计组的案件中随机决定。

(1)接警到达现场，分析案情后开展视频侦查、调取监控视频。

基本步骤：查找监控——→调取监控——→信息研判——→查找下一个监控。

要求：调取犯罪过程监控片段时注意时间校准；标注清楚监控位置、时间点。务必采集到犯罪活动相关的所有监控视频。

(2)开展监控视频内容分析研判，捕捉每一段监控视频中的重要信息。

要求：充分运用视频监控侦查战法，查“轨迹”、抓“细节”、找“关系”、建“阵地”、拓展应用。需阐明合理的研判依据后，设计组才给予回应必要的侦查请求、提供必要的侦查资源等。

(3)提交视频侦查报告一份。

要求：自拟格式，要通过视频截图、照片、文字、表格等形式展现犯罪活动全过程，同步体现监控视频内容研判结论、说明视频监控侦查战法的应用。

(4)提交成果：

案件设计说明，案件监控视频集，案件视频侦查报告。

(六)考评依据及方式

1.实训成绩(100分)构成:

视频侦查训练表现70%、视频侦查报告30%。

具体如下:

(1)视频侦查训练表现评分(70分):根据查找视频监控的效率、应用战法研判视频内容的能力等方面所确定的考核点,如漏掉嫌疑人有关的重要视频监控、未能捕捉研判监控视频中的重要信息、未能准确运用视频监控侦查战法、侦查请求时未能阐明合理的研判依据等,按点酌情扣2~4分,再考虑视频侦查的效率、个人训练参与度等酌情加减分,综合得出训练表现分。

(2)视频侦查报告评分(30分):根据报告格式是否清楚、表述是否通顺、条理是否清楚、侦查过程与战法体现是否明确等酌情扣分,综合得出报告分。

2.设计组成员参加本班级侦查组,其训练成绩视案件设计表现加10~20分。

3.该成绩作为该课程实训成绩的重要组成部分。

(七)其他

1.做好视频监控资料、案件资料等保密工作,不侵犯、不外传他人隐私等。

2.附注视频监控数据调取基本流程、采集原则(具体参考课程有关知识点):

基本流程:监控点位分布图→确定目标监控点→视频数据提取→视频内容鉴定。

采集原则:及时、精准、合法、规范,其中及时是核心。

3.附注视频侦查之技战法概要:

(1)查"轨迹":

根据线索、细节,辅以交通、通信等信息手段,判断行进方向,查找逃窜踪迹。

环境条件:足够多的视频监控点;查找方式:顺查或倒查(前查)。

具体战法:①监控"第一点":寻找"第一点"、发现目标,可通过监控、调查访问、现场勘查等分析案情获知。②追踪"特征点":紧抓人、车、物的"特征点"追踪。根据行进速度距离分析及经验判断,确定下一个探头的目标出现大致时间。③轨迹中断"拐点":确认校准监控系统时间、拉长时间段更大范围搜索。考虑目标行进路线方式改变或驻留落脚或乔装易容。研判交通、通信信息,结合人工排查,查找目标轨迹。

(2)抓“细节”:

“细节”,展现了事物的直接或间接的特征,以便追踪、识别目标等;发现特定或反常的行为表现,以便研判目标、关联其他信息等。

记录现场犯罪实施过程情况;联动现场勘查,开展视频勘查。

捕捉人物体貌、穿着、行为、车辆、环境等细节特征,并关联其他信息查证,拓展侦查渠道。【挖掘监控视频中反常现象、个性特征、特殊物品等,发现或刻画嫌疑人特征。】

(3)找“关系”:

捕捉到案发现场或嫌疑人行动路线上可能的目击者或接触人员,通过对这些知情人的调查访问收集线索;对监控死角的现场,应注意调取附近监控,发现案发时段路过现场的潜在目击者。

通过案发前后的监控视频,或串联多个案件的监控视频,发现同活动关系人员、所接触关系人,扩大查找其他嫌疑对象。

(4)建“阵地”

建立可视化实时指挥平台,实现视频巡逻、视频处警等。

卡口监控系统实现对车辆布控预警功能。

卡口监控系统挖掘夜间流窜来本地作案的可疑车辆或高危车辆。

(5)深度应用

【信息挖掘】运用图像处理、模拟画像、实验论证、人像比对等手段对视频内容进行信息挖掘。

【串并案件】①具备串并案条件时,通过视频监控信息确认案件串并。②依据犯罪团伙流窜轨迹,发现犯罪流向区域,展开异地案件串并。

项目十三　电脑模拟画像训练

(一)训练目的

通过模拟画像的课程实训,让学生理解对嫌疑人等涉案人员画像这一侦查手段在办案实践中的应用价值;熟悉模拟画像在计算机软件平台下的操作原理、方法与依据;深入分析模拟画像的应用环境、素材来源等,拓展开发学生的信息化侦查思维。

(二)训练方案设计

根据提供的人员素材,在计算机软件平台上对某一人物进行模拟画像,分析电脑模拟画像的应用价值。

(三)训练要求

1.实训时数:2 课时。

2.人员分工:以个体为单位,独立完成,组织专门人员设计人员素材。

3.场所:机房等。

4.器材设备:电脑、软件等。

5.要达到的效果:通过本训练,学生应掌握在给定人员信息条件下进行电脑模拟画像的基本操作,理解模拟画像的应用场景及侦查价值。

(四)训练依据

本训练属于基本认知型、操作体验型训练。主要依据是《数字化侦查》之模拟画像章节、有关案件资料,依托平台是太原极目天网科技发展有限公司《智能画像专家》系统。

(五)组织实施

1.方案设计

由专门小组组织设计人员素材,如某人的视频图像资料、调查访问资料、现场勘验资料等;

检查实验室电脑、网络是否正常启用;

草拟模拟画像实训方案。

2.上机操作

实训同学熟练掌握模拟画像软件功能的操作;

根据专门小组展示的某人员素材,实训同学在平台上进行电脑模拟画像。

3.结果对照

提交画像结果,将画像结果与该人员素材的原型(如照片等)进行对照,比较相似度。

4.分析报告

提交一份实训报告,与传统画像及其他相关手段做比较,分析探讨电脑模拟画像在侦查中的应用价值。

(六)考评依据及方式

1.模拟画像操作(70 分):由专门小组对照模拟画像结果与人物原型的相似度,分别给予评分,相似度较低的视情况给予及格基本分或不给分。

2.训练分析报告(30 分):按要求完成即给予及格基本分(18 分),视报告观点是否独到、逻辑条理是否清晰、表述是否流畅等给予良好(24 分)或优秀(30 分)(不超过学生数的 15%)。

(七)其他

1.训练纪律要求

遵守实验室管理制度,爱护实验室财物。

服从命令、听从指挥、遵守纪律、严肃认真。

明确分工、配合默契,共同完成实践任务。

2.附注训练所涉有关知识点(与课程知识点对应补充)

所谓的模拟画像,就是刑事案件发生后,警方在特定条件下、根据目击者的描述,对不具体的人面信息制作出犯罪嫌疑人面部相似度较高的模拟像,摸排具有相似特征的人,以达到缩小侦查范围、识别犯罪嫌疑人的目的。

模拟画像技术:

步骤:先看头部形状,再看各器官主要特征,最后看其他细节(含表情等)、穿戴等。

注意事项:各地方人种外貌特征差异;各器官在不同表情、状态下的特征关联(资料);注意辨认描述者的描述准确性。

项目十四　手机话单分析训练

(一)训练目的

通过手机话单分析的课程模拟实训,让学生加深理解手机通信资源在案件侦查中的重要意义;学习掌握手机话单分析的目标、方法、技巧等;理解各项话单分析结果所反映的机主活动规律、社交关系等信息。

(二)训练方案设计

1.利用电子表格分析手机通话详单。

2.总结机主活动规律、社交关系等信息。

(三)训练要求

1.实训时数:2 课时。

2.人员分工:以个体为单位,独立完成。

3.场所:机房等。

4.器材设备:电脑、软件等。

5.要达到的效果:通过本训练,学生应掌握在给定人员信息条件下进行手机话单分析的基本操作,理解手机话单分析的侦查价值。

(四)训练依据

本训练属于基本认知型、操作体验型训练。主要依据是《信息化侦查战法》之利用通信信息资源侦查法章节、有关战法总结资料、公安内部培训资料《通讯信息技术侦察学》。

(五)组织实施

1.实训准备

以一个人为单位进行分组;各实训小组各准备好一份手机通话详单(Excel 表格电子版)。

2.Excel 软件练习

Excel 软件基础命令的熟悉;举例学习 Excel 统计数据相关命令(如排序、筛选、汇总、分列等)。

3.手机话单分析

(1)通话详单分析:

在 Excel 软件中分解整理出通话详单部分,并调整格式。设计单手机话单数据统计目标(如通话频率、通话时长、平均时长、通话地点/通话方式/对方归属地/通话类型、话费套餐、特号分析、分时段分析、分日期分析、基站地址统计等)。

利用 Excel 技巧对以上目标进行数据统计分析，做好记录；要求各目标统计的 Excel 工作簿给予保留。模拟假设一个案发时间点，找出可疑的案前号码、案后号码并分析记录。

开展多手机话单分析，分析多手机话单中的共同联系人；分析两部手机通话规律的一致性，判断是否为同一个人持有。

(2)短信详单分析：方法同通话详单分析。

(3)其他内容分析：包括增值服务项目等手机话单上的其他内容。

完成结论报告一份，要求：分点叙述各项统计数据所反映机主的活动规律、社交关系等信息；附上 Excel 表格文件作为结论依据。

(六)其他

参加实训的全体学生务必熟悉以上各项内容；实训表现将作为该课程期末考核成绩的主要部分。

项目十五　基站信息收集、分析训练

(一)训练目的

通过基站信息收集分析的课程模拟实训，让学生加深理解手机通信资源在案件侦查中的重要意义；熟悉基站信息的收集、分析等手段，从而加强对基站信息重要价值的认识。

(二)训练方案设计

根据模拟通话线路，不间断地获取路线上当前基站信息(包含时间点)，并收集记录；分析该基站信息所反映的路线轨迹特性及相关可利用资源等。

(三)训练要求

器材设备手机一部；基站检测手机软件；基站显示地图软件。

(四)训练依据

本训练属于基本认知型、操作体验型训练。主要依据是《信息化侦查战法》之利用通信信息资源侦查法章节、有关战法总结资料、公安内部培训资料《通讯信息技术侦察学》。

(五)组织实施

1.实训准备:

以三个人为单位进行分组,明确小组成员分工;备好实验器材并检查;制定机主移动通话的模拟路线(至少一个);草拟小组实训方案。

2.实训展开:

根据模拟通话线路,利用基站检测手机软件,不间断地获取路线上当前基站信息(包含时间点),并收集记录。

3.数据整理:

将模拟通话路线的基站信息导出,形成文本文件;将模拟通话路线的基站信息(包含时间点)显示在相关地图软件上并截图,形成图像文件。

4.实训分析:

根据以上数据,对模拟通话路线的基站信息进行分析(如:路线轨迹特性分析、经过区域可利用资源分析等),形成分析报告一份。

(六)其他

参加实训的全体学生务必熟悉以上各项内容;实训表现将作为该课程期末考核成绩的主要部分。

第七章 侦查中电子数据取证分析训练

项目一 侦查中视频数据调取训练*

(一)训练目的

通过实训,使学员明确侦查中视频数据收集提取的流程、步骤、方法。

(二)训练方案(情节)设计

校内侦查楼学生宿舍205、206室失窃。犯罪分子侵入室内盗走笔记本电脑3部、单反相机1部、现金6700元。侦查楼一层东西两侧及侦查楼其他出入口外均安装有监控探头。侦查过程中,需要调取与侦查楼监控系统相关的视频数据。

(三)训练要求

1.实训时数:4课时。

2.人员分工:以班为单位进行训练,每班12人,一个班即一个小组。每小组设实训指挥人员1人;现场勘验、检查人员2人;视频数据调取人员2人;现场访问人员2人;视频监控中心管理员1人;见证人1人;事主、群众2人;作案人1人。

3.场所:校内侦查楼学生宿舍、校视频监控中心。

4.器材设备(工具):现场勘查器材、笔记本电脑(带绘图软件)、移动硬盘、U盘、制作侦查文书材料、警察常规设备(含执法记录仪)。

---

* 撰稿人:洪容容。

5.要达到的效果：依法规范地实施现场勘验检查、调取视频数据。

（四）训练依据

本训练属操作性模拟训练。通过实训，巩固知识、训练技能、提高学员的操作能力。实训依据：《公安机关办理刑事案件程序规定》之勘验检查规定，《收集提取和审查判断电子数据若干问题的规定》之电子数据收集提取的相关规定。

（五）组织实施

1.指导教师对实训方案进行设计，并在实训前向参加实训的学员提供相应的书面材料。

2.在指导教师的指导下，作案人按照设计好的方案模拟作案，并布置好犯罪现场。

3.参加实训的学员做好勘查前的准备及视频数据调取前的准备工作。备好《刑事案件现场勘查证》《调取证据通知书》；获取校内监控点的分布图；备好勘验检查器材设备、调取视频数据器材设备。

4.按法定的程序有序地实施勘验检查。对现场情况、勘查过程、勘查结果通过笔录、照相、绘图、录像等手段进行记录。

5.对事主群众进行现场访问，并制作询问笔录。

6.根据侦查需要，访问学校视频监控系统中心管理人员，作好询问笔录，并采用复制法调取相关的视频数据，列出提取的视频图像资料清单，并由保管人员、见证人签名。

7.对视频图像进行分析，制作分析报告。

8.完成实训报告。

（六）考评依据及方式

1.组织管理（10 分）：根据人员到位、勘验检查前准备、现场布置、调取前准备、器材设备准备、规定任务按时完成情况等评分。

2.现场勘查（20 分）：根据现场勘查的合法性、规范性、效率性、完整性评分。

3.视频数据调取（50 分）：根据调取的准备、调查前的询问、调取方法的选择、调取工具的使用、所调取的数据的证据能力等评分。

4.实训报告(10分):根据所制作的实训报告质量评分。

5其他(10分):指导教师自由评判。

在以上指标中,组织管理、现场勘查、其他等由指导教师临场观察、群内考察评分;视频数据调取、实训报告由指导教师根据实训组所提取的视频数据及所完成的实训报告评分。

(七)其他

注意实训中的安全与器材保护等。

项目二 侦查中计算机常规数据提取*

(一)训练目的

通过实训,使学员掌握侦查中计算机常规数据(用户痕迹、上网记录、系统痕迹应用程序、日志、IP地址、MAC地址等)收集提取的方法。

(二)训练方案(情节)设计

现有一计算机,犯罪分子实施犯罪活动时,在以该计算机信息系统为载体的虚拟空间中留下与犯罪有关的"电子痕迹",在侦查过程中,需要提取该计算机中与犯罪相关的常规数据(具体操作见附件7-2)。

(三)训练要求

1.实训时数:2课时。

2.人员分工:以个体为单位进行计算机常规数据取证操作。

3.场所:侦查学虚拟仿真实验教学中心。

4.器材设备(工具):电脑、计算机数据取证工具及软件、空白介质(U盘等)。

5.要达到的效果:了解计算机常规数据,明确查找及固定方法,会使用相

* 撰稿人:林伟。

关软件收集、提取数据。

(四)训练依据

本训练属操作性模拟训练。通过实训，巩固知识、训练技能、提高学员的操作能力。实训依据：《公安机关办理刑事案件程序规定》之勘验检查规定，《收集提取和审查判断电子数据若干问题的规定》之电子数据收集提取的相关规定，《公安机关办理刑事案件电子数据取证规则》。

(五)组织实施

1.指导教师对实训方案进行设计，并在实训前向参加实训的学员提供相应的书面材料。

2.在指导教师的指导下，学员通过操作计算机系统，围绕设计的方案逐一进行计算机常规电子数据的收集提取。

3.在收集提取过程中学员做好数据的固定。

4.完成实训报告。

(六)考评依据及方式

1.组织管理(10 分)：根据人员到位、取证前准备、器材设备准备、规定任务按时完成情况等评分。

2.计算机数据收集提取(50 分)：根据提取的准备、提取方法的选择、提取工具的使用、所提取的数据的证据能力等评分。

3.实训报告(30 分)：根据所制作的实训报告质量评分。

4.其他(10 分)：指导教师自由评判。

附 7-2：计算机常规数据①

1.用户痕迹

用户痕迹信息主要来源于用户注册表，注册表文件存储路径各不相同，但都是 ntuser.dat 文件。用户痕迹数据主要有网络映射、网上邻居、最近访问记录、Windows 引擎搜索记录、打印信息、回收站删除检查记录等(下列操作以 Win7 操作系统为例)。

① 李双其、林伟：《侦查中电子数据取证》，知识产权出版社 2018 年版，第 122～137 页。

（1）网络映射。网络映射用户把网络中的某个目录映射成本地驱动器的记录信息。通过网络映射数据可以了解用户经常或曾经使用过的网络资源，据此获取其他可能涉案的计算机信息。点击桌面【计算机】可以直接查看本机的网络映射情况，如图 7-1 所示。

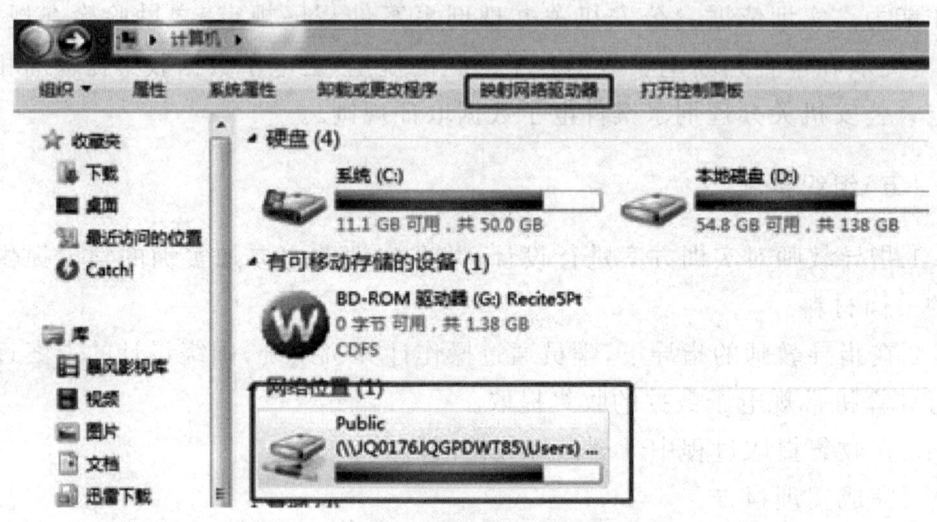

图 7-1　本机的网络映射

（2）网上邻居。网上邻居是显示指向共享计算机、打印机和网络上其他资源的快捷方式，通过网上邻居数据可以自动识别网上邻居上的其他计算机信息，包括主机名、IP 地址等信息。如图 7-2 所示。

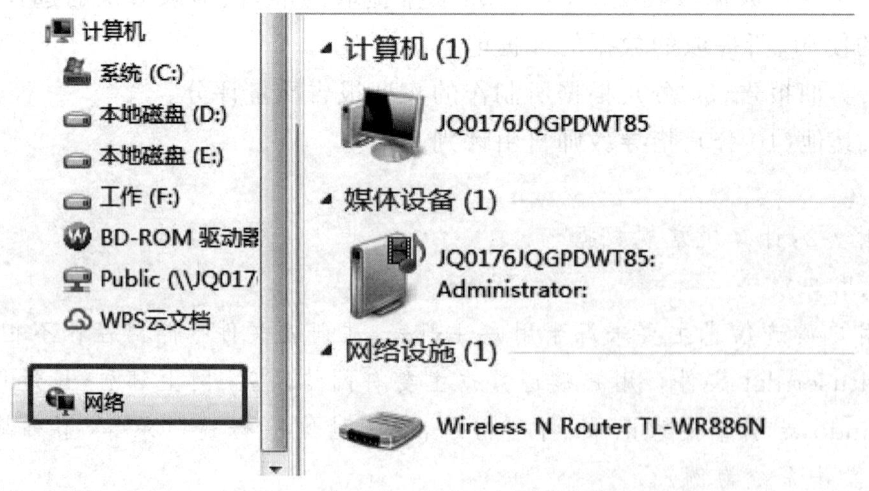

图 7-2　网上邻居

(3)最近访问记录。最近访问记录是指本地用户最近的访问痕迹，如最近访问的文档、媒体播放记录、最近程序访问记录、最近打开保存文档、最近运行记录、应用程序访问等，如图7-3所示。通过最近访问记录有利于分析用户使用文档、程序情况，有利于获取用户最近访问或保存的Word、Excel文件、图片等。

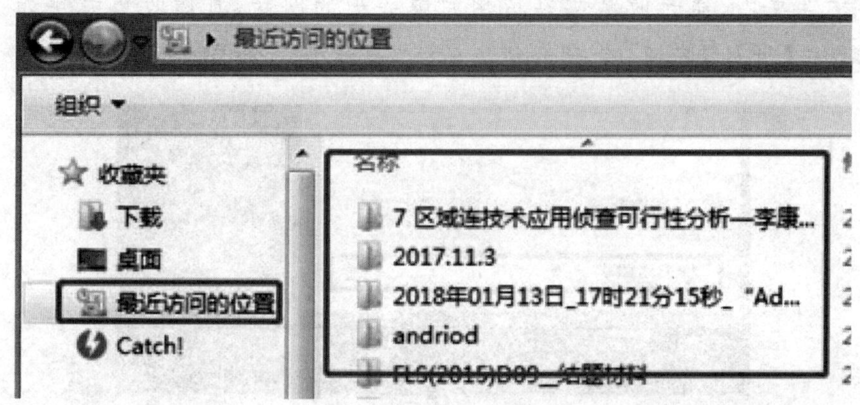

图7-3　最近访问记录

(4)Windows搜索引擎。Windows搜索引擎是指本地用户利用Windows搜索功能进行搜索的历史记录，包括全部或部分文件名搜索、文件内容搜索等信息，如图7-4所示。

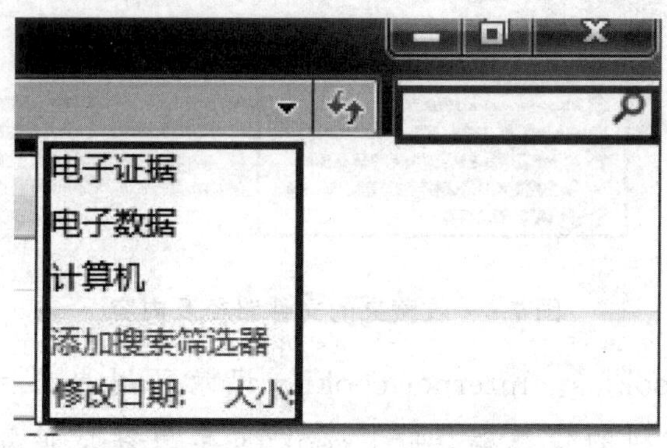

图7-4　Windows搜索引擎

(5)打印信息。打印信息可以获取用户打印图片、文档等资料时留在本地的后台打印的原始资料信息，还可以还原打印的内容。

(6)回收站。回收站删除记录可以获取回收站里被删除的文件信息，包括部分已被清空了的删除文件。

2.上网记录

常见的浏览器类型主要有IE浏览器、Google浏览器、Firefox浏览器、360浏览器等。以Win7操作系统中IE 10浏览器为例,介绍获取上网记录数据的方法。

(1)收藏夹。收藏夹是指用户上网的时候把自己喜欢、常用的网站的链接收藏在文件夹中,通过收藏夹获取用户感兴趣的网站,具体收集方法如下。

①点击【开始】按钮,在搜索栏中输入"收藏夹",如图7-5所示。

图7-5 搜索栏中输入"收藏夹"

②按回车,可获取收藏夹的文件路径及内容,如图7-6所示。

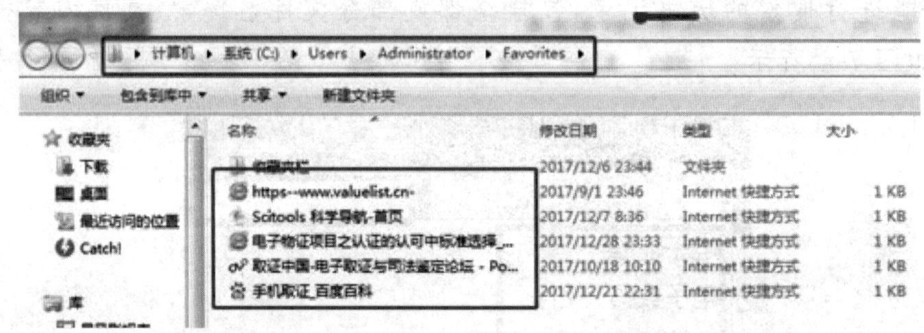

图7-6 收藏夹的文件路径及内容

(2)Internet cookies。Internet cookies记录了用户访问过的网站和访问的频率以及最近访问的信息等,通过cookies可以获取使用者关注的网站类型。下面介绍导出Internet cookies文件内容。

①打开IE浏览器,选择菜单栏上【文件】选项,选择【导入和导出】,如图7-7所示。

②在对话框中选择【导出到文件】,点击【下一步】,选择【Cookie】,如图7-8所示。

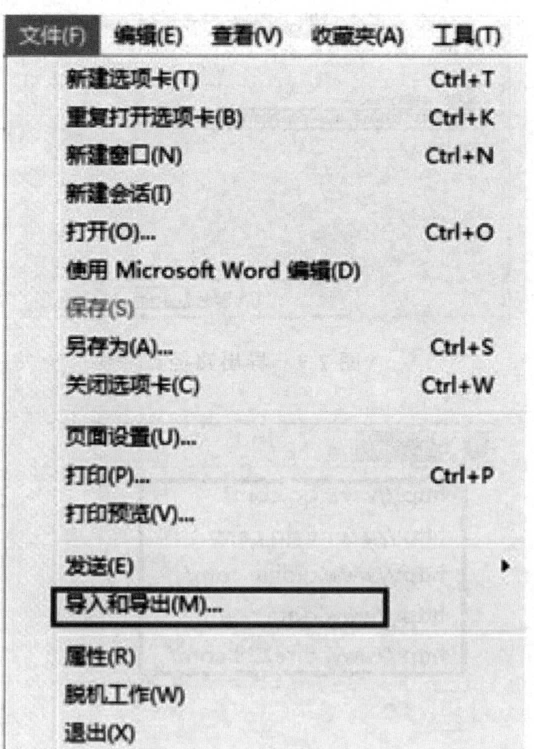

图 7-7　导入和导出

图 7-8　Cookie 选项

③选择导出 cookie 文件的路径，如图 7-9 所示。

(3) Type URLs。Type URLs 记录用户最近在 IE 地址栏中键入的地址信息，侦查人员通过 Type URLs 可以获取用户最近手动输入访问的网址，如在 IE 浏览器中输入字符“q”，可以获取该用户最近访问的相关网址，如图 7-10 所示。

图 7-9 导出路径

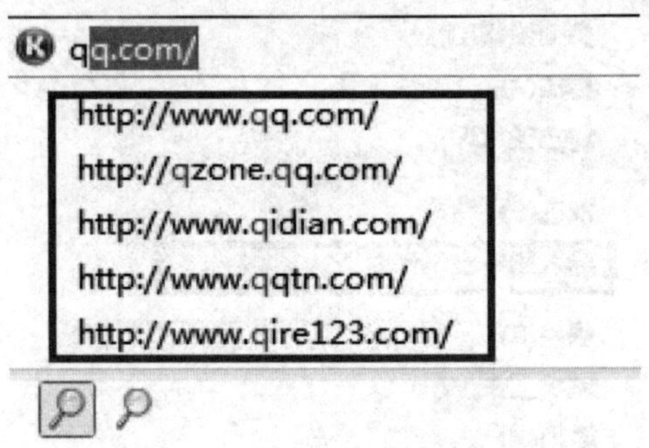

图 7-10 访问网站记录

(4)Temporary Internet Files。Temporary Internet Files 是 Windows 中储存 Internet 临时文件的文件夹,如多媒体内容中视频、音频、访问网站的用户信息等,获取 Temporary Internet Files 路径方法如下。

①打开 IE 浏览器,点击【工具栏】按钮,选择【Internet 选项】,如图 7-11 所示。

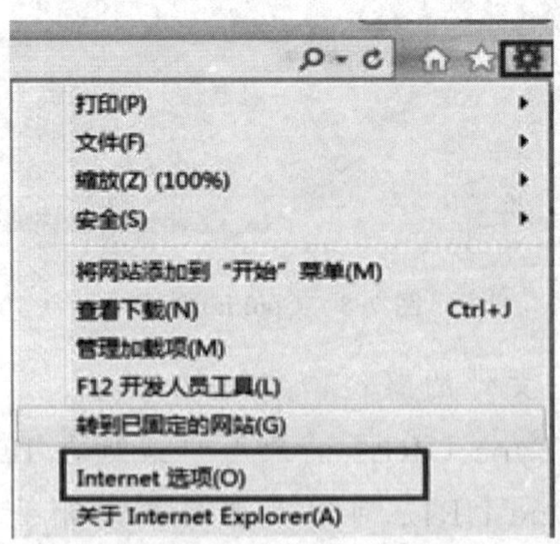

图 7-11 选择【Internet 选项】

②在 Internet 选项对话框中点击【设置】按钮，弹出的对话框中可以猎取 Internet cookies 的路径，如图 7-12、7-13 所示。

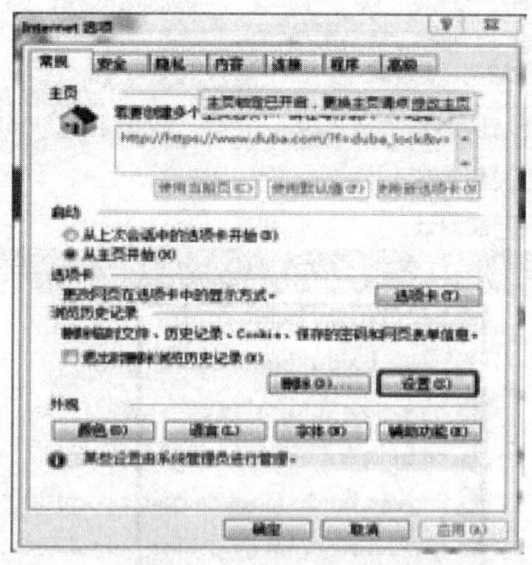

图 7-12　Internet 选项对话框

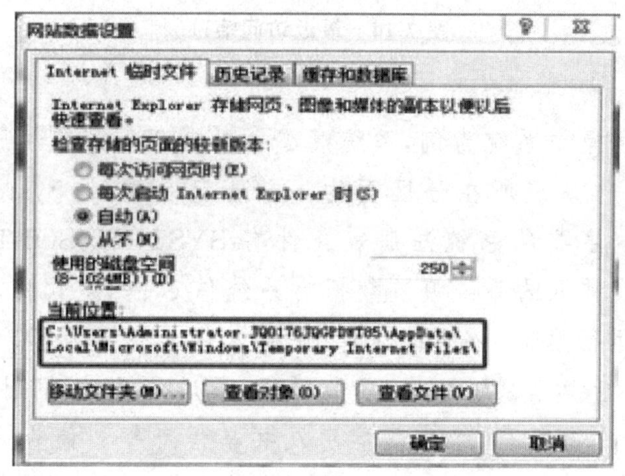

图 7-13　网站数据设置对话框

(5)Internet history。Internet history 记录用户上网记录、打开过的文件信息等历史访问痕迹，通过该记录可以得知使用者曾经访问过的网站及打开过的文件。可以通过打开 IE 浏览器，点击【收藏夹】按钮，选择【历史记录】选项卡，可以获取 Internet history 内容，如图 7-14 所示。

图 7-14 最近访问痕迹

3.系统痕迹

以 Windows 操作系统为例，系统痕迹主要来源于系统注册表。注册表文件存储路径为操作系统所在分区下的 config 目录中（%SystemRoot%\System32\Config）。主要的系统注册表文件有 SYSTEM、SOFTWARE、SAM、SECURITY 等。常见的系统痕迹数据有系统信息、安装软件、USB 设备使用记录、应用程序运行痕迹、缩略图信息、快捷方式文件解析等。

系统信息包括操作系统版本、安装时间、最后关机时间、时区信息、服务信息、硬件信息、用户信息、网络配置信息及共享信息等。侦查人员通过操作系统安装时间，可以推断犯罪嫌疑人是否重装过操作系统，据此判断作案人是否存在试图销毁涉案数据行为；通过用户登录信息，可以推断犯罪嫌疑人经常使用的账号登录、密码设置时间及密码哈希值等。

USB 设备使用记录着系统上使用过的 USB 设备使用记录信息，包括首次插拔时间、最后插拔时间、设备 GUID、恢复已删除 USB 使用记录等。这些信息有助于分析存储介质的使用情况。

快捷方式（扩展名为 *.lnk）是 Windows 提供的一种快速启动程序、打开文件或文件夹的方法，是应用程序的快速链接。通过快捷方式文件可以获取该快捷方式文件对应的目标文件信息及其附带的其他信息，比如目标文件所在的分区、卷标类型、卷标序号等。利用这些信息还可以得知犯罪嫌疑人经常使用的应用程序或文档信息。

应用程序运行数据记录着应用程序的运行情况，据此记录可以进一步分析用户应用程序的规律特点，如用户常用的程序、某时段运行的程序等。

4.应用程序

现场计算机处于开机运行状态时，勘查人员应通过拍照、摄像、截图等方式记录计算机桌面显示的信息和用户正在运行的应用程序。如果现场计算机中存在打印的文档，侦查人员需先将此类文档内容进行截图固定，再检查是否设置密码，并将内容导出到移动介质中。

5.日志

日志包括操作系统日志、网站日志、特定程序日志等。通过对日志信息的解析，可以还原操作计算机的痕迹，可为侦查提供重要线索。Windows 日志记录硬件、软件和系统信息，同时还记录系统中发生的事件。Windows 日志主要包括系统日志、应用程序日志和安全日志等。以 Win7 为例，系统日志存放位置为：%systemroot%\system32\config\ *.Evt。

IIS 日志，主要用于记录用户和搜索引擎蜘蛛对网站的访问行为。IIS 日志中，包括客户端访问时间、访问来源、来源 IP、客户端请求方式、请求端口、访问路径及参数、Http 状态码状态、返回字节大小等信息。IIS 日志类型有 W3C 扩充日志文件格式和 NCSA 公用日志文件格式。Microsoft IIS 日志文件默认位置：%systemroot%\system32\logfiles\。默认文件名格式：ex＋年份的末两位数字＋月份＋日期，文件后缀：.log。

6.本地 IP 地址的获取。Windows、Mac OS 及类 UNIX 操作系统的主机均可以通过 ipconfig 命令获取计算机本地 IP 地址及其相关信息，如图 7-15 所示。

也可以通过访问 www.ip.cn 等网站或在搜索引擎搜索 IP 地址查询获取，如图 7-16、图 7-17 所示。

7.查看 MAC 地址。在 Windows 系统中，点击组合键[win ＋ R]，输入命令“cmd”并回车，在弹出的命令行窗口中输入“ipconfig /all”命令并回车，在输出的信息中，查找“物理地址”，即为 MAC 地址。

由于电脑可能存在多个网卡及其 MAC 地址，仅 Wi-Fi 网卡的 MAC 地址

```
管理员: C:\Windows\system32\cmd.exe
Microsoft Windows [版本 6.1.7601]
版权所有 (c) 2009 Microsoft Corporation。保留所有权利。

C:\Users\Administrator>ipconfig

Windows IP 配置


以太网适配器 Bluetooth 网络连接 2:

   媒体状态 . . . . . . . . . . . . : 媒体已断开
   连接特定的 DNS 后缀 . . . . . . . :

无线局域网适配器 无线网络连接:

   连接特定的 DNS 后缀 . . . . . . . : DHCP HOST
   本地链接 IPv6 地址. . . . . . . . : fe80::c577:24bc:c1dc:40d%15
   IPv4 地址 . . . . . . . . . . . . : 192.168.0.156
   子网掩码 . . . . . . . . . . . . : 255.255.255.0
   默认网关. . . . . . . . . . . . . : 192.168.0.1
```

图 7-15 在主机上查询本地 IP 地址

图 7-16 访问 www.ip.cn 网站查询主机本地 IP 地址

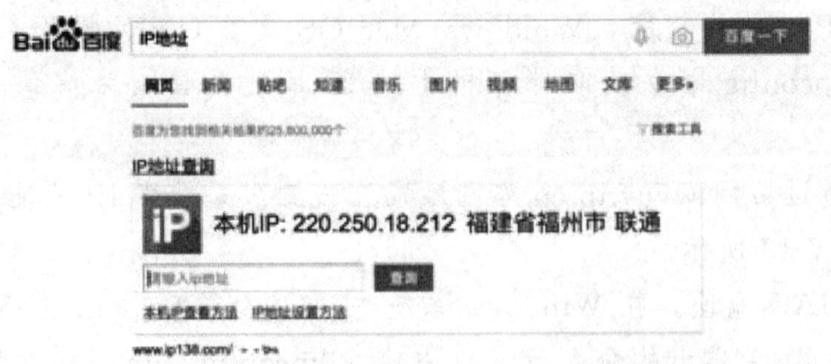

图 7-17 通过搜索引擎查询主机本地 IP 地址

才会发射 Wi-Fi 信号并被本设备检测到，因此需要进一步在其中找出哪些 MAC 地址是 Wi-Fi 网卡的。前面写有“无线局域网适配器”的项目为 Wi-Fi 网卡，其下的“物理地址”为其 MAC 地址，如图 7-18 所示。

```
C:\Users\Administrator>ipconfig /all

Windows IP 配置

   主机名  . . . . . . . . . . . . . : CU3FXQWIQQFU0K3
   主 DNS 后缀 . . . . . . . . . . . :
   节点类型  . . . . . . . . . . . . : 混合
   IP 路由已启用 . . . . . . . . . . : 否
   WINS 代理已启用 . . . . . . . . . : 否
   DNS 后缀搜索列表  . . . . . . . . : DHCP HOST

以太网适配器 Bluetooth 网络连接 2:

   媒体状态  . . . . . . . . . . . . : 媒体已断开
   连接特定的 DNS 后缀 . . . . . . . :
   描述. . . . . . . . . . . . . . . : Bluetooth 设备(个人区域网) #2
   物理地址. . . . . . . . . . . . . : 00-00-00-00-5A-AD
   DHCP 已启用 . . . . . . . . . . . : 是
   自动配置已启用. . . . . . . . . . : 是

无线局域网适配器 无线网络连接:

   连接特定的 DNS 后缀 . . . . . . . : DHCP HOST
   描述. . . . . . . . . . . . . . . : Qualcomm Atheros QCA61x4 Wireless Network
 Adapter
   物理地址. . . . . . . . . . . . . : C8-FF-28-59-1E-1B
   DHCP 已启用 . . . . . . . . . . . : 是
   自动配置已启用. . . . . . . . . . : 是
   本地链接 IPv6 地址. . . . . . . . : fe80::c577:24bc:c1dc:40dx15(首选)
   IPv4 地址 . . . . . . . . . . . . : 192.168.0.156(首选)
   子网掩码  . . . . . . . . . . . . : 255.255.255.0
```

图 7-18　查看 Windows 系统的主机 MAC 地址

项目三　侦查中计算机数据镜像制作训练*

(一)训练目的

通过实训，使学员掌握计算机数据镜像制作的方法。

(二)训练方案(情节)设计

在一起寻衅滋事案件中，嫌疑人张某被抓获后供述，其使用网名“肌肉哥”

* 撰稿人：林伟。

结识了网名为“韬光”的人，并受其指使作案。侦查机关在“韬光”居留地查获笔记本电脑一台，要求制作该笔记本电脑（检材电脑）中硬盘（检材硬盘）的镜像。

（三）训练要求

1.实训时数：1 课时。

2.人员分工：以个体为单位进行计算机数据镜像制作操作。

3.场所：侦查学虚拟仿真实验教学中心。

4.器材设备（工具）：电脑、空白介质（U 盘等）。

5.要达到的效果：了解计算机数据镜像制作，明确查找及固定方法，会使用相关软件完成计算机数据镜像制作。

（四）训练依据

本训练属操作性模拟训练。通过实训，巩固知识、训练技能、提高学员的操作能力。实训依据：《公安机关办理刑事案件程序规定》之勘验检查规定，《收集提取和审查判断电子数据若干问题的规定》之电子数据收集提取的相关规定，《公安机关办理刑事案件电子数据取证规则》。

（五）组织实施

1.指导教师对实训方案进行设计，并在实训前向参加实训的学员提供相应的书面材料。

2.在指导教师的指导下，学员通过操作计算机系统及相关软件，围绕设计的方案逐一进行计算机数据镜像制作。

3.在制作镜像过程中学员做好数据的固定。

4.完成实训报告。

（六）考评依据及方式

1.组织管理（10 分）：根据人员到位、制作前准备、器材设备准备、规定任务按时完成情况等评分。

2.计算机数据镜像制作（50 分）：根据镜像制作的准备、镜像方法的选择、镜像工具的使用、所提取的数据的证据能力等评分。

3.实训报告（30 分）：根据所制作的实训报告质量评分。

4.其他（10 分）：指导教师自由评判。

附 7-1：计算机数据镜像制作[1]

1.利用 FTK Imager[2] 工具制作镜像文件

首先点击 FTK Imager 快捷工具栏的按钮[Add Evidence Item]，在弹出的对话框中选择制作镜像数据来源的类型，FTK Imager 支持获取的数据来源类型有物理磁盘、逻辑磁盘、镜像文件和文件夹四种，如图 7-19 所示，这里选择物理磁盘镜像。

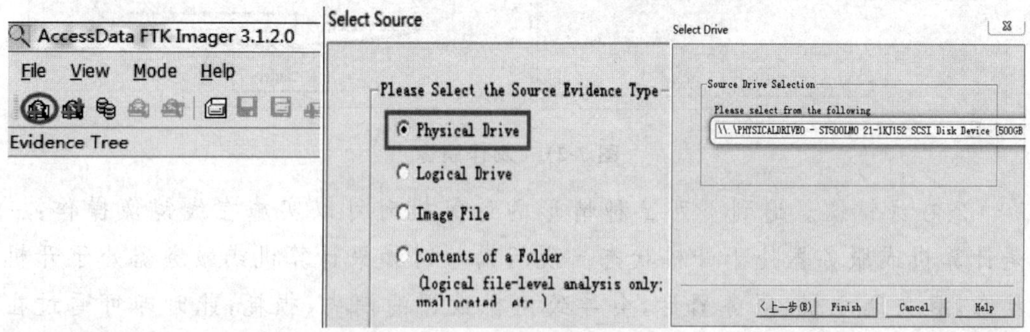

图 7-19　加载磁盘

然后选择要导出的目标磁盘，在弹出的对话框中选择要导出的镜像类型(DD、SMART、E01、AFF)，如图 7-20 所示，这里选择 E01 镜像。

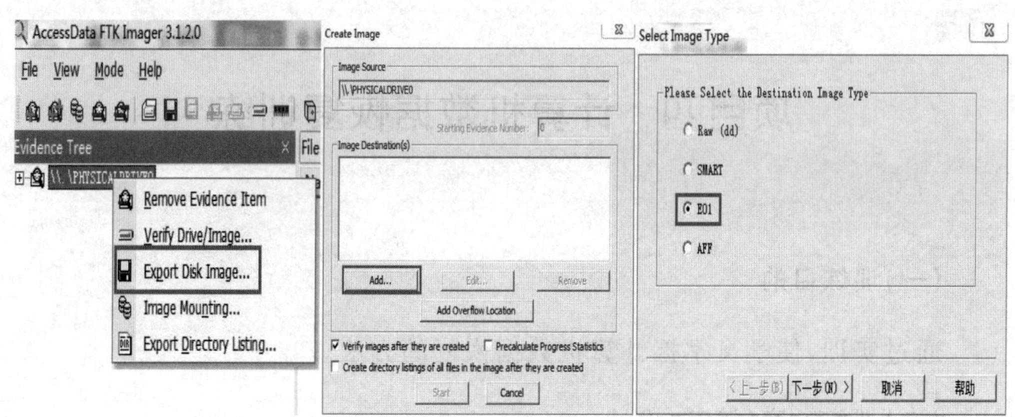

图 7-20　选择镜像

最后输入证据相关的基本信息后创建磁盘镜像，如图 7-21 所示。

① 李双其、林伟：《侦查中电子数据取证》，知识产权出版社 2018 年版，第 120～121 页。

② 截图来自免费软件 FTK Imager.

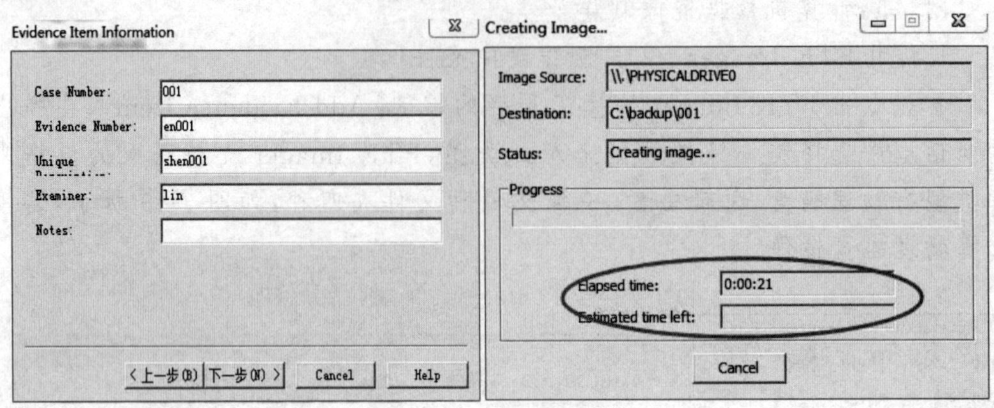

图 7-21　制作镜像

2.在线镜像。遇到下列三种情形的计算机时可以实施在线镜像操作：一是计算机或服务器处于开机状态。现场勘验时如果计算机或服务器处于开机状态，且关闭主机、服务器后，会导致主机数据的消失、损耗，此时即可通过在线镜像来实现对硬盘数据的提取固定。二是硬盘难以拆卸的计算机。比如微型笔记本、一体机等，这些设备可能无法通过正常拆卸来实现证据的固定。三是服务器采用了磁盘阵列技术，且不方便关机。面对这些情形，可以通过在线镜像工具(如美亚柏科的 DC-8670)直接对数据进行在线镜像。

项目四　计算机数据恢复训练*

(一)训练目的

通过实训，使学员掌握计算机数据恢复的方法。

(二)训练方案(情节)设计

现有一计算机，犯罪分子实施犯罪活动时，在以该计算机信息系统为载体的虚拟空间中留下与犯罪有关的“电子痕迹”，在侦查过程中，发现犯罪嫌疑人对计算机上的数据进行了删除操作，现要求恢复出被删除的文件。

* 撰稿人：林伟。

（三）训练要求

1.实训时数：1课时。

2.人员分工：以个体为单位进行计算机数据恢复操作。

3.场所：侦查学虚拟仿真实验教学中心。

4.器材设备（工具）：电脑、空白介质（U盘等）。

5.要达到的效果：了解计算机数据恢复，会使用相关软件完成计算机数据恢复。

（四）训练依据

本训练属操作性模拟训练。通过实训，巩固知识、训练技能、提高学员的操作能力。实训依据：《公安机关办理刑事案件程序规定》之勘验检查规定，《收集提取和审查判断电子数据若干问题的规定》之电子数据收集提取的相关规定，《公安机关办理刑事案件电子数据取证规则》。

（五）组织实施

1.指导教师对实训方案进行设计，并在实训前向参加实训的学员提供相应的书面材料。

2.在指导教师的指导下，学员通过操作计算机系统及相关软件，围绕设计的方案逐一进行计算机数据恢复。

3.在计算机数据恢复过程中学员做好数据的固定。

4.完成实训报告。

（六）考评依据及方式

1.组织管理（10分）：根据人员到位、制作前准备、器材设备准备、规定任务按时完成情况等评分。

2.计算机数据镜像制作（50分）：根据数据恢复的准备、数据恢复方法的选择、工具的使用、数据恢复的证据能力等评分。

3.实训报告（30分）：根据所制作的实训报告质量评分。

4.其他（10分）：指导教师自由评判。

项目五　计算机镜像数据分析训练*

(一)训练目的

通过实训,使学员掌握计算机镜像数据的方法。

(二)训练方案(情节)设计

在一起寻衅滋事案件中,嫌疑人张某被抓获后供述,其使用网名"肌肉哥"结识了网名为"韬光"的人,并受其指使作案。侦查机关在"韬光"居留地查获笔记本电脑一台,要求制作该笔记本电脑(检材电脑)中硬盘(检材硬盘)的镜像,并提取和分析其中的涉案数据。

根据计算机镜像文件:

1.检材硬盘的 SHA256 哈希值。

2.检材硬盘中手机(以下简称备份手机)备份的存储路径及生成时间(yyyy-mm-dd hh:mm:ss)。

3.手机备份对应的手机品牌型号、系统版本、IMEI。

4.检材电脑与备份手机是否连接过相同 SSID 的 WiFi 热点。

5.备份手机中的照片和视频的拍摄城市。

6.备份手机中"百度地图"的签到时间和地点。

7.备份手机中是否打开过他人分享的百度地图地点,如有,给出地点名称。

8.备份手机中的交通出行类应用中搜索过的目的地及实际完成的行程。

9.备份手机中"韬光"是否通过"微云"分享过文件,如有,给出分享记录中该文件的 MD5 哈希值。

10.备份手机中"韬光"与"肌肉哥"的聊天记录中是否有被删除的记录,如有,给出被删除的聊天记录的时间及内容。

11.备份手机中"韬光"通过 WhatsApp 发给"肌肉哥"的语音内容。

---

* 撰稿人:林伟。

12.备份手机中“韬光”是否打开了“肌肉哥”通过 WhatsApp 发来的图片。

13.“韬光”及“肌肉哥”使用的手机号。

14.检材硬盘中 Android 模拟器(以下简称模拟器)的数据(Android 系统 data 分区)存放路径。

15.模拟器登录过哪些与备份手机中相同的应用账号。

16.模拟器“快手”应用中“韬光”与“肌肉哥”的沟通记录。

17.检材硬盘中有一个加密分区,给出其中“我的秘密.txt”文档的内容。

18.检材电脑浏览器中使用搜索引擎搜索过的关键词。

19.“韬光”与“肌肉哥”之间联系使用的应用名称。

20.该案件中相关人员信息及相互关系。

(三)训练要求

1.实训时数:2 课时。

2.人员分工:以个体为单位进行计算机镜像数据分析操作。

3.场所:侦查学虚拟仿真实验教学中心。

4.器材设备(工具):电脑、空白介质(U 盘等)。

5.要达到的效果:了解手机镜像制作与分析,明确查找及固定方法,会使用相关软件完成计算机镜像数据分析。

(四)训练依据

本训练属操作性模拟训练。通过实训,巩固知识、训练技能、提高学员的操作能力。实训依据:《公安机关办理刑事案件程序规定》之勘验检查规定,《收集提取和审查判断电子数据若干问题的规定》之电子数据收集提取的相关规定,《公安机关办理刑事案件电子数据取证规则》。

(五)组织实施

1.指导教师对实训方案进行设计,并在实训前向参加实训的学员提供相应的书面材料。

2.在指导教师的指导下,学员通过操作计算机系统,围绕设计的方案逐一进行计算机镜像数据分析。

3.在分析过程中学员做好数据的固定。

4.完成实训报告。

(六)考评依据及方式

1.组织管理(10 分):根据人员到位、数据分析前准备、器材设备准备、规定任务按时完成情况等评分。

2.手机镜像制作与分析(70 分):根据数据分析的准备、数据分析方法的选择、数据分析工具的使用等评分。

3.实训报告(10 分):根据所制作的实训报告质量评分。

4.其他(10 分):指导教师自由评判。

项目六:手机镜像制作与分析训练*

(一)训练目的

通过实训,使学员掌握手机镜像制作与分析的方法。

(二)训练方案(情节)设计

在某一次抓捕过程中,在犯罪嫌疑人住所,发现一台 Android 手机(要求制作成镜像文件 Android.dd)。

根据手机镜像文件:

1.通过分析该手机数据得知嫌疑人一般使用什么 APP 管理资金?

2.通过分析该手机数据找到嫌疑人加密 Bestcrypt 容器密码是多少?

3.嫌疑人的电话号码可能是多少?

4.找出嫌疑人常用的资金管理 APP 的数据库。

5.导出并计算出资金管理 APP 数据库的哈希值。

6.分析资金管理 APP 数据库找出其账单表 t_transaction 并列出他的资金明细。

(三)训练要求

1.实训时数:2 课时。

---

* 撰稿人:林伟。

2.人员分工:以个体为单位进行手机镜像制作与分析操作。

3.场所:侦查学虚拟仿真实验教学中心。

4.器材设备(工具):电脑、空白介质(U盘等)。

5.要达到的效果:了解手机镜像制作与分析,明确查找及固定方法,会使用相关软件完成手机镜像制作与分析。

(四)训练依据

本训练属操作性模拟训练。通过实训,巩固知识、训练技能、提高学员的操作能力。实训依据:《公安机关办理刑事案件程序规定》之勘验检查规定,《收集提取和审查判断电子数据若干问题的规定》之电子数据收集提取的相关规定,《公安机关办理刑事案件电子数据取证规则》。

(五)组织实施

1.指导教师对实训方案进行设计,并在实训前向参加实训的学员提供相应的书面材料。

2.在指导教师的指导下,学员通过操作计算机系统,围绕设计的方案逐一进行手机镜像制作与分析。

3.在收集提取过程中学员做好数据的固定。

4.完成实训报告。

(六)考评依据及方式

1.组织管理(10分):根据人员到位、镜像制作与分析前准备、器材设备准备、规定任务按时完成情况等评分。

2.手机镜像制作与分析(70分):根据镜像制作与分析的准备、方法的选择、工具的使用、数据的证据能力等评分。

3.实训报告(10分):根据所制作的实训报告质量评分。

4.其他(10分):指导教师自由评判。

项目七：手机数据备份训练*

（一）训练目的

通过实训，使学员掌握手机数据备份与恢复的方法。

（二）训练方案（情节）设计

现有一手机，犯罪分子实施犯罪活动时，在以该手机为载体的虚拟空间中留下与犯罪有关的“电子痕迹”，在侦查过程中，需要备份该手机数据。

（三）训练要求

1.实训时数：1课时。

2.人员分工：以个体为单位进行计算机数据恢复操作。

3.场所：侦查学虚拟仿真实验教学中心。

4.器材设备（工具）：电脑、空白介质（U盘等）。

5.要达到的效果：了解手机数据备份，会使用相关软件完成手机数据备份。

（四）训练依据

本训练属操作性模拟训练。通过实训，巩固知识、训练技能、提高学员的操作能力。实训依据：《公安机关办理刑事案件程序规定》之勘验检查规定，《收集提取和审查判断电子数据若干问题的规定》之电子数据收集提取的相关规定，《公安机关办理刑事案件电子数据取证规则》。

（五）组织实施

1.指导教师对实训方案进行设计，并在实训前向参加实训的学员提供相应的书面材料。

2.在指导教师的指导下，学员通过操作计算机系统及相关软件，围绕设计

---

* 撰稿人：林伟。

的方案逐一进行手机数据备份。

3.在手机数据备份过程中学员做好数据的固定。

4.完成实训报告。

(六)考评依据及方式

1.组织管理(10分):根据人员到位、制作前准备、器材设备准备、规定任务按时完成情况等评分。

2.计算机数据镜像制作(50分):根据手机数据备份的准备、备份方法的选择、工具的使用等评分。

3.实训报告(30分):根据所制作的实训报告质量评分。

4.其他(10分):指导教师自由评判。

项目八　网络平台发布数据提取训练*

(一)训练目的

通过实训,使学员掌握侦查中网络平台发布数据收集提取的方法。

(二)训练方案(情节)设计

犯罪分子实施犯罪活动时,在相关的网络平台上留下与犯罪有关的“电子痕迹”,在侦查过程中,需要通过网络对远程目标系统实施勘验,以提取、固定远程目标系统的状态和存留的电子数据,如网页、博客、微博客、朋友圈、贴吧、网盘等,并将生成的截图、视频或涉案文件进行固定,生成检查报告(具体操作见附件1)。

(三)训练要求

1.实训时数:2课时。

2.人员分工:以个体为单位进行网络平台发布数据收集提取操作。

* 撰稿人:林伟。

3.场所：侦查学虚拟仿真实验教学中心。

4.器材设备(工具)：电脑、空白介质(U盘等)。

5.要达到的效果：了解网络平台发布数据收集提取，明确查找及固定方法，会使用相关软件收集提取数据。

(四)训练依据

本训练属操作性模拟训练。通过实训，巩固知识、训练技能、提高学员的操作能力。实训依据：《公安机关办理刑事案件程序规定》之勘验检查规定，《收集提取和审查判断电子数据若干问题的规定》之电子数据收集提取的相关规定，《公安机关办理刑事案件电子数据取证规则》。

(五)组织实施

1.指导教师对实训方案进行设计，并在实训前向参加实训的学员提供相应的书面材料。

2.在指导教师的指导下，学员通过操作计算机系统，围绕设计的方案逐一进行网络平台发布数据收集提取。

3.在收集提取过程中学员做好数据的固定。

4.完成实训报告。

(六)考评依据及方式

1.组织管理(10分)：根据人员到位、勘验检查前准备、调取前准备、器材设备准备、规定任务按时完成情况等评分。

2.网络平台发布数据收集提取(50分)：根据提取的准备、提取方法的选择、提取工具的使用、所提取的数据的证据能力等评分。

3.实训报告(30分)：根据所制作的实训报告质量评分。

4.其他(10分)：指导教师自由评判。

附件1：网络平台发布数据提取①

1.记录时间。对网络平台发布的信息收集提取表现为远程勘验，在远程勘验过程中，记录勘验时间尤为重要，远程勘验是通过网络进行的，需要进行时间核对，在远程勘验开始和结束时都需要核对时间信息。通过时间信息的

① 李双其、林伟：《侦查中电子数据取证》，知识产权出版社2018年版，第236～239页。

核对以确保远程勘验时间信息的真实性。通常做法是，侦查人员在远程勘验开始和结束的时候，访问国家授时中站点（http://www.ntsc.ac.cn/），或者是在百度搜索引擎输入“北京时间”，获取当前网络服务器时间，如图 7-22 所示。

图 7-22　百度查询“北京时间”

2.清除本机 Internet 缓存信息。由于计算机中的网页浏览器具备一定的历史记录和缓存机制，为了更加客观地说明远程勘验的页面并非本地缓存信息，需要清除浏览器的历史记录操作，如图 7-23、图 7-24 所示。

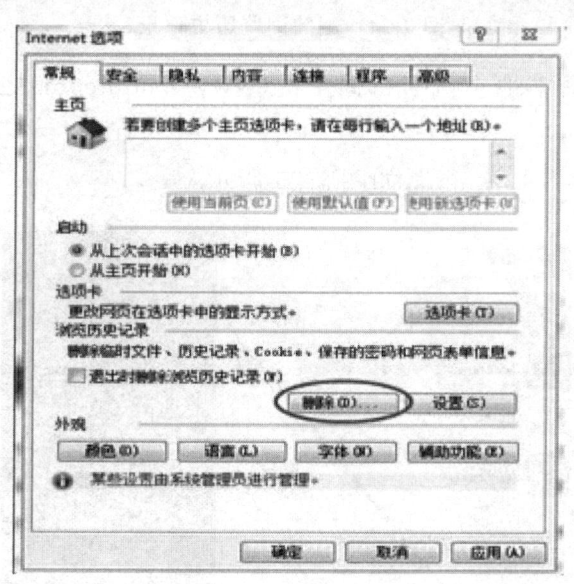

图 7-23　Internet 选项

3.跟踪站点路由信息。为了进一步确认当前访问的网站是否是互联网上实时存在的站点，侦查人员需要通过跟踪路由信息的方式进行核实，该操作可以通过 tracert（跟踪路由）命令实现。Tracert 是路由跟踪实用程序，用于确定 IP 数据报访问目标所采取的路径。Tracert 命令用 IP 生存时间（TTL）字段和 ICMP 错误消息来确定从一个主机到网络上其他主机的路由。例如，用

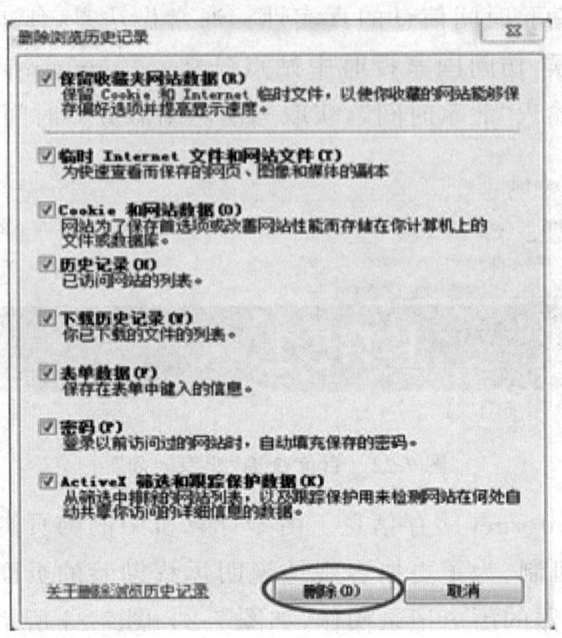

图 7-24　删除浏览历史记录

tracert 命令来检测本地主机与目标主机(www.baidu.com)之间的传输路径信息，具体过程如下：

(1)点击“开始”—“运行”，如图 7-25 所示：

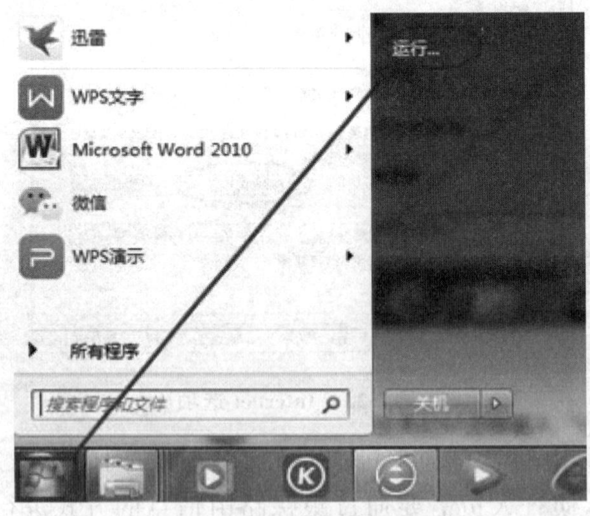

图 7-25　打开“运行”窗口

(2)在弹出的对话框输入“cmd”——再点击“确定”，如图 7-26 所示：

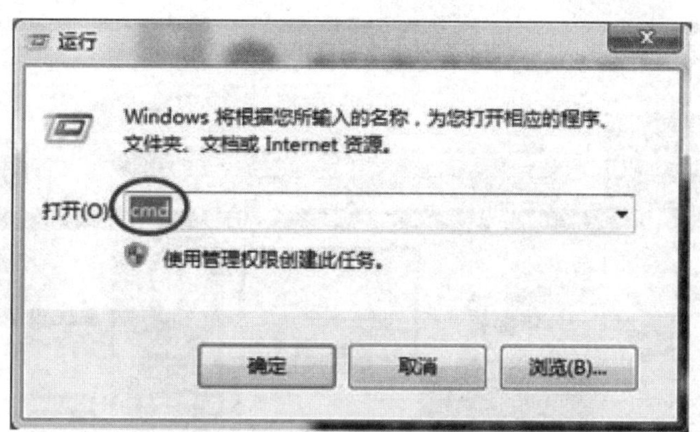

图 7-26　输入"CMD"命令

(3)在弹出来的 DOS 命令窗口输入:tracert"ip"或者"域名",如图 7-27,检查本地网络到百度的连通性,其中 163.177.151.109 为百度的官方网站的真实 IP。

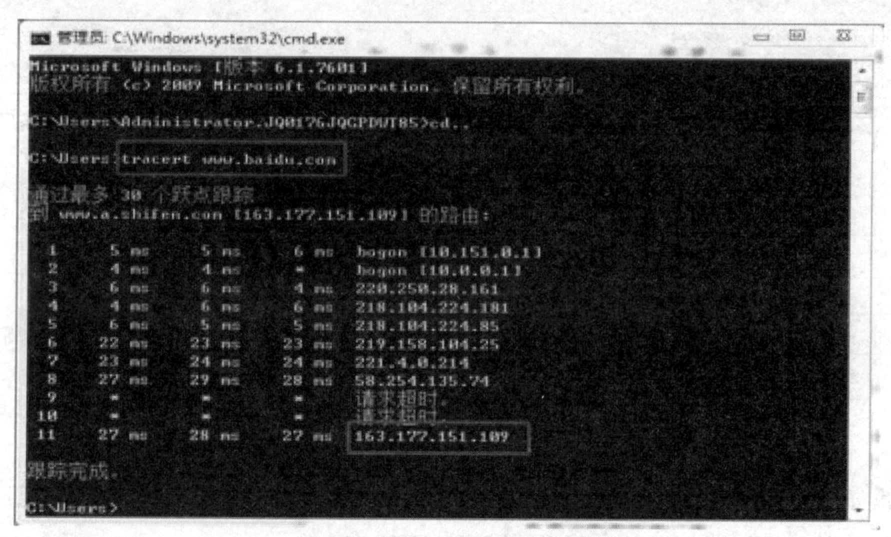

图 7-27　使用"tracert"命令

4.页面固定。在远程勘验过程中,需要固定相关必要的电子数据,如截下重要页面的图、交易清单列表、系统运行进程信息、数据库或表等,如图 7-28。

5.计算出电子数据的哈希值(md5、SHA-1 等)。保存完毕后要对数据进行哈希值计算,确定其唯一性,记录在电子数据证据清单中,如图 7-29。

6.制作对网络平台发布的信息收集提取的报告

对网络平台发布的信息收集提取结束后应当及时制作勘验工作记录。此

图 7-28　页面固定

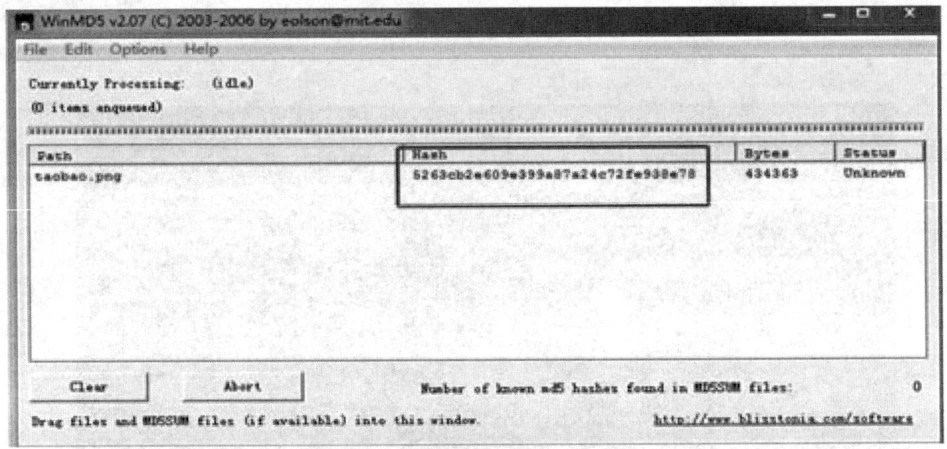

图 7-29　计算 md5 值

记录属于远程勘验报告。所作的报告包括《远程勘验笔录》《固定电子证据清单》《勘验检查照片记录表》《远程勘验记录签名》等。

《远程勘验笔录》一般包括三个方面的内容：一是基本情况。包括记录编号，远程勘验起始时间、勘验人员的姓名职务、勘验的对象等。二是勘验过程。包括勘验使用的工具、勘验的方法与步骤、收集提取数据的方法。三是勘验结果。包括通过勘验发现的案件线索、目标系统的状况、目标网站的内容等。

远程勘验过程中收集提取的目标网站状态信息、目标网站内容及其他电子数据应计算其完整性效验值并制作《固定电子证据清单》。通过远程勘验提取的电子数据一般情况下应单独刻录成光盘，作为检查笔录的附件。《固定电子证据清单》中应填写数据、数据来源、完整性校验值三个项目的内容。其中数据项主要是记录数据提取后在光盘中的存储位置。如果将数据转换成书证而作为电子数据提供，那么可以将其打印出来的附件名字填入。来源项主要填写来源的数据在网络中的网址或生成该数据的方法。完整性校验值项填写提取出来的证据文件的哈希值，确保后期分析的数据就是当时勘验的原始数据。

远程勘验中应采用录像、照相截获计算机屏幕内容的方式记录远程勘验过程中提取生成的电子数据等关键步骤，并制作《勘验检查照片记录表》，备注照片内容，并编号入卷。

项目九　多源数据分析训练*

(一)训练目的

通过实训，使学员掌握侦查中多源数据分析的方法。

(二)训练方案(情节)设计

在给定案例和数据源的前提下，利用“多源数据分析系统”软件，对数据源进行数据分析操作(具体操作见附件1)。

(三)训练要求

1.实训时数:2课时。

2.人员分工:以个体为单位利用“多源数据分析系统”软件进行数据分析操作。

3.场所:侦查学虚拟仿真实验教学中心。

4.器材设备(工具):电脑、多源数据分析系统。

5.要达到的效果:会使用相关软件(如多源数据分析系统)进行数据分析。

---

* 撰稿人:林伟。

(四)训练依据

本训练属操作性模拟训练，实训依据是教材《侦查学》。

(五)组织实施

1.指导教师对实训方案进行设计，并在实训前向参加实训的学员提供相应的书面材料。

2.在指导教师的指导下，学员通过操作多源数据分析系统，完成数据分析训练。

3.完成实训报告。

(六)考评依据及方式

1.组织管理(10 分)：根据人员到位、勘验检查前准备、调取前准备、器材设备准备、规定任务按时完成情况等评分。

2.数据分析(50 分)：根据给定案例和数据源进行时间、空间、经济、社交多维度分析能力等评分。

3.实训报告(30 分)：根据所制作的实训报告质量评分。

4.其他(10 分)：指导教师自由评判。

附件 1：多源数据分析系统操作实例①

1.案件可视化和社群关系分析

(1)案情背景简介：

2019 年，某市警方接到群众报警，根据报案线索，破获了一起传销案，抓获犯罪嫌疑人杨某。经审讯，杨某涉嫌组织领导传销活动罪。警方从金融机构及运营商处，获取了杨某的银行账单信息及手机通话信息，该起传销案涉及金额 2800 多万。

经审讯得知，犯罪嫌疑人杨某通过微信和 QQ 发布消息，拉人进群发展下线，进而以固定投资，投入小成本，获取高利益等口号宣传进行传销活动。办案民警提取了杨某手机中的电子数据，将相关数据导入多源数据分析系统后，

① 截图来自福建中锐电子科技有限公司研发的“多源数据分析系统”，案例来自“校局企”合作收集，已做匿名化处理。

通过案件可视化模块进行分析。

(2)操作步骤:

①登录多源数据分析系统后,点击“选择待分析的案件”,在弹出的所有案件列表中,选择“杨某案”,点击“确定”,如图 7-30。

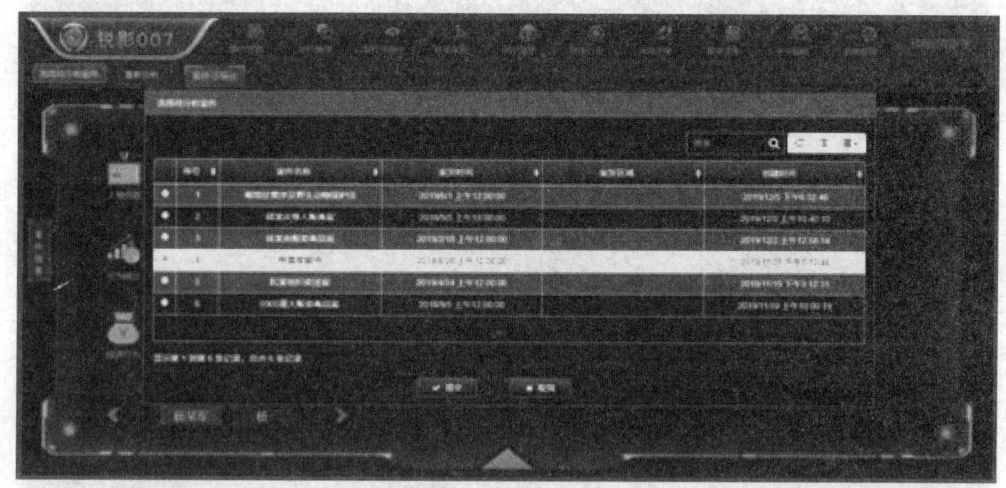

图 7-30　选择待分析的案件

②系统自动分析案件信息,生成案件可视化数据,下列几张图显示杨某的基本信息、社交关系和经济行为等统计信息,如图 7-31、图 7-32、图 7-33。

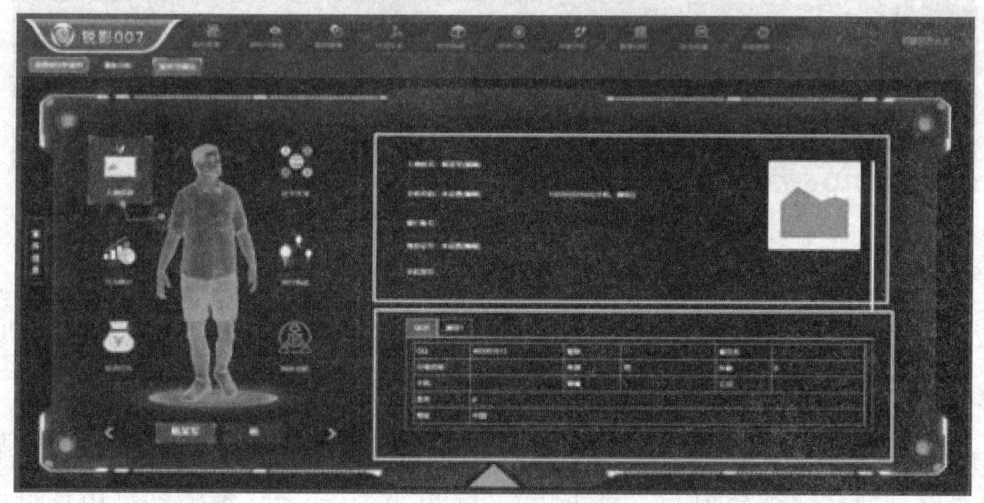

(杨某的基本人物信息)

图 7-31　基本信息

③由于本案中,涉及多个 QQ 群和微信群,所以需要分析出所有跟案情相

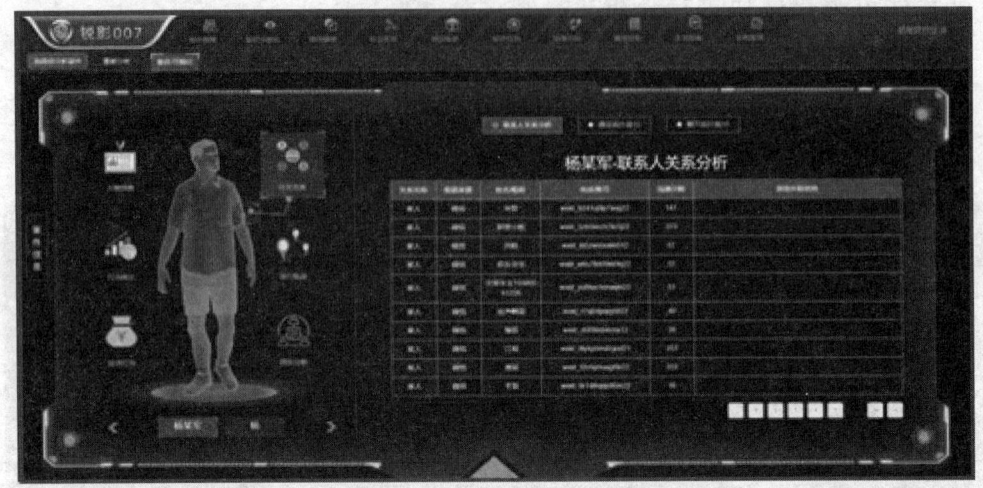

图 7-32　社交关系分析

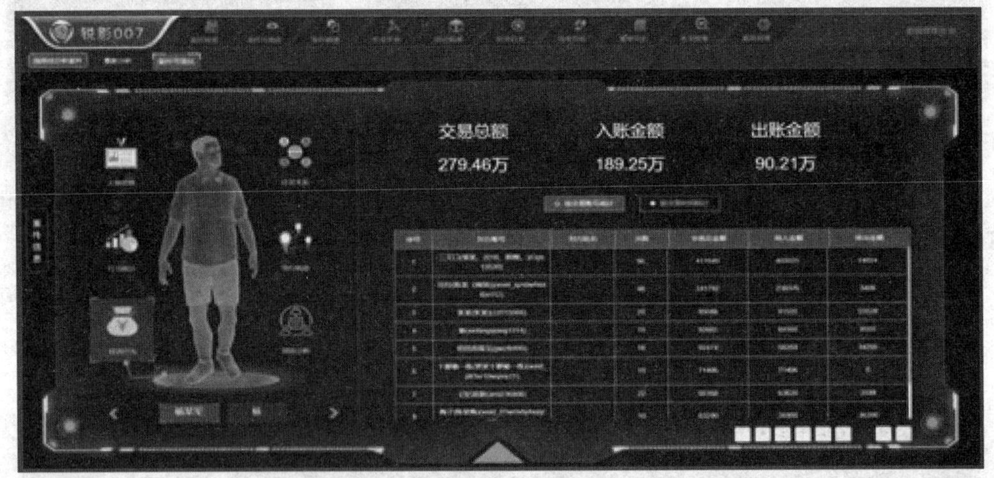

图 7-33　经济行为分析

关的微信群和 QQ 群，依次点击“社交关系”—“社群关系分析”功能，此时系统会显示所有手机里面的群消息，根据群人数、涉案人发言次数等条件排序，快速分析出所有可能涉案的群名称，如图 7-34。

④在群列表中，点击任意一个群名称，就可以分析涉案人在该群的信息，以及改群的各项基本信息。点击第一个“开心种豆”群，系统分析出该群有 456 个成员，群号、群名称、创建人账号和名称等信息，如图 7-35。

在社群关系分析的结果中，可以发现超过 30 个涉案相关的微信群，包括“开心种豆”“红星千里马社群”“金豆空中课堂商学院全球直播群”等大量的相

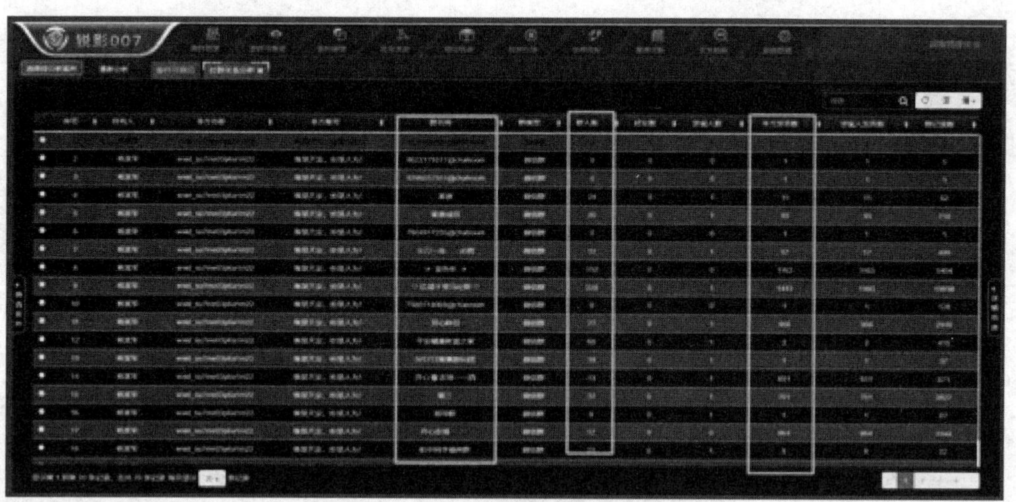

图 7-34 根据不同维度对群消息排序

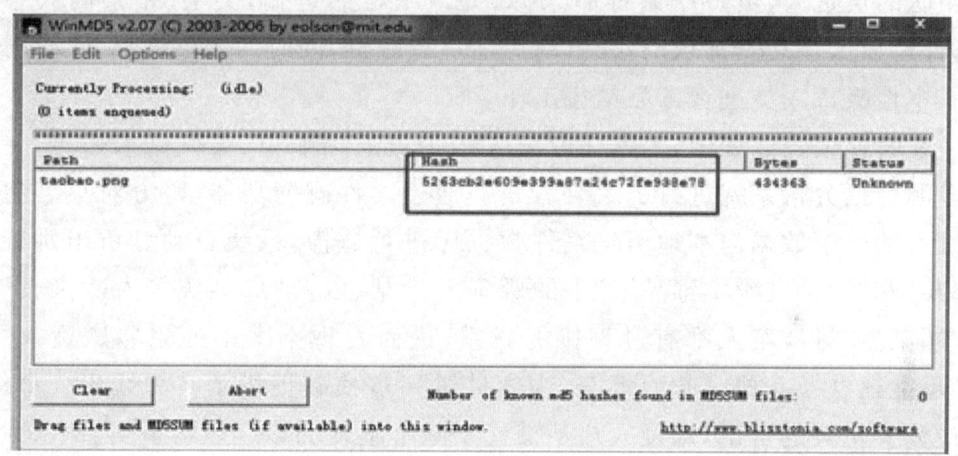

图 x-x 社群关系分析

图 7-35

关群消息，以及群成员关系和参与的群成员信息，如图 7-36。

研判结果：通过案件可视化模块，分析出杨某的所有 QQ 微信号码、主要社交联系人和经济行为，再通过社群关系分析，分析出 30 个相关涉案群和所有群成员和成员关系。

2.案件碰撞分析

(1)案情背景简介

2018 年，某市警方破获了一起有组织贩毒案，抓破犯罪嫌疑人吴某、张某、郑某三人。经公安机关审讯，发现三名犯罪嫌疑人中，郑某系主犯，是该犯

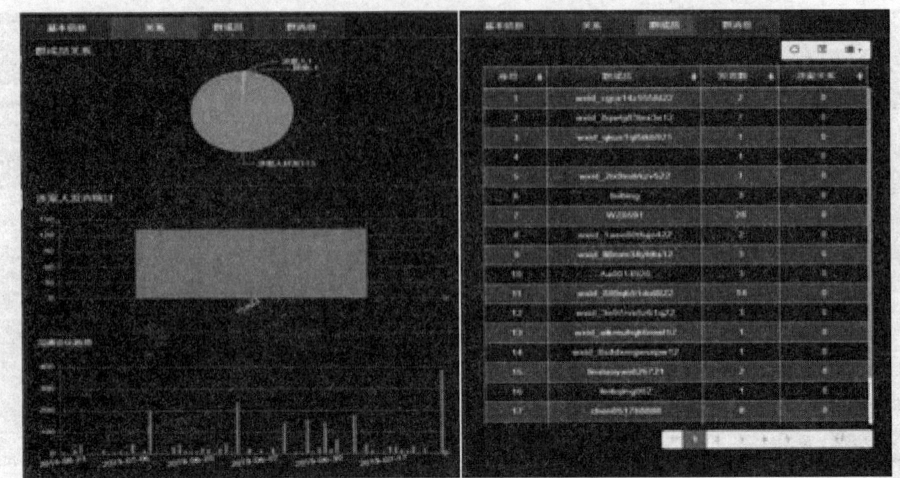

图 7-36　群成员关系和群成员分析

罪团队的负责人，负责联系毒品来源，并组织毒品运输，吴某、张某两人系从犯，日常根据郑某安排从广西、云南等地进行贩毒，同时两人根据郑某的安排，联系本地吸毒人员进行毒品销售工作。

在案件侦查过程中，警方提取三人的手机通话账单、银行流水账号，并使用多源数据分析系统进行了综合分析。通过案件碰撞功能，警方对三名犯罪嫌疑人的电子数据与本地历史案件数据库进行碰撞，系统自动分析出嫌疑人"郑某"和"徐某良贩卖毒品案"中的嫌疑人徐某，以及"邱某庆等人贩毒案"中的"郑某惠"等涉案人都有过直接的联系，进而发现本案中的犯罪嫌疑人"郑某"可能还涉及其他多起贩毒案，为案件进一步侦破提供了有力线索。最终，经过公安机关的审讯，嫌疑人郑某交代了除本案外的多起贩毒事实。

(2)操作步骤

①首先把贩毒案中所有涉案人的手机电子数据导入多源数据分析系统中，导入成功后，多源数据分析系统会自动分析案件信息把数据可视化呈现，并且生成相关涉案人的人物画像，如图 7-37。

②如果已经导入过案例，可以在登录系统后选择对应的案例进行分析(案件选择功能)，选择"0905 重大贩卖毒品案社交关系"。

③在菜单栏选择"案件碰撞"功能，系统会自动显示案件数据碰撞分析结果，如图 7-38。

④研判结果：在这个案件中，系统自动分析出嫌疑人"郑某"和"徐某贩卖毒品案"中的嫌疑人徐某，以及"邱某等人贩毒案"中的"郑某"等涉案人都有过

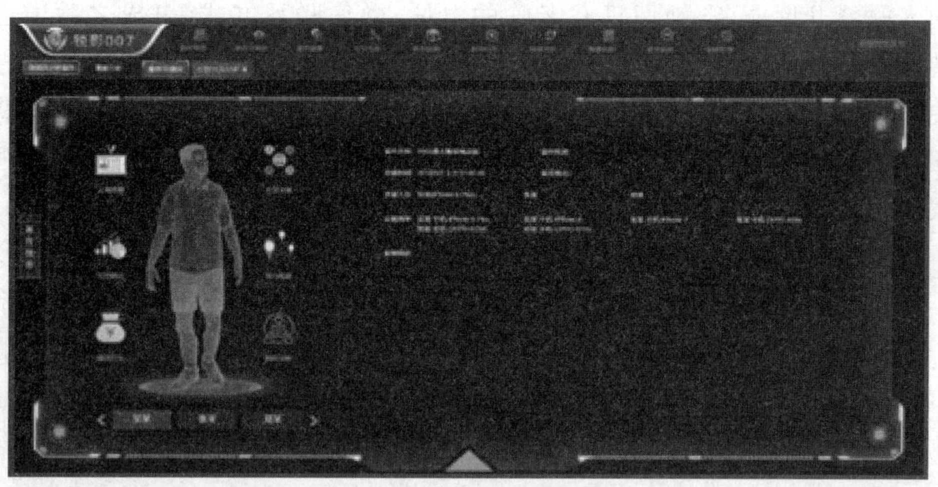

图 7-37　涉案人的人物画像

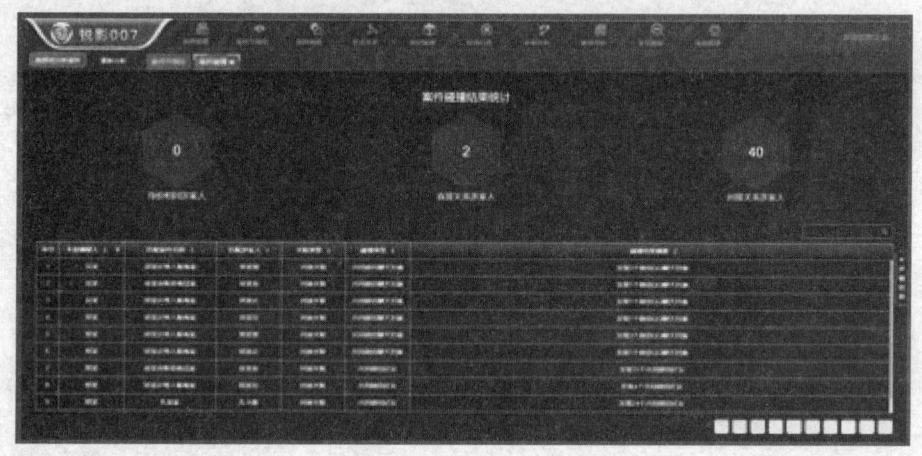

图 7-38　数据碰撞分析结果

直接联系，从中发现本案中的"郑某"可能还涉及其他多起贩毒案。

3.社交关系分析

(1)案情背景简介

2019 年 3 月全国开展扫黄行动，某市警方接到举报，称 A 路附近有卖淫嫖娼情况发生。警方在进行蹲点排查后出警现场，抓捕带回数名卖淫女。留案登记时发现，部分人员在 2019 年 1 月底扫黄活动中在相同地点被查处过，"同地点、同人员、多次违法、有组织有纪律"的情况引起警方重视，初步怀疑这是一起团伙犯罪。

通过讯问得知，这些卖淫女长期在 A 市周边活动，通过和一个外号叫老陈的人联系开展业务，她们只有老陈的电话、微信联系方式，事成之后通过微信转账进行分成。由于与老陈见面次数不多，她们也不了解老陈的真实姓名与住址。为验证供述的情况是否真实，同时寻找更多案件线索，警方将缴获的卖淫女手机提取数据导入多源数据分析系统进行社交关系分析，快速梳理各涉案人员之间的关联关系，并迅速锁定重要涉案人员。

(2)操作步骤

①首先把组织卖淫案中涉案人的手机电子数据导入多源数据分析系统中，导入成功后，系统会自动将案件数据可视化呈现，并生成相关涉案人的人物画像。

②选择社交关系功能，系统会呈现关系关联分析结果，如图 7-39。

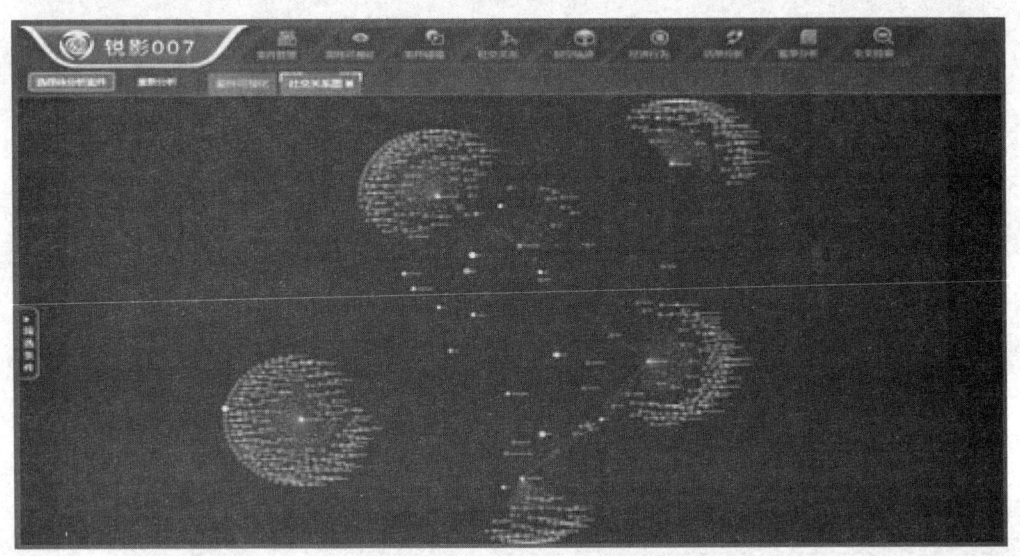

图 7-39　关联分析结果

③根据系统呈现分析结果，梳理涉案人员关系网络，找出与其他涉案人员关系最为密切的两个人，如图 7-40：

4.时空轨迹分析

(1)案情背景简介

2018 年，某市警方破获了一起有组织贩毒案，抓破犯罪嫌疑人吴某、张某、郑某三人。经公安机关审讯，发现三名犯罪嫌疑人中，郑某系主犯，是该犯罪团队的负责人，负责联系毒品来源，并组织毒品运输，吴某、张某两人系从犯，日常根据郑某的安排从广西、云南等地进行贩毒，同时两人根据郑某的安排，联系本地吸毒人员进行毒品销售工作。

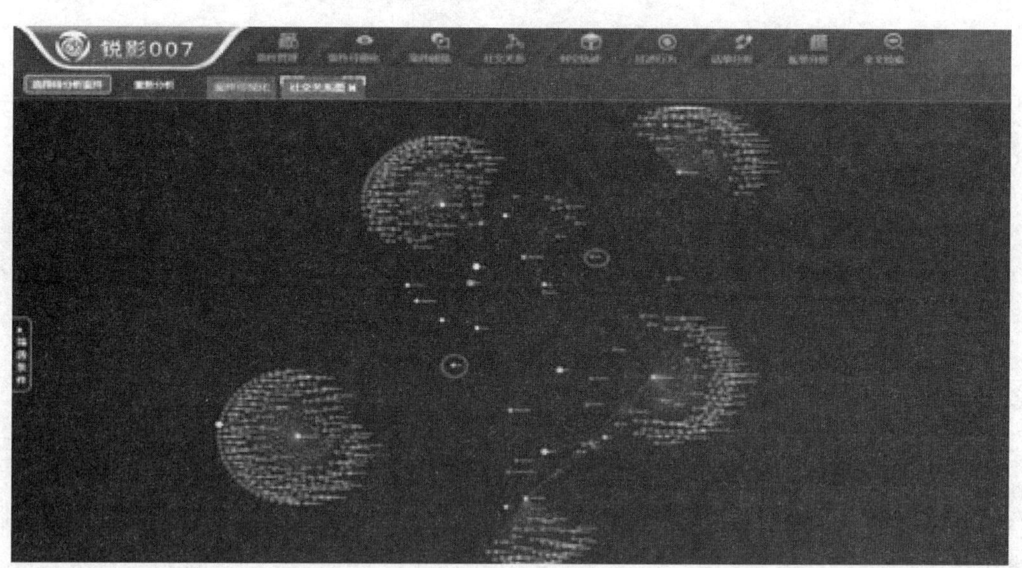

图 7-40　标识

在侦查过程中，多源数据分析系统自动扫描了手机取证软件提取的账话单信息，对嫌疑人通话记录地理信号基站进行可视化分析。根据嫌疑人在不同基站发送信息及通话频次，描绘出了犯罪嫌疑人的时空轨迹图，快速梳理出了涉案人员的出行记录，并锁定其共同出现的位置及重点地点。

(2)操作步骤

①首先把贩毒案中涉案人的手机电子数据和账话单导入多源数据分析系统中，导入成功后，系统会自动将案件数据可视化呈现，并生成相关涉案人的人物画像。

②在软件界面上方菜单栏，选择“事件轨迹”功能，系统会自动呈现关系关联分析结果，根据结果分析，可以快速查找涉案人员出行轨迹，并着重查找某涉案人员是否在某一地点出现(注明：红紫黄绿点代表出现次数，黑色旗子代表交叉地点，黑色五角星代表碰面地点)，如图 7-41。

研判结果：

a.依托基站信息，可以审讯涉案人员是否经常出现在某一场所地点或交易毒品地点，可作为辅助研判方向。

b.基于黑色五角星定位信息，可以审讯两个涉案人员是否在某一位置同时出现，是否是交易毒品，可作为研判方向。

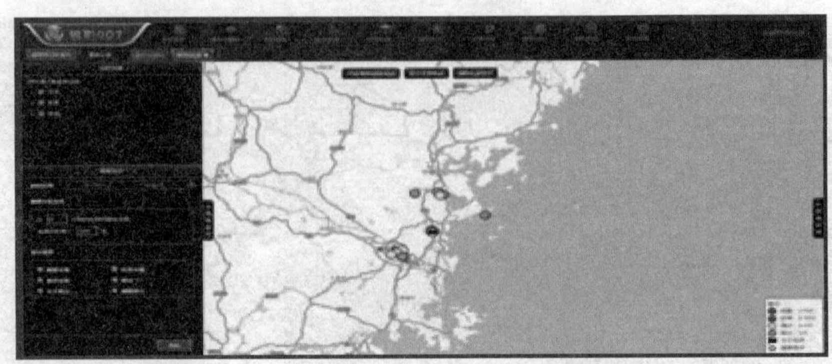

图 7-41 涉案人员出行轨迹

c.基于黑色小旗定位信息，可以审讯两个或多个涉案人员是否经常在某一位置出现，此点是否是他们共同活动的地点或场所或窝点，可作为研判辅助。

5.经济行为分析

(1)案情背景简介

2019 年，某市警方接群众举报称其发现一微信传销团伙。经警方突击，共抓获传销犯罪嫌疑人 12 名。经审讯发现，犯罪嫌疑人通过微信宣传“钻石手工画”兼职，要求参加者缴纳会员费，通过邀约他人加入及交纳会费组成层级，以发展人员数量和交纳会费数额作为返利依据，引诱参加者继续发展他人参加。

犯罪团伙以在微信朋友圈发布“微商新模式”广告，让很多“宝妈”、退休人员和大学生陷入新型的传销骗局。审讯后，警方基本摸清了该团队的传销模式：以微商为幌子，以发展下线获取层级返利为诱饵，以“拉人头”“收取入门费”等方式发展渠道商，收取保证金，获取非法利益，涉嫌传销违法犯罪。

在提取手机数据后，警方发现该团队 12 名成员都使用微信进行转账，资金往来频繁，无法快速理清相关经济数据。通过多源数据分析系统，警方对嫌疑人杨某与涉案的 12 人(邹某、陈某等)转账信息进行快速统计与汇总，不仅清晰地看到微信转账的详细信息，而且还对交易次数、交易总金额等进行综合分析，根据系统算法模型，快速估算嫌疑人涉案金额。

(2)操作步骤

①交易明细查询

本案的手机取证报告数据已经导入多源数据分析系统中，点击“经济行为”菜单栏下的“交易明细查询”，可对每一笔微信转账中转账对象、转账次数、转账金额等进行统计与汇总，如图 7-42。

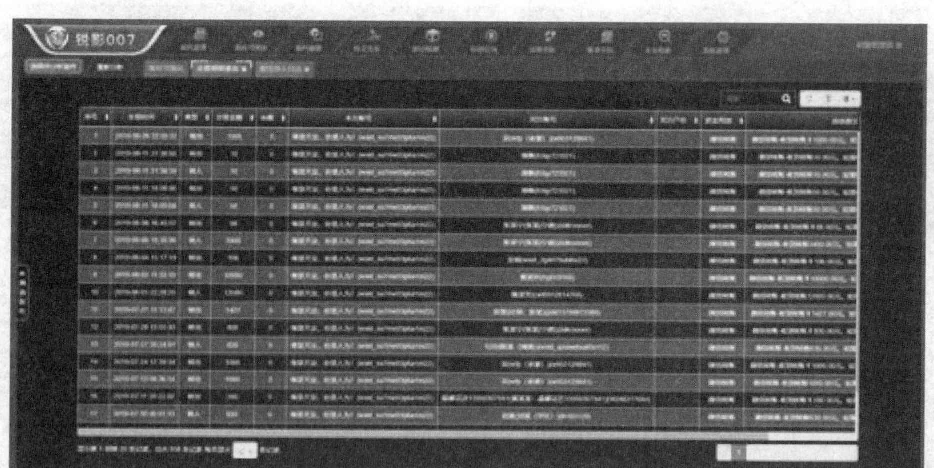

图 7-42 交易明细查询

②交易统计

点击“经济行为”菜单栏下的“交易统计”，可以根据次数、交易总金额、转出金额、转入金额等字段进行综合排序。从图中可以看到，嫌疑人与邹某交易次数为 96 次，交易总金额达 417049 元，如图 7-43。

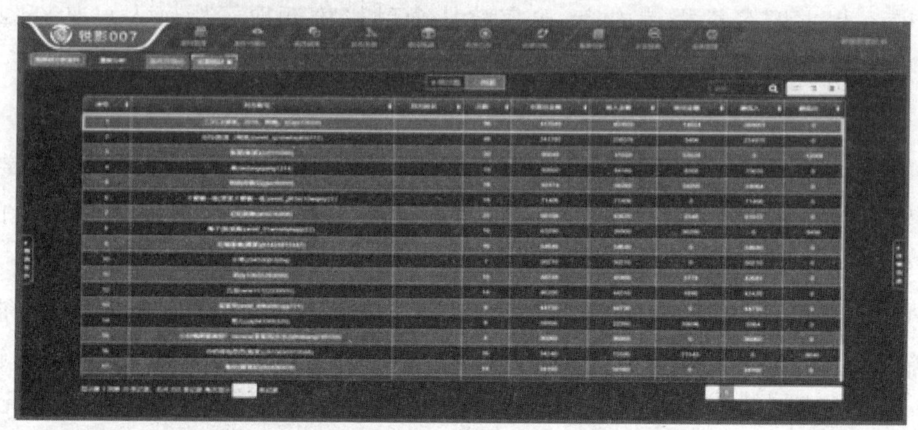

图 7-43 交易统计

③经济行为可视化（“案件可视化”—“经济行为”）

点击“案件可视化”—“经济行为”，可以快速估算嫌疑人涉案金额。从系统中可以看出，交易总额多达 279.46 万元，如图 7-44。

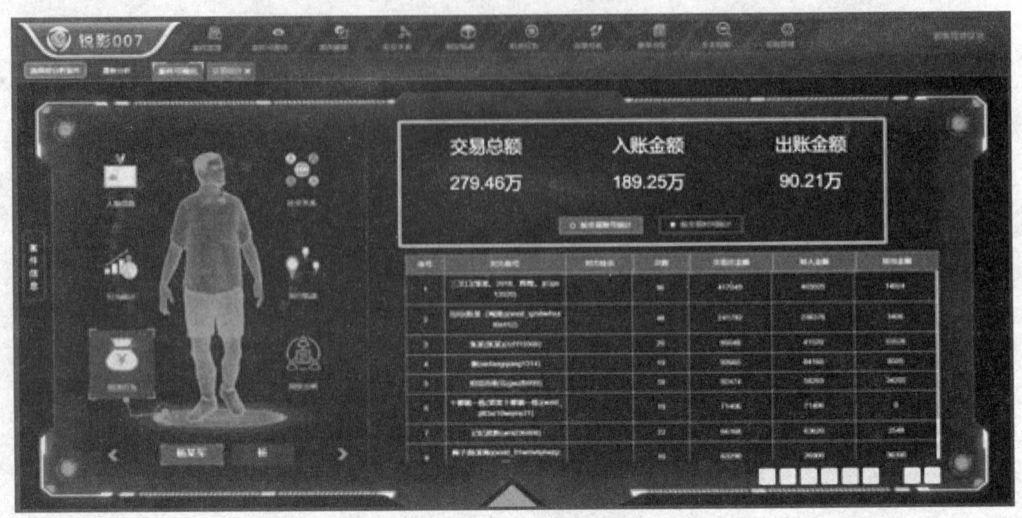

图 7-44　经济行为可视化

6.账单分析

(1)案情背景

某年,福建某检察院接匿名举报,某县某企业老板周某长期向公职人员邱某行贿。根据匿名举报信内容,检察院从金融机构调取了嫌疑人卓某、邱某的银行账户信息。

(2)操作步骤

①导入账单:点击“案件管理”菜单下“案件证据”功能,新建“账单教学”案例,然后选择主区域右上角的“导入证据”—“导入账单”项,对邱某和卓某的账单数据项进行配置,导入系统案件里。

②账单详情:导入完成后,点击“账单分析”菜单下的“账单明细查询”功能,筛选条件选择对应嫌疑人的账单文件,可以勘查每一条资金变动的详细情况。

③统计分析:点击“账单分析”菜单下的“统计分析”功能,可以分别对邱某和卓某的账单数据,分别从交易金额、交易次数等维度统计分析出经济往来频繁的联系人,如图 7-45。就邱某的账单中,通过多源数据分析系统发现尾号1126、1101、9430 等账号交易最为频繁。账号对应何人,与本案嫌疑人存在什么关系,是否与本案有关等等问题,可以根据案件需要,通过其他渠道进一步确认。

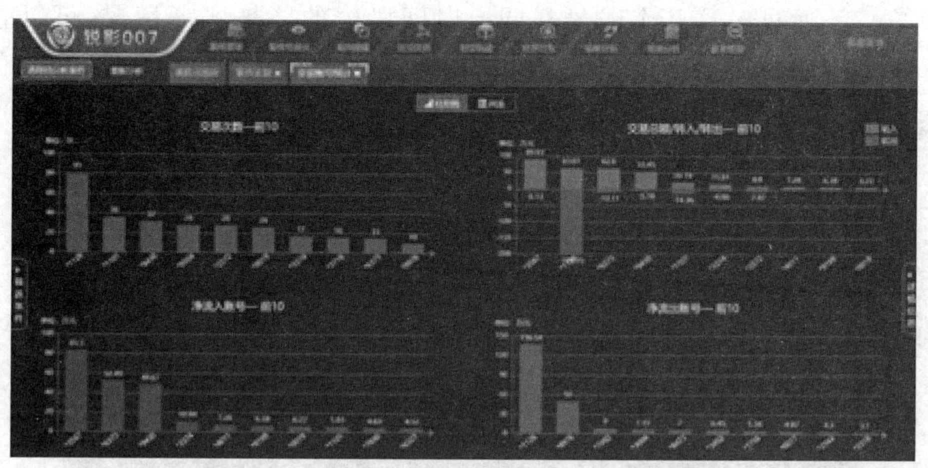

图 7-45　账单统计分析

④变化趋势：通常情况下个人账单数据变化幅度异常，则说明有较大资金变动。在本案中，点击“账单分析”菜单下的“变化趋势”功能，支持从时间的维度统计交易数据的时间变化趋势，发现异常的交易行为，如图 7-46。就本案账单中，发现有两个时间段波动异常，这些钱怎么来的，用来做什么等等问题，根据案件需要，可通过其他渠道进一步确认，或增设审讯问题。

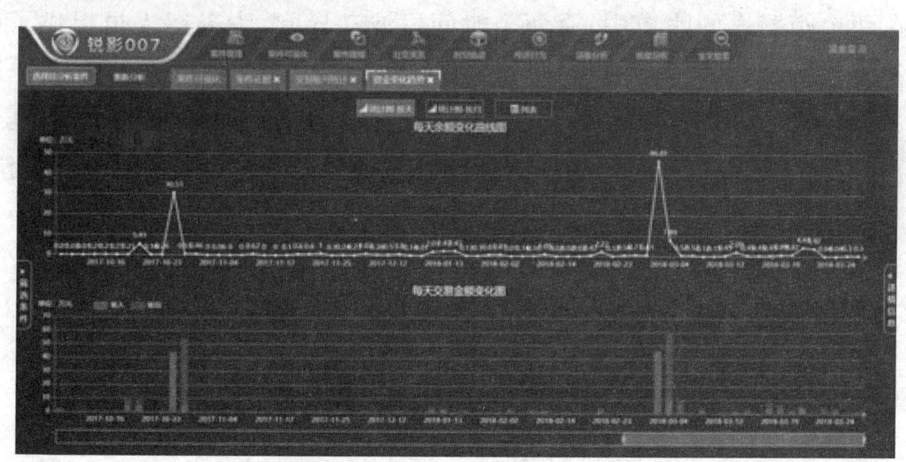

图 7-46　变化趋势分析

⑤关联分析：

点击“账单分析”菜单下的“账单关联分析”功能，通过图形化查看交易关联关系及交易金额，发现存在 4 个尾号 6373、9199、0019、1126 关联账号，如图 7-47。通过对这几个账号在同一时间段内的往来账务情况，可以查看到每一笔的交易时间与交易金额，掌握重要的资金流向，为询问提供有效线索。

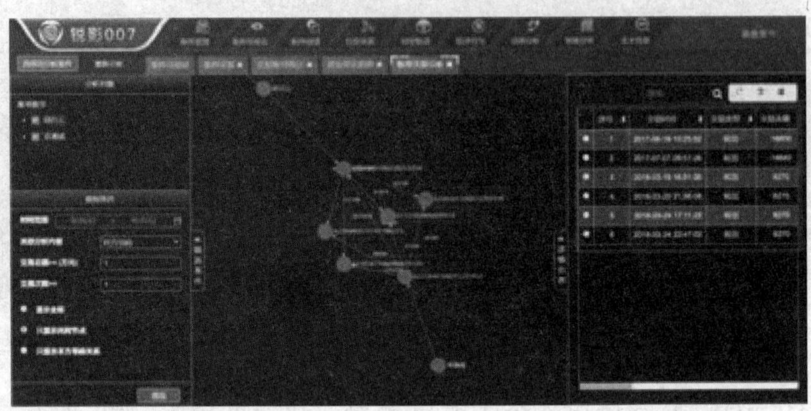

图 7-47　账单关联分析

⑥研判结果：

经过系统从交易金额、交易次数等维度的统计分析，办案人员发现，银行账号尾号 1126、1101、9430 等账号交易最为频繁；根据系统“变化趋势”分析，发现在两个嫌疑人的账单中，有两个时间段波动异常，为办案人员提供了询问方向和思路；同时，通过系统中的“账单关联分析”功能，发现存在 4 个尾号 6373、9199、0019、1126 关联账号，通过系统可以查看到相关账号每一笔交易详情。最终，在检察院的努力下，结合其他证据，证明了卓某向邱某长期行贿的事实。

第八章　数据化侦查训练

项目一　人员信息查询训练*

(一)训练目的

通过实训,学员学会利用公安网各类查询系统、搜索工具查询相关人员身份、前科、个体特征、活动轨迹等信息。

(二)训练方案(情节)设计

以选定的特定人为查询对象围绕基本信息进行查询设计。通过特定人某一真实信息(或姓名,或身份证号,或手机号,或其他特定信息)查询与其相关的身份、前科、特征、某一特定时间段的活动轨迹、携带物品信息。

一是通过相关人员自报的身份信息,核查其身份。

二是利用各种前科数据,核查其是否有前科劣迹及其类型和同伙人员情况。

三是通过相关人员的指掌纹、DNA、足迹等人体生物特征,进行前科核查,与未破案件的现场痕迹核查,发现前科和案件。

四是对相关人员以前的历史活动信息进行查询,明确其活动节点,实现对同行人员的分析、同类案件的串并、未破案件的痕迹比对等,发现相关人员更多的犯罪嫌疑和作案同伙。

* 撰稿人:褚红云。

(三)训练要求

1.实训时数:2 课时。

2.人员分工:以个体为单位进行查询。

3.场所:校内实训馆连接公安网的办案室。

4.器材设备(工具):电脑、查询系统、指掌纹图案、DNA 图谱、查询记录材料。

5.要达到的效果:了解查询系统,明确查询方法,分辨各种查询方式的优劣。

(四)训练依据

本训练属于网上操作训练,训练依据是数据化侦查的理论与实践。

(五)组织实施

1.指导教师对实训方案进行设计,并在实训前向参加实训的学员提供相应的书面材料。

2.在指导教师的指导下,学员通过公安部业务信息查询系统[公安部部级人口管理系统(http://rk-zyk.zx.ga/)、公安部机动车驾驶人资源库系统(http://jdcjsr－zyk. zx. ga/)、全国违法犯罪人员信息系统(http://bjgryxt.js.ga/)、全国违法犯罪人员信息资源库(http://wffzry－zyk.zx.ga/)、全国在逃人员管理系统(http://ztry. xz. ga/)、全国吸毒人员系统(http://10.1.4.60/xdry/)]、公安部综合信息查询系统[全国公安综合查询系统(http://zhcx.zx.ga/index1024.jsp)、全国公安身份认证与访问控制系统(http://pkipmi.zx.ga/gaca/sindex.html)]、公安搜索引擎(http:/ssyq.zx.ga/keysearch.trs)、全国公安跨区域办案协作平台(http://dfaj.xz.ga/)、本省业务应用系统和综合查询系统,围绕设计的方案逐一进行查询。

3.在查询过程中学员做好查询过程、查询结果的记录。

4.查询结束学员完成查询报告。

(六)考评依据及方式

1.身份查询报告(20 分)

2.前科查询报告(20 分)

3.个体特征查询报告(20 分)
4.活动轨迹查询报告(20 分)
5.携带物品查询报告(20 分)

(七)其他

注意公安网数据的保密。

项目二　物品信息查询训练*

(一)训练目的

通过实训,学员学会利用公安系统、互联网核查涉案可疑物品及拓展查询。

(二)训练方案(情节)设计

以选定的汽车、手机、银行卡为查询对象进行方案设计。

1.车辆信息查询。选定特定的汽车,利用系统,围绕车辆登记信息、车辆被盗抢信息、车辆活动信息、车辆声音信息进行查询。一是以汽车的车架号、发动机号、型号、颜色、登记人等为条件到机动车信息管理系统中查询、核实车辆基本情况。二是利用被盗车辆登记的信息,在被盗抢信息库中查询,核实是否为被盗抢车辆。

2.手机信息查询。选定特定的手机,利用系统,围绕手机的固有信息、手机交易信息、手机 SIM 卡信息、手机话单信息等进行查询。一是围绕手机本身具有的串号、品牌、型号、颜色等查询是否为被盗抢手机及手机的使用人。二是围绕手机在二手交易过程中产生的信息,对出售人信息与在逃人员的信息进行比对,发现在逃人员,对出售人信息与前科人信息比对,发现出售二手机的前科人员,通过对出售人信息的分析,发现多次出售二手机的可疑人员,通过二手机信息与被盗手机信息比对,发现被盗手机。三是围绕手机 SIM 卡

* 撰稿人:褚红云。

所包含的通讯录、短信、未删除的通话记录、记事本、个人空间、收藏夹等信息确定手机是否为被盗抢手机及作案同伙、销赃对象、QQ 号、银行卡、邮箱地址、密码账号等。四是根据 SIM 卡对应的号码，通过拨打相应运营商的语音客服电话，获取手机的初始密码，并立即登录互联网上相应运营商的“网上营业厅”提取一定时限的通话记录，围绕手机用户的开户信息、通话记录等，分析机主身份、活动轨迹、犯罪嫌疑以及主要通联对象等。

3.银行卡信息查询。选定特定的银行卡，利用系统。围绕银行卡固有信息、银行卡交易信息、银行卡延伸信息进行查询。一是围绕银行卡本身具有的信息查询是否为被盗卡、银行卡的归属地；二是围绕银行卡在交易过程中产生的交易详单发现持卡人交易时间、地点等；三是根据银行卡的交易信息延伸视频监控信息、语言信息、通信工具信息、绑定其他银行卡信息等获取其他线索。

(三)训练要求

1.实训时数：2 课时。

2.人员分工：以个体为单位进行查询。

3.场所：校内实训馆连接公安网的办案室、校内连接互联网的情报分析实验室。

4.器材设备(工具)：电脑、查询系统、车辆、手机、SIM 卡、银行卡、查询记录材料。

5.要达到的效果：了解查询系统，明确查询方法，学会对物品要素的查询。

(四)训练依据

本训练属于网上操作训练，训练依据是数据化侦查的理论与实践。

(五)组织实施

1.指导教师对实训方案进行设计，并在实训前向参加实训的学员提供相应的书面材料。

2.在指导教师的指导下，学员通过公安部业务信息查询系统[全国公安交通管理信息系统(http://jtgl.jg.ga/)、公安部机动车驾驶人资源库系统(http://jdcjsr-zyk.zx.ga/)、全国被盗抢机动车管理系统(http://bdqqc－zyk.zx.ga/)、全国枪支管理信息系统(各省市治安总队主页)]、公安部综合信息查询系统[全国公安综合查询系统(http://zhcx.zx.ga/index1024.jsp、全国公安身份认证与访问控制系统（http://pkipmi.zx.ga/gaca/sindex.html)]、公安搜索引擎（http:/ssyq.zx.ga/keysearch.trs)、本省物品信息库，围绕设计的方案逐一进行查询。

3.在查询过程中学员做好查询过程、查询结果的记录。

4.查询结束学员完成查询报告。

（六）考评依据及方式

1.车辆查询报告（30 分）

2.手机查询报告（30 分）

3.银行卡查询报告（30 分）

4.其他（10 分）

（七）其他

注意公安网数据的保密。

项目三　组织信息查询训练*

（一）训练目的

通过实训，学员学会利用公安网、互联网查询单位名称以及相关联信息，并根据信息分析与案件侦查相关的问题。

（二）训练方案（情节）设计

假定在某一单位内发生一起命案，以该单位作为查询对象进行查询设计。一查单位准确名称，二查单位主要负责人情况，三查相关员工情况，四分析发生的事件与单位、负责人、员工之间的关系。

* 撰稿人：褚红云。

(三)训练要求

1.实训时数:1 课时。

2.人员分工:以个体为单位进行查询。

3.场所:校内实训馆连接公安网的办案室、校内连接互联网的情报分析室。

4.器材设备(工具):电脑、查询系统、U 盘、查询记录材料。

5.要达到的效果:了解查询系统,明确查询方法,分辨各种查询方式的优劣。

(四)训练依据

本训练属于网上操作训练,训练依据是数据化侦查的理论与实践。

(五)组织实施

1.指导教师对实训方案进行设计,并在实训前向参加实训的学员提供相应的书面材料。

2.在指导教师的指导下,学员围绕设计的方案通过全国安全重点单位信息资源库(http://zddw-zyk.zx.ga/)、全国公安综合查询系统(http://zhcx.zx.ga/index1024.jsp)、全国公安身份认证与访问控制系统(http://pkipmi.zx.ga/gaca/sindex.html)、本省治安管理信息系统、本省各类人口管理系统查询。还可以通过公安搜索引擎、互联网搜索进行查询。

3.在查询组织的基础上关联查询和该组织相关的地址、人员、联系电话等。

4.必要时依托公安情报信息综合平台进行公安云搜索,实现综合查询。

5.在查询过程中学员做好查询过程、查询结果的记录。

6.查询结束学员完成查询报告。

(六)考评依据及方式

1.单位名称查询(20 分)

2.单位负责人查询(20 分)

3.相关员工查询(20 分)

4.事件与单位的关系的分析(20 分)

5.其他查询及分析(20 分)

(七)其他

注意公安网数据的保密。

项目四　(案)事件信息查询训练*

(一)训练目的

通过实训,学员学会利用公安系统找到所需的(案)事件过程,并将(案)事件进行研判。

(二)训练方案(情节)设计

挑选某一可以在公安网络中查到的特定(案)事件。围绕该(案)事件进行查询方案设计。

(三)训练要求

1.实训时数:1 课时。
2.人员分工:以个体为单位进行查询。
3.场所:校内实训馆连接公安网的办案室、校内连接互联网的情报分析实验室。
4.器材设备(工具):电脑、查询系统、查询记录材料。
5.要达到的效果:了解查询系统,明确查询方法,学会对物品要素的查询。

(四)训练依据

本训练属于网上操作训练,训练依据是数据化侦查的理论与实践。

* 撰稿人:褚红云。

(五)组织实施

1.指导教师对实训方案进行设计,并在实训前向参加实训的学员提供相应的书面材料。

2.在指导教师的指导下,学员根据选定的案(事件)在本省(案)事件信息库中进行查询,也可以通过公安搜索引擎进行查询。

3.对所查询的(案)事件进行分析。

4.在查询过程中学员做好查询过程、查询结果的记录。

5.查询结束学员完成查询报告。

(六)考评依据及方式

1.(案)事件查询(30 分)

2.查询的(案)事件分析(30 分)。

3.查询报告(30 分)

4.其他(10 分)

(七)其他

注意公安网数据的保密。

项目五　地址信息查询训练*

(一)训练目的

通过实训,学员学会利用公安系统、互联网查询与地址、地名符号相关的单位机构、人员信息、电话号码、车辆、与互联网有关的 IP、邮箱等信息。

(二)训练方案(情节)设计

以特定的地址、地名符号为依据进行设计查询。

---

* 撰稿人:褚红云。

(三)训练要求

1.实训时数:1课时。

2.人员分工:以个体为单位进行查询。

3.场所:校内实训馆连接公安网的办案室、校内连接互联网的情报分析实验室。

4.器材设备(工具):电脑、查询系统、查询记录材料。

5.要达到的效果:了解查询系统,明确查询方法,学会对物品要素的查询。

(四)训练依据

本训练属于网上操作训练,训练依据是数据化侦查的理论与实践。

(五)组织实施

1.指导教师对实训方案进行设计,并在实训前向参加实训的学员提供相应的书面材料。

2.在指导教师的指导下,学员通过公安部业务信息查询系统[公安部部级人口管理系统(http://rk-zyk.zx.ga/)、公安部机动车驾驶人资源库系统(http://jdcjsr－zyk.zx.ga/)、全国安全重点单位信息资源库(http://zddw－zyk.zx.ga/)]、公安部综合信息查询系统[全国公安综合查询系统(http://zhcx.zx.ga/index1024.jsp)、全国公安身份认证与访问控制系统(http://pkipmi.zx.ga/gaca/sindex.html)]、本省信息库进行查询。

3.根据需要可进行地址精确查询或模糊查询。

4.在查询过程中学员做好查询过程、查询结果的记录。

5.查询结束学员完成查询报告。

(六)考评依据及方式

1.地址查询报告(90分)

2.其他(10分)

(七)其他

注意公安网数据的保密。

项目六　数据关联分析训练*

(一)训练目的

通过实训,学员领会数据碰撞、比对、关联的含义,学会利用数据进行碰撞、比对、关联。

(二)训练方案(情节)设计

以某一经济犯罪案件资金数据流转数据作为数据源进入相关情报分析系统进行数据关联以获取需要的情报。

(三)训练要求

1.实训时数:1课时。
2.人员分工:以班为单位进行训练,每班12人,一个班即一个小组。
3.场所:校内情报分析室。
4.器材设备(工具):电脑、iTap情报分析系统。
5.要达到的效果:实现数据间的关联,发现有价值的情报。

(四)训练依据

本训练属于网上操作训练,训练依据是数据化侦查的理论与实践。

(五)组织实施

1.指导教师对实训方案进行设计,并在实训前向参加实训的学员提供相应的书面材料。
2.备好数据,在指导教师的指导下,进行数据关联分析。
3.通过关联操作得到所需结论。
4.在关联过程中学员做好分析的记录。

---

* 撰稿人:褚红云。

5.关联结束学员完成数据关联分析报告。

(六)考评依据及方式

1.数据关联过程(50 分)
2.数据关联结果(30 分)
3.数据关联分析报告(20 分)

(七)其他

注意数据再利用。

项目七　公安网侦查资源挖掘*

(一)训练目的

通过以“公安网侦查资源挖掘”为主题的上网实践、学习研究,熟悉公安网信息资源的具体内容,分析挖掘出具有应用价值的侦查信息资源,探索利用公安网有目的地获取信息资源的方法与技巧,锻炼学员整理归纳信息资源的能力。

(二)训练方案设计

在广泛深入阅读的基础上,在一定范围内对公安网信息资源进行内容整理、归纳分析,挖掘出具有侦查应用价值的信息资源。

(三)实践组织

1.实践准备:
检查实验室电脑、网络是否正常启用;草拟上网实践方案。
2.上网阅览:
广泛阅览公安网各类网站资源,如福建省公安厅网站、刑侦总队网站、指

* 撰稿人:阮书敏。

挥中心网站、公安部网站等等;深入阅读网站的栏目内容,如新闻资讯、经验知识、数据库信息等等。

3.重点阅读:

选择登录某个网站,通过挖掘判断侦查价值大小,有选择地对若干个栏目内容进行深入阅读;对栏目涉及的有价值内容分别进行归纳总结,比如案件信息、侦查思路、办案技巧、业务知识等;分析这些栏目资源对开展侦查业务的应用价值。

4.实践报告:

将以上阅读与分析挖掘的结果进行汇总,按要求填写下表(表 8-1)。

5.注意事项

(1)遵守实验室管理制度,爱护实验室财物。

(2)服从命令、听从指挥、遵守纪律、严肃认真。

(3)明确分工、配合默契,共同完成实践任务。

(4)其他

参加实践全体学员务必熟悉以上各项内容;实践表现将作为该课程平时考核成绩的重要部分。

表 8-1　公安网侦查资源汇总表

序号	网站名称	栏目名称	栏目内容(概括＋举例)	侦查价值(概括＋举例)
1				
2				
3				

第九章　刑事案件侦查训练*

项目一　案情分析训练

(一)训练目的

通过实训,学员明确案情分析要素,提升分析案情的能力。

(二)训练方案设计

提供以下案情资料:

某年12月6日,某市某区某职工宿舍内发生一起命案。中心现场为邻街二楼的一单间房内,室内面积约16平方米,门窗完好,门锁没有撬压痕迹。进门左边靠墙有一张棕床,床上没有铺盖。房内最里边有一张双人床,床上物品零乱,有小孩的衣服、玩具及一本两年前杜×怀孕的门诊病历。死者杜×,女,32岁,下岗职工,呈仰卧位斜躺在床上,上身内衣向上翻卷,下身裸露,后背部粘附有灰尘。地下散落十多张揉成一团的卫生纸。现场未发现小孩尸体。另外,现场翻动不明显,物品没有丢失。尸检发现:死者杜×右颈部有一1厘米×0.7厘米的表皮剥脱,左颈部有3处表皮剥脱,最大为0.8厘米×0.3厘米,最小为0.3厘米×0.2厘米,分层解剖颈部皮肤片状出血,心、肺表面有多量点状出血,其他部位未见损伤。

现场勘验和现场访问表明:(1)杜×系被他人扼颈窒息死亡;(2)死亡时间在凌晨3时左右;(3)杜×死前曾和其女儿在一起睡觉,目前其女儿下落不明;(4)杜×怀孕的病历平时一直放在抽屉里;(5)犯罪行为人只能从门进入现场;

* 撰稿人:褚红云。

(6)死者丈夫在深圳打工,房内只有母女二人。

提出的应分析的问题:

1.作案人如何进入?

2.小孩失踪的原因是什么?

3.作案人作案动机是什么?

4.在现场作案人是如何作案的?

(三)训练要求

1.实训时数:1课时。

2.人员分工:以班为单位进行训练,每班12人,一个班即一个小组。每组设指挥人员1人。

3.场所:教室、学校实训场所办案区。

4.器材设备:电脑、投影仪、记录本。

5.要达到的效果:围绕提出的问题做到科学、客观地分析。

(四)训练依据

本训练属讨论式训练。实训依据是侦查人员的能力要求。

(五)组织实施

1.指导教师把设计好的案情资料分发给学员。

2.在规定的时间内,在指挥员的指挥下,小组成员进行讨论,安排一人做好记录。

3.通过讨论得出结论。

4.由指导教师提供原始分析与学员对比,分出优劣。

5.最后由指导教师提供犯罪嫌疑人供述情况。

6.学员评价自身的分析情况。

(六)考评依据及方式

1.组织管理(20分):根据临场组织情况评分。

2.分析情况(40分)

3.记录、得出的结论(30分)

4.实训报告(10分)

在以上指标中，组织管理、分析情况由指导教师临场观察评分；记录、结论及实训报告由指导教师根据实训组所完成的材料评分。

（七）其他

注意准备材料的准确性。

附件 9-1：原始分析

1.犯罪人如何进入中心现场。

睡觉状态；从里锁门；房门完好；犯罪人只能叫门或敲门入室，而且是熟人。现场房间小，可排除事先躲在房内的可能。

2.小孩失踪原因。

认为有两种可能：一是杀死后带走尸体，但理由不充分。二是活着被劫走。但为何劫走？杀人的动机：不是为了钱，劫走小孩也不是为了拐卖。从病历被翻动的现象看，犯罪人与小孩有某种联系。而且，经查得知，杜×生活作风不好，与多人有不当性关系。经 DNA 检验，小孩与其父没有血缘关系。动机是：针对小孩，和小孩有血缘关系。

3.作案过程。

叫门或敲门入室，与杜交谈，发生性关系，谈论小孩问题，拿出病历，矛盾争执，激情杀人。扼颈致杜死亡，劫走小孩。

附件 9-2：犯罪嫌疑人的供述

陈×，男，34 岁，外来人员。以宰杀、贩卖羊肉为生，居住地距现场约 1000 m，此案发生前曾因嫖资纠纷先后杀死两名卖淫女。其供述：

凌晨 3 时许，陈在现场宿舍二楼偷晾晒在外的衣服时，惊醒了杜，杜开门出来要抓他。他便把杜颈部扼住致其倒地死亡，后把杜的尸体抱到房里棕床上，脱下杜的短裤进行奸尸，为了不被人很快发现，又将尸体抱到里面大床上。当发现床上有小孩在动，便把小孩用力夹在腋下，离开现场到楼下，感觉小孩没有了动静，就把尸体丢到距现场不远的垃圾桶内。回到家中觉得这样处理小孩尸体不妥，就匆忙骑上摩托车赶到垃圾桶边，把小孩尸体放在准备好的蛇皮袋中，丢到距现场约 1000 m 的水沟内，并用石块压着。

破案后，在陈的指认下，在抛尸地点找到了小孩的尸体。

项目二　抢夺案件模拟训练*

(一)训练目的

以学院为侦查区域,使用微信群为通信工具,以学院现有的技术装备为侦查条件,通过对抢夺案件的侦查使学员在接处警、现场勘查、视频侦查、数据分析、社区排查、布置抓捕、讯问整个侦查流程中进行演练。在模拟演练中培养侦查意识、提高侦查技能,从而达到提升自身综合侦查能力的目标。

(二)训练方案

2018 年 3 月 31 日 9 时许,福州市仓山区公安局刑侦大队接报案称:首山路 59 号立德路附近被一男子徒步从后尾随,该男子趁其不备抢夺走挎包逃离现场。

仓山区公安局刑侦大队通过视频侦查、排查访问等侦查措施发现嫌疑人遗弃受害人的挎包,排查出嫌疑人身份并实施抓捕,查获嫌疑人后通过收集掌握的证据运用讯问技巧迫使嫌疑人如实交代犯罪行为。破案后通过 PPT 形式汇报案件侦查过程附嫌疑人的作案过程:嫌疑人从住处出来后到处闲逛(未戴帽可以看清五官特征),在路边观察行人寻找作案目标(戴上帽子),发现单独行走的女性有挎单肩挎包(有监控条件),嫌疑人接近受害人趁其不备抢夺走挎包逃离现场(监控只能看见背影),在远离现场后翻查受害人的挎包(有监控条件),在继续逃离过程中将受害人的挎包遗弃(有监控条件但要仔细观察才能发现)只留下钱包然后返回住处(有监控断点需要调查访问和排查)。

(三)训练要求:

1.实训时数:2 天。

2.人员分工:犯罪嫌疑人 1 人;受害人 1 人;侦查小组 6 人(设立组长 1 人)。

---

* 撰稿人:褚红云。

3.场所:警察学院。

4.器材设备:出警装备、执法记录仪、对讲机(或警务通)、勘查设备、法律手续、制作笔录材料、女士挎包、钱包、人民币若干。

5.要达到的效果:掌握接处警流程、初步学会询问受害人;学会通过视频侦查发现嫌疑人;学会收集嫌疑人遗留的生物信息;现场勘查和视频延伸相结合;制作嫌疑人的运动轨迹;数据分析技巧;通过社区访问掌握嫌疑人住所;制订抓捕计划和实施抓捕;搜查和讯问;制作幻灯片和汇报。

(四)训练依据

依据是《公安机关办理刑事案件程序规定》《中华人民共和国刑事诉讼法》。

(五)训练对象

实训学员(6 名学员为一侦查组)。

(六)实训步骤

1.讲解相关知识点,让学员了解、掌握相关的理论知识;
2.学员分组并进行侦查分工;
3.教师设计演练案例并给出"实训场景";
4.学员做相关物品和道具的简要准备;
5.报警人、当事人和旁观者根据角色分工,按照"实训场景"的框架和要求演绎"实训场景";
6.接警民警接到报警并开展派警;
7.侦查民警演绎侦查的过程;
8.侦查组通过 PPT 汇报案件侦查过程;
9.教师点评;
10.学员写出《实训报告》。

(七)组织实施

1.设计方案,并在实训前将脚本提交实训小组的成员"犯罪嫌疑人和受害人"。

2.在规定时间内,参与实训的人员到达训练现场,按脚本实际操作。

着重注意以下问题：接警的询问技巧；视频的侦查技巧；发现嫌疑人遗留的物品进行现场勘查；捕捉嫌疑人清晰的图像；社区访问的技巧；制定灵活的抓捕计划；收集证据的能力。

指挥协调部分：

1.懂得建立案件微信交流群。

2.组长指挥得当、工作安排合理。

3.成员之间相互协作。

4.案件侦查推进流畅。

接处警部分：

5.懂得询问受害人是被抢夺还是被抢劫。

6.询问被抢夺的金额是否构成刑事案件标准。

7.询问嫌疑人的基本情况。

8.查看现场是否有监控条件。

9.及时向上一级领导反馈警情。

视频侦查部分：

10.能够通过现场和监控室互动确认案件地点。

11.校对监控和北京时间的误差。

12.通过现有的监控系统查找嫌疑人的外貌特征。

13.通过视频发现嫌疑人运动轨迹。

14.通过视频发现嫌疑人翻查受害人物品的细节。

15.通过视频发现嫌疑人遗弃受害人物品的细节。

16.通过视频分析嫌疑人来路查找嫌疑人清晰的图片。

现场勘查部分：

17.通过视频侦查中的比对关系找到嫌疑人遗弃受害人物品的地点。

18.对遗弃物品的现场开展现场保护。

19.对现场发现的物品进行取证。

20.对现场提取的物证要规范，不能破坏物品上嫌疑人可能留下的生物检材。

数据分析部分：

21.现场勘查环节无错误可提供嫌疑人生物检材的比中信息。

22.通过刻画嫌疑人的运动轨迹可提供若干符合运动轨迹的手机号供排查。

社区访问部分：

23.要求能够制定多套访问的方案，并分析多套方案的优劣。

24.访问的技巧。

25.如在访问过程中和嫌疑人碰面的应对办法。

实施抓捕部分：

26.确认嫌疑人身份后，根据情况制订多套抓捕计划。

27.能够分析多套抓捕方案的优劣。

28.根据掌握的情况实施抓捕。

29.实施抓捕过程中，团队的协作情况。

30.抓捕后注重对嫌疑人的搜身发现受害人的被抢夺的部分物品。

审查讯问部分：

31.制订详细的讯问提纲。

32.对嫌疑人进行身份背景调查和认定犯罪证据的收集、整理（注重嫌疑人被抓捕时身上留有受害人的物品这个关键环节）。

33.制订讯问的人员（主审和配审）。

34.对嫌疑人不如实交代，要有应对的审讯技巧。

法律文书部分：

35.能完成法律文书的制作。

36.运用法律条款必须准确。

37.询问和讯问笔录必须要规范。

汇报案件部分：

38.会制作幻灯片。

39.能通过幻灯片将案件侦查过程表述完整、清楚。

（八）实训拟交成果

1.实训报告，主要包括心得体会、思考和建议；

2.人员分工表，实训视频（至少5分钟），现场处置图片（5～10张，包括对物证的拍摄）、接处警登记表等。

（九）考评依据及方式

1.实训成绩以小组为单位评定，共100分，5个方面。

采用优秀（90～100分）、良好（80～89分）、中等（70～79分）、及格（60～

69 分)、不及格(<60 分)5 级评分标准。主要依据为:组长指挥 10%,团队协作 10%,接警情况 10%,视频侦查 15%,现场勘查 10%,数据分析 5%,社区访问 10%,实施抓捕 10%,审查讯问 10%,法律文书 10%。

2.本实训记入平时成绩。

优秀(90～100 分):组长指挥得当,小组成员合作默契,实训积极性非常高,实训准备充分,能够全身心地投入实训中;在实训过程中,接警规范,案件侦查过程流畅,视频侦查灵活运用,现场勘查保护规范,讯问准备充分,运用多种审讯技巧;法律文书制作准确;幻灯片制作质量优秀、汇报侦查过程思路清晰;实训报告格式规范,观点新颖,创新性强。

良好(80～89 分):组长指挥得当,小组成员合作较好,实训积极性较高,实训准备较充分;在实训过程中,接警比较规范,案件侦查过程顺畅,掌握视频侦查要素,现场勘查保护规范,讯问准备充分,运用多种审讯技巧;法律文书制作准确;幻灯片制作质量良好、汇报侦查过程思路清晰;实训报告格式较规范,有一定的创新性。

中等(70～79 分):组长指挥一般,小组成员有一定的合作,实训积极性一般,实训前做了一些准备,但并不充分;在实训过程中,接警基本规范,询问基本切中要点,案件侦查过程通顺,知道视频侦查,现场勘查保护一般化,讯问准备一般审讯技巧单一;法律文书制作合格;幻灯片制作质量较好、能汇报侦查过程;实训报告格式基本规范,创新性差。

及格(60～69 分):组长指挥随意,小组成员合作较差,实训准备不太充分,小组成员实训积极性不高;在实训过程中,接警不太规范,询问不能切中要点,案件侦查无章法,知道视频侦查,现场勘查保护不规范,讯问准备不充分,不懂审讯技巧;法律文书制作合格;幻灯片制作完整、能汇报侦查过程;实训报告格式不太规范,没有创新性。

不及格(<60 分):组长指挥错误,小组成员配合没有,实训前没有任何准备,实训积极性非常差;案件侦查过程生疏,不懂视频侦查,没有现场勘查保护意识,讯问准备不充分,不懂审讯技巧;法律文书制作错误;幻灯片制作较差、不能汇报侦查过程;实训报告格式极不规范。

项目三　盗窃电动车案件模拟训练*

(一)训练目的

以学院为侦查区域,使用微信群为通信工具,以学院现有的技术装备为侦查条件,通过对盗窃电动车案件的侦查使学员在接处警、现场勘查、视频侦查、数据分析、社区排查、布置抓捕、讯问整个侦查流程中进行演练。在模拟演练培养侦查意识、提高侦查技能,从而达到提升自身的综合侦查能力的目标。

(二)训练方案

2018 年 4 月 7 日 9 时许,福州市仓山区公安局刑侦大队接报案称:首山路 59 号侦查楼下被盗一辆电动车,车牌号:福州鼓楼 5151Z,车身颜色:黑色,报案人称电动车价值约 3 千元左右。

仓山区公安局刑侦大队通过视频侦查、排查访问等侦查措施发现偷开机动车的嫌疑人和盗窃、销赃电动车的嫌疑人,在排查出嫌疑人身份后实施抓捕,查获嫌疑人后通过收集掌握的证据运用讯问技巧迫使嫌疑人如实交代犯罪行为。破案后通过 PPT 形式汇报案件侦查过程。

附嫌疑人的作案过程:嫌疑人 A 从侦查楼出来后发现停在侦查楼下未上锁的电动车,嫌疑人 A 为图方便遂将该电动车偷开行至图书馆,锁车后到图书馆阅读,在图书馆阅读期间不慎将电动车锁匙丢失,嫌疑人 A 离开图书馆时发现电动车被盗,徒步返回侦查楼;嫌疑人 B 在图书馆读书时发现该电动车钥匙,遂用该钥匙将该电动车盗走,并于当日以 500 元的价格卖给嫌疑人 C;嫌疑人 C 用微信将 500 元转账给嫌疑人 B,购买了电动车后将该电动车藏匿在实训楼楼下。

(三)训练要求

1.实训时数:2 天。

---

* 撰稿人:唐俊强。

2.人员分工:犯罪嫌疑人1人;受害人1人;侦查小组6人(设立组长1人)。

3.场所:警察学院。

4.器材设备:出警装备、执法记录仪、对讲机(或警务通)、勘查设备、法律手续、制作笔录材料、电动自行车。

5.达到的效果:掌握接处警流程、初步学会询问受害人;学会通过视频侦查发现嫌疑人;现场勘查和视频延伸相结合;制作嫌疑人的运动轨迹;数据分析技巧;通过社区访问掌握嫌疑人住所;制订伏击守候抓捕计划和实施抓捕;搜查和讯问;制作幻灯片和汇报。

(四)训练依据

根据《公安机关办理刑事案件程序规定》《中华人民共和国刑事诉讼法》的相关规定。

(五)训练对象

实训学员(6名学员为一侦查组)。

(六)实训步骤

1.讲解相关知识点,让学员了解、掌握相关的理论知识;

2.学员分组并进行侦查分工;

3.教师设计演练案例并给出"实训场景";

4.学员做相关物品和道具的简要准备;

5.报警人、当事人和旁观者根据角色分工,按照"实训场景"的框架和要求演绎"实训场景";

6.接警民警接到报警并开展派警;

7.侦查民警演绎侦查的过程;

8.侦查组通过PPT汇报案件侦查过程;

9.教师点评;

10.学员写出《实训报告》。

(七)组织实施

1.设计方案,并在实训前将脚本提交实训小组的成员"犯罪嫌疑人"和"受

害人”。

2.在规定时间内，参与实训的人员到达训练现场，按脚本实际操作。

着重注意以下问题：接警的询问技巧；视频的侦查技巧；捕捉嫌疑人的清晰的图像；社区访问的技巧；通过走访发现赃物；制订伏击守候的抓捕计划；收集证据的能力。

指挥协调部分：

1.懂得建立案件微信交流群。

2.组长指挥得当、工作安排合理。

3.成员之间相互协作。

4.案件侦查推进流畅。

接处警部分：

5.懂得询问受害人的电动车的特征。

6.询问电动车被盗的时间节点。

7.询问电动车是否有上锁、能否提供电动车的实物照片。

8.查看现场是否有监控条件。

9.及时向上一级领导反馈警情。

视频侦查部分：

10.能够通过现场和监控室互动确认案件地点。

11.校对监控和北京时间的误差。

12.通过现有的监控系统查找嫌疑人的外貌特征。

13.通过视频发现嫌疑人 A 的运动轨迹。

14.通过视频发现嫌疑人 B 盗窃电动车的过程。

15.通过视频发现嫌疑人 B 盗车后的运动轨迹。

16.通过视频分析嫌疑人 B 来路查找嫌疑人清晰的图片。

现场勘查部分：

17.通过视频侦查发现嫌疑人 C 停放电动车的过程。

18.通过视频侦查查找嫌疑人 C 的外貌特征。

19.对停放电动车的现场开展现场生物取证。

20.对现场提取的物证要规范，不能破坏物品上嫌疑人可能留下的生物检材。

数据分析部分：

21.现场勘查环节无错误可提供嫌疑人生物检材的比中信息。

22.通过刻画嫌疑人的运动轨迹可提供若干符合运动轨迹的手机号供排查。

社区访问部分：

23.要求能够制订多套访问的方案，并分析多套方案的优劣。

24.访问的技巧。

25.如在访问过程中和嫌疑人碰面的应对办法。

实施抓捕部分：

26.通过对停放电动车地点和社区摸排的实际情况制订多套抓捕计划。

27.能够分析多套抓捕方案的优劣。

28.根据掌握的情况实施抓捕。

29.实施抓捕过程中，团队的协作情况。

30.抓捕后注重对嫌疑人的搜身。

审查讯问部分：

31.制订详细的讯问提纲。

32.对嫌疑人进行身份背景调查和认定犯罪证据的收集、整理。

33.确定讯问的人员（主审和配审）。

34.对嫌疑人不如实交代问题，要有应对的审讯技巧。

法律文书部分：

35.对三名嫌疑人能够准确地定性提出正确的处理意见。

36.能完成法律文书的制作、运用法律条款必须准确。

37.询问和讯问笔录必须规范。

汇报案件部分：

38.会制作幻灯片。

39.能通过幻灯片将案件侦查过程表述完整、清楚。

（八）实训拟交成果

1.实训报告，主要包括心得体会、思考和建议；

2.人员分工表，实训视频（至少5分钟），现场处置图片（5～10张，包括对物证的拍摄）、接处警登记表等。

（九）考评依据及方式

1.实训成绩以小组为单位评定，共100分，5个方面。

采用优秀（90～100分）、良好（80～89分）、中等（70～79分）、及格（60～

69分)、不及格(<60分)5级评分标准。主要依据为:组长指挥10%,团队协作10%,接警情况10%,视频侦查15%,现场勘查10%,数据分析5%,社区访问10%,实施抓捕10%,审查讯问10%,法律文书10%。

2.本实训记入平时成绩。

优秀(90~100分):组长指挥得当,小组成员合作默契,实训积极性非常高,实训准备充分,能够全身心地投入实训中;在实训过程中,接警规范,案件侦查过程流畅,视频侦查灵活运用,现场勘查保护规范,讯问准备充分,运用多种审讯技巧;法律文书制作准确;幻灯片制作质量优秀、汇报侦查过程思路清晰;实训报告格式规范,观点新颖,创新性强。

良好(80~89分):组长指挥得当,小组成员合作较好,实训积极性较高,实训准备较充分;在实训过程中,接警比较规范,案件侦查过程顺畅,掌握视频侦查要素,现场勘查保护规范,讯问准备充分,运用多种审讯技巧;法律文书制作准确;幻灯片制作质量良好、汇报侦查过程思路清晰;实训报告格式较规范,有一定的创新性。

中等(70~79分):组长指挥一般,小组成员有一定的合作,实训积极性一般,实训前做了一些准备,但并不充分;在实训过程中,接警基本规范,询问基本切中要点,案件侦查过程通顺,知道视频侦查,现场勘查保护一般化,讯问准备一般审讯技巧单一;法律文书制作合格;幻灯片制作质量较好、能汇报侦查过程;实训报告格式基本规范,创新性差。

及格(60~69分):组长指挥随意,小组成员合作较差,实训准备不太充分,小组成员实训积极性不高;在实训过程中,接警不太规范,询问不能切中要点,案件侦查无章法,知道视频侦查,现场勘查保护不规范,讯问准备不充分,不懂审讯技巧;法律文书制作合格;幻灯片制作完整、能汇报侦查过程;实训报告格式不太规范,没有创新性。

不及格(<60分):组长指挥错误,小组成员配合没有,实训前没有任何准备,实训积极性非常差;案件侦查过程生疏,不懂视频侦查,没有现场勘查保护意识,讯问准备不充分,不懂审讯技巧;法律文书制作错误;幻灯片制作较差、不能汇报侦查过程;实训报告格式极不规范。

项目四　入室盗窃案件模拟训练*

(一)训练目的

以学院为侦查区域,使用微信群为通信工具,以学院现有的技术装备为侦查条件,通过对入室盗窃案件的侦查使学员在接处警、现场勘查、视频侦查、数据分析、社区排查、布置抓捕、讯问整个侦查流程进行演练。在模拟演练培养侦查意识、提高侦查技能,从而达到提升自身的综合侦查能力的目标。

(二)训练方案

2018 年 4 月 14 日 9 时许,福州市仓山区公安局刑侦大队接报案称:首山路 59 号实训楼 308 室被盗,被盗物品包括背包等物品价值人民币 3000 元。

仓山区公安局刑侦大队通过视频侦查、排查访问等侦查措施发现嫌疑人的体貌特征、逃跑过程中遗留的生物检材,排查出嫌疑人身份并实施抓捕,查获嫌疑人后通过收集掌握的证据运用讯问技巧迫使嫌疑人如实交代犯罪行为。破案后通过 PPT 形式汇报案件侦查过程。

附嫌疑人的作案过程:嫌疑人于 4 月 13 日 23 时 35 分进入实训楼踩点、23 时 43 分踩点后离开实训楼(有伪装);4 月 14 日 7 时 20 分嫌疑人再次进入实训楼实施盗窃行为,对 308 室物品进行翻动和破坏(留下大量指纹和部分生物检材烟头);离开 308 室后嫌疑人在 2 楼阳台(留有相同的生物检材烟头)将所盗窃的背包扔到一楼,并空手离开实训楼;嫌疑人在 1 楼捡回背包后沿着环校路运动,嫌疑人在环校路的食杂店购买 1 瓶矿泉水(用微信支付),嫌疑人在立德路附近休息并将喝完的矿泉水丢弃,随后嫌疑人故意进入非其本人的学生公寓(制造假象),最后于 8 点 20 分通过公寓楼的边门离开并返回宿舍。

(三)训练要求:

1.实训时数:2 天。

---

* 撰稿人:唐俊强。

2.人员分工：犯罪嫌疑人 1 人；受害人 1 人；侦查小组 6 人（设立组长 1 人）。

3.场所：警察学院。

4.器材设备：出警装备、执法记录仪、对讲机（或警务通）、勘查设备、法律手续、制作笔录材料、男士背包、钱包、人民币若干。

5.要达到的效果：掌握接处警流程、初步学会询问受害人；学会通过视频侦查发现嫌疑人；学会收集嫌疑人遗留的生物信息；现场勘查和视频延伸相结合；制作嫌疑人的运动轨迹；数据分析技巧；通过社区访问掌握嫌疑人住所；制订抓捕计划和实施抓捕；搜查和讯问；制作幻灯片和汇报。

（四）训练依据

根据《公安机关办理刑事案件程序规定》《中华人民共和国刑事诉讼法》的相关规定。

（五）训练对象

实训学员（6 名学员为一侦查组）。

（六）实训步骤

1.讲解相关知识点，让学员了解、掌握相关的理论知识；

2.学员分组并进行侦查分工；

3.教师设计演练案例并给出“实训场景”；

4.学员做相关物品和道具的简要准备；

5.报警人、当事人和旁观者根据角色分工，按照“实训场景”的框架和要求演绎“实训场景”；

6.接警民警接到报警并开展派警；

7.侦查民警演绎侦查的过程；

8.侦查组通过 PPT 汇报案件侦查过程；

9.教师点评；

10.学员写出《实训报告》。

（七）组织实施

1.设计方案，并在实训前将脚本提交实训小组的成员“犯罪嫌疑人”和“受害人”。

2.在规定时间内,参与实训的人员到达训练现场,按脚本实际操作。

着重注意以下问题:接警的询问技巧;视频的侦查技巧;发现嫌疑人遗留的物品进行现场勘查;捕捉嫌疑人清晰的图像;社区访问的技巧;制订灵活的抓捕计划;收集证据的能力。

指挥协调部分:

1.懂得建立案件微信交流群。

2.组长指挥得当、工作安排合理。

3.成员之间相互协作。

4.案件侦查推进流畅。

接处警部分:

5.懂得询问受害人被盗窃的时间点。

6.询问被盗窃的方式和物品的价值是否构成刑事案件标准。

7.询问被盗现场物品的实际摆放的位置。

8.查看现场是否有监控条件。

9.及时向上一级领导反馈警情。

视频侦查部分:

10.能够通过现场和监控室互动确认案件地点。

11.校对监控和北京时间的误差。

12.通过观看实训楼出入口的视频(三楼没有视频)分析出嫌疑人。

13.通过视频分析出嫌疑人两次进入实训楼的细节。

14.通过视频发现嫌疑人丢弃矿泉水的细节。

15.通过视频发现嫌疑在食杂店购买矿泉水的细节。

16.通过视频分析嫌疑人来路查找嫌疑人清晰的图片。

现场勘查部分:

17.通过现场勘查提取指纹和烟头(收集受害人指纹进行排除、询问受害人确定烟头的属性)。

18.扩大勘查的范围,在楼道和 2 楼阳台发现相同的烟头。

19.在立德路发现的矿泉水瓶进行取证。

20.对现场提取的物证要规范,不能破坏物品上嫌疑人可能留下的生物检材。

数据分析部分：

21.现场勘查环节无错误可提供嫌疑人生物检材的比中信息。

22.通过对食杂店访问获取的嫌疑人的微信号分析提供手机号供排查。

社区访问部分：

23.要求能够制订多套访问的方案，并分析多套方案的优劣。

24.访问的技巧。

25.如在访问过程中和嫌疑人碰面的应对办法。

实施抓捕部分：

26.确认嫌疑人身份后，根据情况制订多套抓捕计划。

27.能够分析多套抓捕方案的优劣。

28.根据掌握的情况实施抓捕。

29.实施抓捕过程中，团队的协作情况。

30.抓捕后注重对嫌疑人的搜身发现受害人被盗的部分物品。

审查讯问部分：

31.制订详细的讯问提纲。

32.对嫌疑人进行身份背景调查和认定犯罪证据的收集、整理。

33.确定讯问的人员（主审和配审）。

34.对嫌疑人不如实交代问题，要有应对的审讯技巧。

法律文书部分：

35.能完成法律文书的制作。

36.运用法律条款必须准确。

37.询问和讯问笔录必须规范。

汇报案件部分：

38.会制作幻灯片。

39.能通过幻灯片将案件侦查过程表述完整、清楚。

（八）实训拟交成果

1.实训报告，主要包括心得体会、思考和建议；

2.人员分工表，实训视频（至少5分钟），现场处置图片（5～10张，包括对物证的拍摄）、接处警登记表等。

(九)考评依据及方式

1.实训成绩以小组为单位评定,共100分,5个方面。

采用优秀(90～100分)、良好(80～89分)、中等(70～79分)、及格(60～69分)、不及格(＜60分)5级评分标准。主要依据为:组长指挥10%,团队协作10%,接警情况10%,视频侦查15%,现场勘查10%,数据分析5%,社区访问10%,实施抓捕10%,审查讯问10%,法律文书10%。

2.本实训记入平时成绩。

优秀(90～100分):组长指挥得当,小组成员合作默契,实训积极性非常高,实训准备充分,能够全身心地投入实训中;在实训过程中,接警规范,案件侦查过程流畅,视频侦查灵活运用,现场勘查保护规范,讯问准备充分,运用多种审讯技巧;法律文书制作准确;幻灯片制作质量优秀、汇报侦查过程思路清晰;实训报告格式规范,观点新颖,创新性强。

良好(80～89分):组长指挥得当,小组成员合作较好,实训积极性较高,实训准备较充分;在实训过程中,接警比较规范,案件侦查过程顺畅,掌握视频侦查要素,现场勘查保护规范,讯问准备充分,运用多种审讯技巧;法律文书制作准确;幻灯片制作质量良好、汇报侦查过程思路清晰;实训报告格式较规范,有一定的创新性。

中等(70～79分):组长指挥一般,小组成员有一定的合作,实训积极性一般,实训前做了一些准备,但并不充分;在实训过程中,接警基本规范,询问基本切中要点,案件侦查过程通顺,知道视频侦查,现场勘查保护一般化,讯问准备一般,审讯技巧单一;法律文书制作合格;幻灯片制作质量较好、能汇报侦查过程;实训报告格式基本规范,创新性差。

及格(60～69分):组长指挥随意,小组成员合作较差,实训准备不太充分,小组成员实训积极性不高;在实训过程中,接警不太规范,询问不能切中要点,案件侦查无章法,知道视频侦查,现场勘查保护不规范,讯问准备不充分,不懂审讯技巧;法律文书制作合格;幻灯片制作完整、能汇报侦查过程;实训报告格式不太规范,没有创新性。

不及格(＜60分):组长指挥错误,小组成员配合没有,实训前没有任何准备,实训积极性非常差;案件侦查过程生疏,不懂视频侦查,没有现场勘查保护意识,讯问准备不充分,不懂审讯技巧;法律文书制作错误;幻灯片制作较差、不能汇报侦查过程;实训报告格式极不规范。

项目五　电信网络诈骗案件模拟训练*

(一)训练目的

电信网络诈骗案件的侦查和诉讼工作，是侦查实践中的重点和难点问题。通过本案例训练想要达到的教学目的：

1.掌握电信网络诈骗案件的侦查思路。

2.领会并实际操作电信网络诈骗案件的取证要领。

3.懂得电信网络诈骗案件证据的审查判断。

(二)训练方案

1.案件来源②

2011 年 11 月 29 日 11 时，受害人沙某文(女，1972 年生，系 S 市某置业投资有限公司财务经理)至吴中分局木渎派出所报案称：被人骗走人民币 1266.1 万元。经查：11 月 22 日下午，受害人接到一个无来电显示的电话，对方自称是 S 市公安局警官，以涉及洗钱案要其赴南京参加开庭，并通过转接“南京公安局彭警官”及“中央反洗钱专案组的刘义全警官”电话骗取受害人信任；22 日至 25 日又多次以“检察院叶国华检察官”“中央反洗钱专案组刘义全警官”的名义打电话给沙某文，要其将钱以“保证金”形式转到“金融监管中心的账户上”。受害人先后将公司账户上的 1257.8 万元及自己账户上的 8.3 万元(合计 1266.1 万元)，分 19 笔转入对方不同的账户。

2.侦查经过

案发后，公安部、省公安厅高度重视，各级领导也先后作出批示，要求全力攻坚、不破不休。S 市公安局立即成立了由局长为组长，市公安局刑警、技侦、网监、吴中分局等部门精干警力组成的“11·29”电信网络诈骗专案组，全力开展访问受害人、查询电信数据、调取银行资料等侦查工作。

---

* 撰稿人：雷阳。

② 该案例摘自吴照美主编：《刑侦经典案例评析》，群众出版社 2020 年版，第 68 页。

(1)通信流追查

通过调取受害人手机及家庭固定电话通话记录,发现犯罪分子曾用 02584＊＊＊＊64 号码(南京市公安局经侦支队)与受害人联系,其系由 J 省移动公司长途局接入 S 市电信,经赴省移动公司查询,该主叫由北京移动接入,遂派员赴北京移动公司查询,发现系从香港 168 公司接入内地。专案组追查犯罪分子使用的另一号码 0712＊＊＊＊712,发现此号码为网络电话落地线路,由湖北孝感接入 S 市,对接服务器落地在浙江宁波联通。进一步追查发现,该 2 条线路均从落地于香港的服务器发起,香港网络通信管理部门由于法律限制不提供相关查询协助,电话信令追查工作难以推进。

通过对受害人沙某文手机(号码:139＊＊＊＊7258)话单查询分析,发现 11 月 23 日 14 时 15 分至 46 分,号码为 0017901 的 IP 电话有四次主叫沙某文手机。经派员赴广东移动公司查询,该号码系美国线路经广州国际长途局进入中国,但不排除东南亚国家租用美国线路。

通过对受害人沙某文手机话单的查询,发现 11 月 25 日 15 时 19 分,号码为 147＊＊＊＊253 的手机主叫受害人手机,通话时长为 478 秒,经查询发现此号码归属地为吉林长春,在湖南湘潭使用。经查询话单发现该手机从 9 月至 11 月底开始已有 2 万多个通话记录,且都为主叫。经初步调查,该号码疑似一个专门用于转接电话的手机号码,此电话的话单上发现有大量电话通过这个号码转拨入国内。12 月 16 日晚,湘潭工作组对该点进行了摸底,发现该点是一个国内做 VoIP 电话转接的服务商,蒋某龙(男,27 岁,湖南省湘潭市岳塘区人)。11 月 25 日 15 时 19 分许,147＊＊＊＊8253 主叫 139＊＊＊＊7258 上一级路由来自香港。该账户每天 24 小时均有通话,且通话量较大,与诈骗专用电话通话时间存在差异,分析系犯罪分子临时用于作案租用的网络电话,无法指向犯罪分子身份。

通过对电信数据的反复研究,专案组发现:诈骗分子为骗取受害人信任,采用拨打网络电话形式冒用境内公安机关号码,由境外经境内电话转接商层层转至受害人;诈骗平台和话务窝点设在泰国、马来西亚、印度尼西亚、柬埔寨、斯里兰卡、斐济 6 国及我国大陆和台湾地区。

(2)资金流追查

在对涉案电信数据查证的同时,专案组对涉案资金流向进行了追踪。

通过调取银行转账记录发现,“S 市某置业投资有限公司”账户通过建设银行企业网银,自 2011 年 11 月 23 日至 25 日分 7 笔转入“S 市某人力资源职介有限公司”，合计金额为1257.8万元。“S市某人力资源职介有限公司”自2011年11月22日至25日，通过建行电汇凭证向12人共汇款18笔，金额为1257.8万元。

11月22日，被害人沙某文个人建行存折上取现金存入东莞“黄占”账户共1笔8.3万元。

经查涉案一级银行卡共计12张，开户行均为建设银行，除账户名为“杨年松”的银行卡上90万元已被冻结外，其余资金均通过网银转账至32张二级银行卡，再通过网银转账至384张三级银行卡，经对银行卡的交易明细查询发现近1176万元已被犯罪嫌疑人在我国台湾地区、泰国等地的ATM机取走。

经过对前期侦查工作情况的梳理发现，专案侦查工作难以开展。

在专项工作开展过程中，专案组召开专门会议就下一步案件侦查工作方向展行分析和研判。专案组坚信“雁过留痕”。诈骗犯罪团伙拨打网络电话，进行网银转账等操作均在网上完成，必然留下网络痕迹。另外，此类诈骗团伙为有组织的集团化团伙，要挖掘其犯罪痕迹，须摸清其整体组织架构及运作流程。

专案组派员赴省银联中心查证和省建行电子部进行网银转账情况的查证，经查12张一级银行卡网银转账IP地址分别在我国台湾地区和泰国。

获取了我国台湾地区及泰国的涉案IP后，专案组对涉案IP地址历史转账记录进行反查，发现一张户名为“欧阳某华”的可疑建行银行卡，该卡及网银转账关联账户均未发现涉案记录，分析该卡有可能是犯罪团伙的日常用卡。

专案组围绕该银行卡查询发现，该卡10月28日、11月25日、12月3日分三笔向户名为“饶某娟”的银行卡汇入26000余元。通过互联检索发现，“饶某娟”银行账户为深圳某网络公司账户，该网络公司提供网络租赁服务。“欧阳某华”银行卡为诈骗团伙用于支付服务器租赁费用的专门卡。由此，专案组关联出该网络公司为诈骗团伙的境外服务器租赁服务提供商。在深圳市公安局网监部门的协助下，专案组查明上述3笔款项系一台湾人租赁服务器的费用，该台湾人通过QQ与网络公司联络租赁业务。

专案组还针对涉案聊天工具及服务器开展了专门侦查工作。经工作发现：QQ网名为“数码科技”“夯”的人专门为诈骗团伙租赁服务器，并组织人员搭建电话平台及服务器日常维护工作，QQ网名为“BIN”“寻找天空”的实际使用人为林某金（男，44岁，台湾人），诈骗团伙头目，出资搭建网络电话平台，组织人员出境拨打诈骗电话及租用泰国别墅等。

通过对涉案QQ号进行技术侦控，并对“数码科技”租赁的境外服务器所涉及的101个IP地址进行反查，专案组发现了多名诈骗网络平台技术维护人员。经进一步外围排摸、技术侦控，专案组初步掌握了该犯罪团伙的总体架构，并锁定了犯罪分子拨打诈骗电话的网络平台。专案组截获部分通话数据，但并未发现“11·29”案件的通话记录。

掌握犯罪团伙的集团结构及运作原理后，专案组的工作重点转向记录犯罪团伙“痕迹”的服务器。

由于犯罪团伙所使用的电话平台使用的是盗版软件，且使用多层加密设置，技术人员无法登录。专案组组织专门人员对系统进行攻坚，专案民警夜以继日、加班加点，运用不同的密码组合重复尝试，终于攻破了犯罪团伙设置的团伙盘码，获取了大部分涉案服务器的通话数据，并成功发现了“11·29”案件的通话记录，为全案的突破打开了至关重要的一环。服务器破解成功后，专案组对服务器实施实时监控，获取了诈骗平台的通话数据，并在公安部刑侦局的指挥下，串并全国30个省、自治区、直辖市同类电信网络诈骗案件600余起，案值7000万余元，其中J省案件103起，案值3000万余元。

至此，经过半年的缜密侦查，专案组终于摸清了该特大跨境电信网络诈骗犯罪集团的组织结构和涉案资金流向，为最终破获该案奠定了坚实的基础。

3.出境抓捕

此时，省公安厅专案指挥部认为S市“11·29”专案侦查工作涉及面广，关联案件和团伙成员数量多，已不是侦办一起独立的案件，更是一次打击电信网络诈骗犯罪的战略行动。公安部对此也高度重视，时任公安部部长孟建柱同志专门作出批示，要求精心组织打好这一仗，彻底摧毁这个特大跨境电信网络诈骗犯罪集团，并批准由J省警方负责全案的出境侦办工作。

由于没有出境侦办工作经验，为确保专案侦查规范、有序开展，S市公安局多次召开工作分析会、部署会，邀请打击电信网络诈骗犯罪的专家开展相关培训工作，并派出办案小组，赴北京等地学习电信网络诈骗案件侦破经验。专案指挥部结合本案特点，组织制定了“11·29”电信网络诈骗案件专项行动总方案，在此基础上制订了出境工作、抓捕、押解、羁押、审讯等30余个子方案并进行反复论证。

在公安部、省公安厅的指挥协调下，5月9日，由S市公安局副局长亲率4个工作组，30余名精干警力，分赴泰国、马来西亚、斯里兰卡、斐济4国开展工作。

在工作组出发前，指挥部对本次行动寄予厚望，并定下了预定目标，即抓获一定数量的犯罪对象，抓获本案主犯，破获本次行动“11·29”主案。

在境外工作期间，工作组成员克服时间紧、任务重、语言不通等不利因素，主动向驻外大使、警务联络官汇报境外侦破工作的需要，努力与境外警方开展沟通，力求达成一致。

工作组将已掌握的IP信息移交当地警方，由当地警方协作落地查证。对窝点进行落地查证工作并没有想象的顺利，出现了一些没有预料到的状况，如IP账号登记的用户地址根本不存在，IP账号突然停止使用，已落实的窝点地址人去楼空，无人居住。这给境外抓捕工作的开展造成了一定的困难。工作组通过发现新的服务器、新的数据、新的IP，继续开展落地查证工作。与此同时，工作组还多次研究修改方案，反复演练与境外警方协作冲击窝点、现场取证、证据移交等工作内容，时机逐渐成熟。

5月22日晚，专案指挥部发出统一行动指令。各出境工作组与境外警方密切配合，以迅雷不及掩耳之势将涉案人员全部抓获，并第一时间对窝点进行冲击。

工作组人员在现场对抓获的涉案人员制作讯问笔录、开展身份核实，对查获的犯罪证据即刻进行分类梳理和信息提取。

此次联合行动共摧毁境外诈骗犯罪窝点35个，抓获犯罪嫌疑人482名，其中中国籍犯罪嫌疑人463名，包括大陆犯罪嫌疑人177名，台湾犯罪嫌疑人286名；泰国、缅甸籍犯罪嫌疑人19名。至此，行动前的预定目标全部完成。

与此同时，国内抓捕组分赴广东、福建、湖北、四川等地也展开集中收网行动，成功抓获负责网络电话技术维护、网银转账、取款等涉案人员12名。

5月24日和30日，139名涉案大陆犯罪嫌疑人以包机形式全部被押解回大陆。此外，262名台湾犯罪嫌疑人已押解回台湾。

4.审查突破

由全市案审专业队组成9个审讯小组，严格依法办案，针对嫌疑人交代的内容，积极串并案件，内查外调，组织人员赶赴相关地区核实案情。

同时为确保“零口供”打击犯罪嫌疑人，专案组抽调全市刑事技术、网络技术专业警力，进行生物检材提取、电子证据保存、笔迹检验鉴定等工作，并积极向公安部、省公安厅、市政法委汇报“11·29”特大电信网络诈骗案件最新审查进展，组织召开公检法联席会议，努力达成执法共识。

经工作，押解回国并报捕的139名大陆嫌疑人中128人已被批准逮捕，批捕率达92.8%。其中,批捕网络技术维护人员3人,开创了全国先例。

5.部分被告人的判决情况

2013年8月15日,J省S市虎丘区法院、姑苏区法院、吴中区法院和工业园区法院(最高人民法院对该系列电信诈骗案件实行指定管辖)对备受关注的“11·29”特大跨境电信诈骗系列案中的15起案件集中进行了一审宣判,129名被告人因犯诈骗罪分获1年6个月至15年不等的有期徒刑,并分别被处人民币1000元至10万不等的罚金。其中,主犯林某金被判处有期徒刑15年,并处罚金人民币10万元。

其中,经吴中区法院审理查明,被告人林某金、许某、朱某、兰某、万某琼、万某佳于2011年11月至2012年5月,先后在印度尼西亚雅加达市和泰国曼谷市参加他人领导的针对中国内地公民的电信诈骗组织。2011年11月,6人通过事先获取的联系方式和身份信息,以“吴中区某置业投资有限公司财务经理沙某文名下银行卡涉嫌犯罪,需要对其财产进行核查比对”等为事由,诱骗受害人沙某文多次向电信诈骗组织指定的账户进行转账或者汇款,骗取其共计人民币1266.1万元。2011年11月29日,沙某文向S市公安机关报案,“11·29”系列电信诈骗案由此发案。法院认定,被告人林某金参与诈骗金额为人民币1266.1万元,判处有期徒刑15年,并处罚金人民币10万元。

经虎丘区法院审理查明,被告人罗某、王某英、柯某宝于2012年5月8日,被告人欧某松、黎某于2012年5月11日,至泰国参加他人领导的针对中国内地公民的电信诈骗组织,伙同组织中的其他成员冒充公安机关工作人员等身份,利用拨打电话等电信技术手段向中国内地不特定多数人实施电信诈骗。被告人罗某、王某英、柯某宝骗取万某俊、颜某琼、高某勇等8名被害人共计人民币18.85万元;被告人欧某松、黎某骗取颜某琼、高某勇等7名被害人共计人民币18.55万元。

法院审理认为,被告人罗某、王某英、柯某宝、欧某松、黎某以非法占有为目的,采用虚构事实、隐瞒真相的方法骗取他人财物,均构成诈骗罪,判处被告人罗某有期徒刑7年6个月,并处罚金人民币8000元,其他4名被告人分别被判处4年至7年不等的有期徒刑,并分别被处人民币4000至7000元不等的罚金。

经姑苏区法院审理查明,被告人黄某其、林某亮、张某云、张某珍、李某5人于2012年3月14日至2012年5月14日,伙同他人拨打电话实施诈骗,骗取被害人王某国等26名被害人钱款人民币2198922.23元。其中,被告人张某云、张某珍参与诈骗金额均为人民币 2145009.89 元，被告人李某参与诈骗金额共计人民币 503958.59 元，被告人林某亮参与诈骗金额共计人民币 2198922.23 元，被告人黄某其参与诈骗金额共计人民币 503958.59 元。被告人柳某、关某博、王某、杨某涛、韦某峰、韦某伟、杨某付、杨某彬、张某、陈某、姜某顺、姜某、胡某伟、肖某国、梁某利、李某、丁某、尹某、郭某 19 人于 2012 年 4 月 12 日至 2012 年 5 月 3 日，诈骗被害人马某兰等 22 名被害人钱财共计人民币 1765007.72 元。在诈骗过程中，被告人柳某参与诈骗金额共计人民币 1765007.72 元。此外，被告人柳某纠集被告人王某、杨某涛、韦某峰、陈某等人至窝点，并从事安排培训、组织会议、传递信息、统计诈骗金额等管理工作。被告人黄某美、李某才、陈某进、马某兵、黄某、谢某、吴某强、刘某、徐某芳、陈某玲、林某峰、袁某姣 12 人于 2012 年 4 月 3 日、4 日伙同他人骗取陈某树等 3 名被害人钱款人民币 144000 元。被告人黄某忠、何某丹、黄某、刘某、李某根、薛某、杨某、梅某春 8 人于 2012 年 4 月 12 日至 2012 年 5 月 17 日，骗取孙某云等 64 名被害人钱款人民币 2704104.52 元。法院审理后认为，被告人柳某等 44 名被告人，以非法占有为目的，采用虚构事实、隐瞒真相的方法骗取公民私人所有财物，均构成诈骗罪。遂判处被告人柳某有期徒刑 12 年，并处罚金人民币 2 万元，其他 43 名被告人分别判处 1 年 6 个月至 11 年 6 个月不等的有期徒刑，并分别处人民币 2000 元至 18000 元不等的罚金。

（三）训练要求

1.实训时数：2 天。

2.人员分工：犯罪嫌疑人若干人；受害人若干人；侦查小组若干人（设立组长 1 人）。

3.场所：福建警察学院。

4.器材设备：出警装备、执法记录仪、对讲机（或警务通）、勘查设备、法律手续、制作笔录材料等。

5.要达到的效果：

（1）知识层面。掌握电信网络诈骗等新型犯罪的侦查思路、取证技巧以及刑事证据的审查判断等侦查基础知识。

（2）能力层面。

①独立完成侦查程序的能力。包括完成电信网络诈骗案件的受案、初查、立案，采取侦查措施，讯问、查证，侦查终结等阶段的各项工作和任务。

②独立完成侦查讯问的能力。包括完成电信网络诈骗案件犯罪嫌疑人讯问的组织与指挥，讯问前的准备，讯问的实施与展开（第一次讯问、深入讯问），犯罪嫌疑人供述与辩解的固定等工作与任务。

③独立完成刑事证据的收集与审查判断的能力。包括收集刑事证据和审查判断刑事证据两个方面的能力。

(3)思维层面。培养学员兼顾侦查效率和侦查规范的意识和理念。

（四）训练依据

根据《公安机关办理刑事案件程序规定》、《中华人民共和国刑事诉讼法》以及《关于办理电信网络诈骗等刑事案件适用法律若干问题的意见》等相关规定。

（五）训练对象

实训学员（若干名学员为一侦查组）。

（六）实训步骤

1.讲解相关知识点，让学员了解、掌握相关的理论知识；

2.学员分组并进行侦查分工；

3.教师设计演练案例并给出"实训场景"；

4.学员做相关物品和道具的简要准备；

5.报警人和当事人根据角色分工，按照"实训场景"的框架和要求演绎"实训场景"；

6.接警民警接到报警；

7.侦查民警演绎侦查的过程；

8.侦查组通过 PPT 汇报案件侦查过程；

9.教师点评；

10.学员写出《实训报告》。

（七）组织实施

主讲教师课前将沙某文被电信网络诈骗案的有关材料发放给学员，并提示学员根据思考题认真阅读案例材料。主讲教师将全体学员分成若干组，每组分别选出组长一人，各组在组长的带领下完成思考题的讨论和汇报工作。

该实训案例知识点及分析该案例所需要的理论包括：

1.受案、初查

(1)受案及其处置要领。

(2)初查时机的把握与初查措施的采取。

2.立案、采取侦查措施

(1)立案条件的把握及法律文书的制作。

(2)采取辨认等侦查措施的法律要求及注意问题。

3.讯问、查证

(1)讯问前的准备工作。

(2)第一次讯问的基本程序与注意事项。

(3)讯问的策略与方法。

(4)犯罪嫌疑人供述与辩解的固定。

(5)单个刑事证据的审查判断。

(6)全案刑事证据的综合审查判断。

(7)电信网络诈骗案件的证据标准。

(8)电信网络诈骗案件的取证思路。

(八)实训拟交成果

1.实训报告，主要包括心得体会、思考和建议；

2.人员分工表，实训视频（至少 5 分钟），现场处置图片（5～10 张，包括对物证的拍摄）、接处警登记表等。

(九)考评依据及方式

1.实训成绩以小组为单位评定，共 100 分，5 个方面。

采用优秀（90～100 分）、良好（80～89 分）、中等（70～79 分）、及格（60～69 分）、不及格（＜60 分）5 级评分标准。主要依据为：组长指挥 10%，团队协作 10%，接警情况 10%，视频侦查 15%，现场勘查 10%，数据分析 5%，社区访问 10%，实施抓捕 10%，审查讯问 10%，法律文书 10%。

2.本实训记入平时成绩。

优秀（90～100 分）：组长指挥得当，小组成员合作默契，实训积极性非常高，实训准备充分，能够全身心地投入实训中；在实训过程中，接警规范，案件侦查过程流畅，视频侦查灵活运用，现场勘查保护规范，讯问准备充分，运用多种审讯技巧；法律文书制作准确；幻灯片制作质量优秀、汇报侦查过程思路清晰；实训报告格式规范，观点新颖，创新性强。

良好(80～89 分)：组长指挥得当，小组成员合作较好，实训积极性较高，实训准备较充分；在实训过程中，接警比较规范，案件侦查过程顺畅，掌握视频侦查要素，现场勘查保护规范，讯问准备充分，运用多种审讯技巧；法律文书制作准确；幻灯片制作质量良好、汇报侦查过程思路清晰；实训报告格式较规范，有一定的创新性。

中等(70～79 分)：组长指挥一般，小组成员有一定的合作，实训积极性一般，实训前做了一些准备，但并不充分；在实训过程中，接警基本规范，询问基本切中要点，案件侦查过程通顺，知道视频侦查，现场勘查保护一般化，讯问准备一般，审讯技巧单一；法律文书制作合格；幻灯片制作质量较好、能汇报侦查过程；实训报告格式基本规范，创新性差。

及格(60～69 分)：组长指挥随意，小组成员合作较差，实训准备不太充分，小组成员实训积极性不高；在实训过程中，接警不太规范，询问不能切中要点，案件侦查无章法，知道视频侦查，现场勘查保护不规范，讯问准备不充分，不懂审讯技巧；法律文书制作合格；幻灯片制作完整、能汇报侦查过程；实训报告格式不太规范，没有创新性。

不及格(＜60 分)：组长指挥错误，小组成员配合没有，实训前没有任何准备，实训积极性非常差；案件侦查过程生疏，不懂视频侦查，没有现场勘查保护意识，讯问准备不充分，不懂审讯技巧；法律文书制作错误；幻灯片制作较差、不能汇报侦查过程；实训报告格式极不规范。

项目六　强奸案件模拟训练*

(一)训练目的

通过本案例想要达到的训练教学目的：

1.掌握侦查的基本流程并制作相应的法律文书。

* 撰稿人：雷阳。

2.领会并实际操作讯问前、讯问中和讯问后的各项工作。

3.懂得侦查程序的审查、刑事证据的收集与审查判断。

(二)训练方案

1.案件来源[①]

2015 年 3 月 29 日 3 时 25 分,唐洪派出所接到被害人邱某报案称:其于 2015 年 3 月 29 日 2 时 30 分在水南村某酒店 917 房被一男子强奸。派出所民警接报后立即赶赴现场,当场抓获涉嫌强奸的犯罪嫌疑人陈某涛。犯罪嫌疑人在被抓获过程中没有反抗、逃跑等行为。

2.侦查经过

(1)传唤

2015 年 3 月 29 日 4 时将犯罪嫌疑人陈某涛传唤回唐洪派出所。

(2)扣押

扣押犯罪嫌疑人陈某涛随身携带的手机和 iPad 各一部。

(3)勘验检查现场

中心现场位于某酒店 9 楼 917 房内,917 房门向南,门为单扇内开木门,见门框的锁扣被损坏脱落,经门进入房内,见房内东南侧为洗手间,在洗手间以西的通道旁边有衣柜以及柜台,在柜台面见一盒未开包装的避孕套,在柜台旁边地面处有不规则散落的一双高跟鞋,房内中部以西摆放电视柜,东侧放有一床,在床头的两侧均摆放有床头柜,见床北侧的床头柜下方有一被撕开的避孕套包装袋,经对包装袋熏显,在包装袋表面显现指纹一枚(拍照提取),而在床南侧的床头柜上则摆放一瓶已开启的“纯水乐”纯净水,一条湿毛巾以及一个小置物架,见置物架上同样放有一盒未开包装的避孕套,在该床头柜以西地面有一处呕吐物,在呕吐物旁见一水瓶盖,在床西南方地面处遗留带血的纸巾(实物提取),床上被铺凌乱,见被罩上遗留可疑血迹与斑迹各一处(均棉签擦拭提取),而床罩上则发现一处可疑斑迹(棉签擦拭提取),房内北侧摆放有椅子、茶几及桌子,在桌面上见一条带血的湿毛巾,房内其他物品摆放自然,无发现异常。

① 该案例摘自吴照美主编:《刑侦经典案例评析》,群众出版社 2020 年版,第 34 页。

表 1 提取痕迹、物证登记表

序号	名称	数量	提取部位	提取方法
1	指印	壹枚	避孕套包装袋上	502 胶熏显，拍照提取
2	血纸巾	壹块	床西南方地面上	实物提取
3	可疑血迹	壹处	被罩上	棉签擦拭提取
4	可疑斑迹	壹处	被罩上	棉签擦拭提取
5	可疑斑迹	壹处	床罩上	棉签擦拭提取

(4)讯问

犯罪嫌疑人陈某涛到案后，侦查机关先后对其进行 7 次讯问，但犯罪嫌疑人均否认实施过强奸的犯罪行为(也否认发生性关系)。

①第一次讯问(时间：3 月 29 日 4 时 10 分—6 时 30 分，地点：派出所)。

问：你是否有强奸的行为？

答：没有。

问：你为何会在某酒店？

答：因为我带一名叫 CANDY 的女子开房。

问：你说一下 CANDY 的情况。

答：她的微信名叫 CANDY，具体身份我不清楚，女，年约 24 岁，我跟她在微信上认识的，以前跟她打过两次麻将，认识她 3 个月左右，很少见面的。

问：你有没有和 CANDY 发生过性关系？

答：没有。

问：你与 CANDY 关系如何？

答：只是普通的朋友，平时也很少见面，最多也是在微信上闲聊几句。

问：你是否有殴打 CANDY？

答：我打过她一巴掌。

问：CANDY 为何会受伤？

答：当时我送她到水南某酒店休息时，到酒店门口后她喝醉酒一直撒酒疯，还睡在酒店门口。后来我叫酒店保安一起把她抬到房间里，接着 CANDY 就撒酒疯追着我往我脸上打了十多巴掌，然后保安见状把她拦住，CANDY 开始追逐保安往他脸上打，接着我打了她一巴掌。后来坐电梯的时候 CANDY 又开始撒酒疯，她的手刮到电梯门，所以手上有点流血。她身上的其他伤大部分都是自己跌倒在地上所致的。

问:那保安是否受伤?

答:我不清楚。

问:你将经过跟我说一说。

答:好的,2015 年 3 月 28 日 22 时 50 分许,我在南城一间咖啡厅喝咖啡,接着,我收到 CANDY 的微信问我在何处,我说在南城的一间咖啡店,她在微信里要了我的电话号码并打给我问我具体在哪里,说现在去找我。CANDY 来到咖啡厅找我后,我发现她已经喝了很多酒,有点醉醺醺的。当时我准备要去东城酒吧街喝酒,我就跟 CANDY 说你喝了那么多,我叫一辆的士送你回去,我要去酒吧喝酒了,她非要跟着我一起去,到酒吧后,她只喝了几杯酒后就自己出去坐在酒吧门口哭,我发现后她就说让我送她回家,她说没有带家里钥匙,接着我问她住什么地方我送到她楼下让她家人接她,但她一直不肯说,还在的士上发疯,当时还往我身上打。我见她那么醉也联系不到她家人,放着她一个人在路上也不好,只能先找个酒店让其休息。于是我跟 CANDY 坐的士来到某酒店,因为我住在那边比较方便出入。到酒店后,CANDY 不肯下车一直在哭还说一些我听不懂的话,我只好让的士司机去酒店叫酒店保安出来一起把她抬下车。下车后 CANDY 一直追着保安打,我就把她拦住,后来她又追着我往我脸上打了十多下,接着前台的文员出来看发生了什么事情,CANDY 又前往前台那里想摔台上的一个读卡器,我见状把仪器抢过来,当时我有点火,就打了她一巴掌。然后我跟保安一起把她带到电梯里去房间,当时保安也一起把她扶到房间里。到房间后 CANDY一直说一些听不懂的话并一直在哭闹,接着我就在房间烧了一些开水用毛巾帮她擦了一下脸,当时我一边安慰她,一边让她情绪稳定下来。过了约半个小时,她还一直在哭闹,也不听我的劝告好好休息,她说手很痛,我发现她右手食指好像有擦破皮流血,我就跟她说去看医生,但是她又不肯,于是我就打电话到前台让保安一起劝她先到医院包扎。接着她一直说我把她带到酒店里想跟她发生关系,当时保安也在房间里,一直跟她做思想工作,但是她非要说我想跟她发生关系,还说要报警,我说可以,我可以跟你一起到派出所。她随后就自己走到酒店大厅里等着警察过来,她下去只穿了酒店拖鞋,什么也没拿,我就把她的鞋子和挎包一起拿到大厅里等警察。警察过来后 CANDY 跟办案民警称我打了她,还说我想威胁她跟她发生性关系,要求公安机关处理。接着办案民警就将我带上警车,要回派出所调查,我就上了警车,同时民警叫 CANDY 上车一起回派出所,但是她不肯上车，还拉扯着民警的衣服，和民警说手上有流血要看医生。于是民警叫来了一辆救护车，救护人员下车后想帮 CANDY 检查伤势，但是她不但不配合，还骂救护人员，最后救护人员没有处理她的伤势就走了。接着 CANDY 就跪在酒店门口一直打电话。民警一直叫她回派出所处理，她不肯。后来 CANDY 叫了她母亲过来，她母亲过来后马上问她怎么跪在这里，CANDY 称民警不帮她处理这个事情所以跪在这里。CANDY 指着其中一名民警说就是他不帮我处理。她母亲扶起 CANDY 后就走向 CANDY 指的那名民警，过去什么话也不说打了民警两巴掌，然后一直用很难听的话骂着民警。民警跟对方解释称他们一直让 CANDY 回去派出所处理，但是她不听劝告，一直在哭闹。民警说打你女儿的人已经在警车上等候处理，也请你们一起回派出所处理。她母亲听到后跟 CANDY 的情绪更加激动起来，就一直拍着车窗还用手脚一直打着警车，还想拿雪糕桶砸警车，后来被民警拦住。母女俩继续跟办案民警拉扯，CANDY 发现一名民警正在拍现场视频，就追着拍视频的民警跑了大概五十米，后来有其他民警追上将其拦下。最后又来了几名派出所的民警，民警先把我带到派出所里，后来的事情我就不清楚了。事情经过就是这样的。

问：在房间里你是否摸过 CANDY 身上的部位或者亲吻她？

答：没有，我只是用热毛巾帮她擦脸。

问：你有没有强奸 CANDY？

答：没有。

问：CANDY 为什么说你强奸她？

答：可能说我把她带到酒店里，还打了她一巴掌想强迫她进行性关系，但是她一直都是醉酒状态，根本什么都记不清楚。

问：你有没有威胁过她跟她发生任何关系？

答：没有。

问：你是否有受伤？

答：脸部和嘴唇位置均有擦破皮。

②第二次讯问（时间：3 月 29 日 15 时 0 分—17 时 20 分，地点：派出所）对犯罪嫌疑人宣布拘留的强制措施，除下面内容外，其他与第一次讯问内容基本相同。

问：你有没有使用过 917 房里提供给客人备用的避孕套？

答：有的，我当时把其中一盒避孕套拆开了。

问：你为什么要拆开避孕套？

答:当时我想和她发生性关系,但是后来克制住了自己的冲动,于是把拆开的避孕套和盒子都扔到厕所里冲走了。

问:拆开后的避孕套现在何处?

答:被我扔到厕所里用水冲走了。

问:你扔掉的避孕套的特征是什么?

答:不记得了,白色盒的。

问:你有没有叫酒店服务员补回一盒避孕套到917房?

答:有的。

问:你为什么叫服务员补回一盒避孕套到917房?

答:因为当时CANDY说要报警,我怕警察到时会误会我,以为我用过避孕套性侵犯她了,所以叫服务员补回一盒避孕套到917房。

③第三次讯问(时间:3月29日19时30分—21时0分,地点:派出所)除下面内容外,其他与前两次讯问内容基本相同。

问:在917房期间,你有没有殴打CANDY?

答:没有。

问:你在酒店或其他地方有没有殴打过CANDY?

答:我把她扶到酒店大堂时,她老是打我骂我,我生气了,忍不住用手打了她一巴掌。

问:你有没有破坏917房里的财物?

答:有的,我入住917房时,我用卡去刷了几次,门锁打不开,当时我脾气有点暴躁,于是用脚把门直接踢开了,门锁损坏了。

④第四次讯问(时间:4月1日15时10分—15时50分,地点:市看守所)。宣布将拘留期限延长至30日,没有问案件内容。

⑤第五次讯问(时间:4月10日15时30分—18时20分,地点:市看守所)。

问:你把事情经过讲一下?

答:2015年3月28日19时许,我和朋友"德仔"在饭店吃饭,吃饭期间没有喝酒,吃完饭后,大约21时到21时30分许,我们去到南城区的一间咖啡厅喝咖啡,我们在那里聊天,后来我叫朋友"玲姐"过来一起玩,一会,玲姐过来后,我们三人喝饮料聊天,这时候我和CANDY微信聊天,CANDY问我们在干什么,我说我们在南城喝咖啡,我问她店关门没有,她说关了,要过来跟我们一起玩,于是我把地点告诉了她,还把我的手机号告诉了她,当时她马上打了个电话给我，她说过来跟我们一起玩，叫我在外面等她，身上没现金，让我帮她给出租车车费。我按她说的地点等她，她大约23时许坐出租车到了，她下车后，我帮她付了车费，之后我们两人一起去咖啡厅，其间，她走路不稳，我就问她是不是喝完酒过来的。她说是，说跟朋友吃晚饭的时候喝了很多酒。CANDY点了一杯咖啡和一杯热水，之后我们坐下来聊天。CANDY提出打麻将，我们说不打，我朋友开玩笑问她有没有钱，她说没钱，只有银行卡。玲姐说打扑克玩一下算了，我们同意了，当时CANDY说没钱要刷卡，那店不能刷卡，“德仔”和玲姐叫我借钱给她，我同意了，我就借了1000元，又玩了两三局，最后没玩了。我们说去酒吧喝酒，我问过，我有两个朋友在酒吧玩。大约29日0时至0时20分许，我和CANDY两人坐一辆出租车去，“德仔”和玲姐两人自己过去。其间，CANDY坐在我旁边，头靠在我肩膀上，我说她喝多了酒不要去酒吧了，她非说要去玩一会儿，之后她又向我借了50元，说到时候她喝完酒坐出租车回家，我便借给了她，她当时在微信里转账1050元给我，说还刚才借的钱，我在微信里接收了。大约0时30分许到了酒吧，我们四人一起进去酒吧大厅，在大厅里，我找到了我朋友阿龚，我们四人加上阿龚一起围着一桌站着，喝轩尼斯加冰，每人一瓶矿泉水，就这样喝了起来，我站在CANDY旁边，一开始我走到旁边另外一桌我的朋友那里喝了一会儿，这时CANDY拿一杯酒过来，说输了，叫我帮她喝，我帮她喝了一杯，阿龚叫她不要玩，CANDY非要玩，我于是回到她那桌，站在她旁边陪她喝，当时我不断劝她不要喝，她不理我，还叫我走开，这时候玲姐还说她喝多了骂人，可能还会打人的。当时我喝了约一个小时左右，我让CANDY不要喝，叫她离开，她便和我一起离开大厅了。到酒店后我问保安哪个房间，保安说917，我扶着CANDY到房间门口，保安拿着房卡想开门，但是打不开，当时我心急，便用脚把门踢开了，保安和我一起把CANDY送到房间里面，之后离开了，我和CANDY两人在房间里，我想关门，但是发现门已坏了，我于是跟外面的保安说明天把门钱赔给酒店。当时CANDY的头在床尾方向，我把她扶正回床头，她想吐，我把她扶起来，帮她拍背，让她吐，她吐了一会儿后，我扶她到床上让她睡觉，并且帮她盖被子，没过一分钟，她又想吐，当时我发现她手指流血，至于怎么样受伤的，我也不清楚，我便拿纸巾帮她包扎一下止血。我还观察了一下她，发现她脸部、鼻子、嘴角、脚、膝盖都有受伤，她说手很痛，而且不断哭骂，突然她没坐稳摔在地上，我扶起她放在床上休息，我去拿毛巾帮她洗脸、头、手脚等，之后让她睡觉了。过了一会她又起来上洗手间，我扶着她去洗手间，之后我在洗手间外等她。过了五分钟左右,她没出来,我进去问她,她手上拿着纸巾,我叫她出来休息,但是她还在里面自言自语,不肯出来,过了好大一会,她才出来。她出来时,我看到她没穿内裤,她自己直接睡在床上。之后我去了洗手间小便,出来时,她又想吐,我开了瓶水给她喝,她又哭,这时候她抓住我的手,问我"我是不是你唯一的女朋友",当时我怕惹她生气,于是我骗她说"是",我赞她是个好女孩,劝她不要哭,她还是抓住我的手不放,她还抱住我,我误以为她喜欢我,想做我女朋友,我当时还以为她想和我发生性关系。我去床头柜上拿了一盒避孕套拆开,里面有两个避孕套,我拿起其中一个,CANDY 当时见我拿避孕套,她突然大声尖叫了一声"啊",离开床站了起来,对我说"为什么每个人都想这么待我",我说我没那么待她,我叫她把内裤穿上,她在哭,说手痛,想看医生,我说带她去看医生,同时说帮她穿内裤。当时她的内裤还在她的脚底,没有完全脱下来,我过去帮她穿上内裤,一条白色的打底裤和一条黑色内裤,她也没有反抗,她站起来,让我帮她穿。之后她直接坐在床上,我坐在一边,跟她聊天,我告诉她,她的酒品不好,乱打骂人,老是骂我还叫我滚。她说手痛要去看医生,我说好,我便打电话到前台,叫保安上来,去看医生,这时候 CANDY 对保安说"他把我打成这样,怎么办,酒店怎么负责为什么不管",保安说"这是个人问题,你要去看医生,我就扶你去,你们的个人问题,你可以报警,我不是警察,我处理不了",CANDY 突然很激动地说"你不处理,我要控告你们",之后 CANDY 拿自己的手机打电话报警,一边说一边走到房间门口。我知道她应该下楼去了,我看到那盒我打开过的避孕套,我担心她报警说我强奸了她,便把刚才打开过的避孕套盒,连同两个避孕套一起放在洗手间的马桶里,用水冲走了。

⑥第六次讯问(时间:4 月 21 日 15 时 35 分—16 时 56 分,地点:市看守所)。

问:你有没有亲吻或抚摸 CANDY?

答:从酒吧去往酒店的出租车上,我吻过她额头一下。在酒店 917 房间的时候,她去完洗手间后,她没有穿内裤出来,我和她坐在床上,当时我们抱在一起的时候,我用手摸了她乳房一下,她没有反抗,我又摸了一下,她也没有反抗。

问:你摸 CANDY 乳房的时候,是抱着怎样的心态?

答:她去完洗手间后,她问我"我是不是你唯一的女朋友",我说"是",她问我是不是真的,我又说"是",当时我以为她对我有意思,我就摸了她乳房。

问:CANDY是否知道你摸她的乳房?

答:应该知道,当时我感觉她是清醒的。

问:你为什么在出租车上亲吻CANDY的额头?

答:因为当时她在哭,我亲吻她是为了安慰她。

问:你有没有摸过CANDY身体的其他敏感部位?

答:没有。

⑦第七次讯问(时间:5月5日19时3分—19时35分,地点:市看守所)。对犯罪嫌疑人宣布执行逮捕,未问其他实质性内容。

(5)询问

①两次询问被害人邱某。时间分别为3月29日15时10分至17时10分、4月18日18时0分至20时30分,地点均为派出所。下面是第一次询问被害人笔录中的主要内容。第二次询问笔录除了包括这些内容之外,被害人还证实自己开网店,做服装生意;在酒吧玩扑克前,陈某涛主动借给其1000元现金,在自己输光所借之钱后,犯罪嫌疑人陈某涛又主动借给其1000元现金(后由于没有再玩牌,邱某在去酒吧前将该1000元原数返还给了陈某涛),为了在喝完酒后能有钱打车回家,在去酒吧的路上邱某向犯罪嫌疑人借了50元现金,对于所借的1050元,邱某在去酒吧的路上就通过微信全部转还给了陈某涛(两人同乘一出租车去的酒吧,邱某坐副驾驶位)。

问:你因何事报案?

答:因我被人强奸。

问:于何时何地发生的事?

答:2015年3月29日2时30分许,在石碣镇水南村某酒店917房间里。

问:你被谁强奸?

答:是我的一个普通朋友,通过朋友介绍认识的,认识有一个月左右,一名男子,我只知道他叫阿涛,具体不详,年约26岁,身高178厘米,偏胖,穿黑色上衣,短发。

问:你跟阿涛的关系如何?

答:就是普通朋友,平时很少来往,这是第三次见面,平时主要通过微信联系,他的微信名叫“涛”。

问:你把被强奸的经过说一下?

答:2015年3月28日22时许,我在南城一日本料理店和朋友吃东西,并且喝了一点清酒,这时候阿涛通过微信和打电话联系我,约我到南城咖啡厅喝咖啡,我同意了。我坐出租车到了咖啡厅后,他还有两个朋友在一起玩扑克,我也玩了一会儿,后来我们四个人一起去了东城酒吧街的酒吧喝酒,在里面我们喝了洋酒。喝到29日凌晨后,我喝晕了,说想回家,阿涛说送我回家,我说不好,他执意说要送我回家,于是他找了辆出租车,我当时很晕,只能被他带着走。在车上我感到更晕,过了不知道多长时间,其间我都不记得发生了什么事情,我只知道我醒来的时候,就在酒店房间床上了,阿涛正在脱我衣服:我叫他不要这样,我用力想推开他,但是他还是要脱我衣服,我喊了一声救命,他骑在我身上,用双手打我的脸和头,当时我晕过去了。后面我醒来时,发现阿涛正在强奸我,我只穿一条裙子,内裤已被他脱掉了;我当时反抗,他又用手打我头部,我用手去挡,结果手也被他打破了。当时我一直在反抗,他仍然一直在强奸我,也不知道过了多久,我也不知道他有没有完事(射精),我最后挣脱了,自己穿上内裤,跑出房间,我出来的时候,看到阿涛跑到洗手间里,不知道干什么,我一个人去了酒店大堂里,拿自己手机打110报警了。报警后,阿涛也跟着下了楼,后来的事情我记不清了,我只记得他说报警也没有用,后来不记得他说了什么,一会儿你们民警就过来了。

问:阿涛和你发生关系时有没有戴避孕套?

答:不知道,我没有留意。

问:你有没有打阿涛?

答:我被强奸时,在反抗的过程中抓他的脸,制止他的行为。

问:你是否自愿与阿涛发生性关系?

答:不是自愿的。

问:你跟阿涛发生关系前,是否是处女?

答:不是。

问:之前有没有和阿涛发生过性关系?

答:没有。

问:你有无受伤?

答:我的脸、头、鼻子、嘴巴、眼睛、左手指,有不同程度的伤,右耳有耳鸣。

②询问出租车司机袁某龙(2015年4月9日)。袁某龙证实于3月29日1时20分许将一男一女自酒吧运送至某酒店。其间,该女子一直在哭(车辆行驶的过程中,男子想要抱该女子,该女子不愿意,直接躲开),到达酒店后,该女子也不下车,是车上的男子和酒店的保安将女子抬下车,且女子在被抬下车的过程中一直在不停地挣扎。

③分别询问当晚一同喝酒的罗某德(德仔)、何某玲(玲姐)(2015 年 4 月 9 日)。两人证实先是罗某德、何某玲、陈某涛三人在咖啡厅喝咖啡,后邱某打车过来(邱某过来时身上有明显的酒味),四人一起玩了一会儿扑克,陈某涛借给邱某 2000 元现金,随后四人两两一组分别乘坐出租车去了酒吧(其中,邱某与陈某涛乘坐一辆出租车)。四人在酒吧喝了很多酒,看见邱某与陈某涛一道离开。

④询问酒店保安肖某华(3 月 29 日 6 时 0 分至 7 时 40 分)。肖某华证实 3 月 29 日 1 时 40 分许,一名男子(陈某涛)找自己帮忙将一喝醉酒的女子从出租车上抬下来,该女子不愿下车,被男子拉下车后,该女子既不愿进酒店也不愿上楼,两人发生争吵,女子打了男子的头部和面部,男子也将该女子打倒在地,随后,男子将该女子抱上了电梯,到 917 房间门口时,因房门打不开,男子将房门用脚踢开。3 时许,前台让我去 917 房间,我去了之后,男子让我陪女子看医生,女子跟我说那男子打了她,让我处理,我说自己不是警察,让她报警,女子认为我在袒护该男子,遂让我滚开。

⑤询问酒店前台服务员陆某环(3 月 29 日 9 时 0 分至 10 时 30 分)。陆某环证实开房(917 房间)的男子叫陈某涛,因女子没有登记身份证,身份信息不详。当时女子一直在骂陈某涛,也不肯上楼,是被陈某涛与保安合力扶进了电梯的。大约过了一个多小时,该女子从楼上下来,问自己这是哪家酒店,说要报警。后来陈某涛也下了楼,在我这退了房,还让我给房间补回一盒避孕套。

⑥询向酒店服务员陈某(3 月 29 日 7 时 30 分至 8 时 50 分)。陈某证实按照前台的要求在 3 月 29 日 3 时至 4 时,给 917 房间补回了一盒避孕套。到达 917 房间时,里面并没有人。

⑦询问当晚住在 918 房间的李某(3 月 31 日)。李某证实 3 月 29 日 2 时许自己被隔壁的踢门声吵醒,随后听到一男子在说话,一女子在哭泣。

⑧询问被害人邱某的母亲(3 月 29 日 18 时 30 分至 19 时 25 分)。其母亲证实邱某 28 日 19 时许外出,29 日 1 时许还没回来,遂给女儿发微信,但一直没有回复。3 时 43 分接到女儿电话,说被人强奸了,就打车去了酒店。

(6)接受证据

被害人邱某向侦查机关提供了两条内裤(分别为黑色和白色),其中,黑色内裤为被害人案发当天所穿内裤。

(7)调取证据

侦查人员调取了酒店 1 时至 5 时的视频监控,917 房的旅馆住宿登记及消费记录；调取了酒吧0时至1时30分的视频监控；调取了陈某涛的手机通话记录(3月1日—29日)；调取了邱某在医院的诊断证明书。

(8)检验鉴定

侦查机关对邱某进行了法医学人体损伤程度鉴定，鉴定意见为轻微伤；对现场物证及被害人提供的内裤等证据进行鉴定，被罩上的血迹、917房间地面纸巾上的血迹为邱某所留，邱某阴道擦拭物、内裤、床罩上可疑斑迹均未检测到男性精斑；避孕套上所留指纹为陈某涛左手中指指纹。

(9)提取笔录

侦查人员提取了陈某涛被扣押的iPad上其与邱某的微信聊天记录。

(10)强制措施

2015年3月29日对犯罪嫌疑人陈某涛采取拘留的强制措施(15时向其宣布并由其签字，30日送看守所)；4月1日，将拘留期限自4月2日延长至4月28日；5月5日对陈某涛执行逮捕措施。

3.侦查终结查明的事实

起诉意见书(节选)

犯罪嫌疑人陈某涛涉嫌强奸案一案，由报案人邱某于2015年3月29日报案至我局，我局经过审查，于2015年3月29日立案进行侦查，犯罪嫌疑人陈某涛于2015年3月29日被抓获，犯罪嫌疑人陈某涛涉嫌强奸案一案，现已侦查终结。

经依法侦查查明：2015年3月29日凌晨1时许，犯罪嫌疑人陈某涛与被害人邱某在东城酒吧街喝酒后，两人坐出租车到石碣镇水南村某酒店，陈强行将邱某带到917房，试图脱被害人邱某的衣服，后遇被害人邱某反抗，犯罪嫌疑人陈某涛又殴打被害人邱某的头部、脸部等部位对被害人实施强奸，致被害人邱某受伤(经医学人体损伤鉴定为轻微伤)，犯罪嫌疑人陈某涛在酒店大堂被抓获。经审讯，犯罪嫌疑人陈某涛对其实施强奸的犯罪行为拒不交代。

认定上述犯罪事实的证据如下：报案笔录，证人证言，犯罪嫌疑人的供述材料，辨认笔录，法医学人体损伤鉴定书，现场勘查记录和照片等。

上述犯罪事实清楚，证据确实、充分，足以认定。

综上所述，犯罪嫌疑人陈某涛的行为触犯了《中华人民共和国刑法》第236条之规定，涉嫌强奸罪。根据《中华人民共和国刑事诉讼法》第160条之规定，现将此案移送审查起诉。

4.补充侦查

(1)补充侦查提纲

①找证人酒店保安肖某华核实邱某进入917房间前,有否看见邱某脸上有受伤的情况。

②被害人邱某称在其被强奸过程中,被陈某涛用手卡住脖子造成脖子淤青,接警时有否对其脖子拍照,若有,请随案移送该照片。

③补充本案物证照片并核实涉案内裤有否被撕裂痕迹。

④找证人罗某德、何某玲核实,在酒吧喝酒期间,陈某涛与邱某有无亲密行为。

(2)补充侦查报告

①证人肖某华表示,没有留意被害人邱某脸上是否有伤。

②补充了邱某受伤的照片。

③黑色内裤没有被撕裂的痕迹。

④证人罗某德、何某玲证实两人有亲密行为:两人的手牵在一起,至于持续多久证人没有留意,也不清楚谁主动拉对方的手。

(三)训练要求:

1.实训时数:3天。

2.人员分工:犯罪嫌疑人1人;受害人1人;侦查小组若干人(设立组长1人)。

3.场所:福建警察学院。

4.器材设备:出警装备、执法记录仪、对讲机(或警务通)、勘查设备、法律手续、制作笔录材料等。

5.要达到的效果:

(1)知识层面。掌握侦查程序的要素与流程、侦查讯问的组织与实施、刑事证据的收集与审查判断等侦查基础知识。

(2)能力层面。

①独立完成侦查程序的能力。包括完成受案、初查、立案,采取侦查措施、讯问、查证,侦查终结等阶段的各项工作和任务。

②独立完成侦查讯问的能力。包括完成讯问的组织与指挥,讯问前的准备,讯问的实施与展开(第一次讯问、深入讯问),犯罪嫌疑人供述与辩解的固定等工作与任务。

③独立完成刑事证据的收集与审查判断的能力。包括收集刑事证据和审查判断刑事证据等两个方面的能力。

(3)思维层面。培养学员兼顾侦查效率和侦查规范的意识和理念。

(四)训练依据

根据《公安机关办理刑事案件程序规定》《中华人民共和国刑事诉讼法》等的相关规定。

(五)训练对象

实训学员(若干名学员为一侦查组)。

(六)实训步骤

1.讲解相关知识点,让学员了解、掌握相关的理论知识;

2.学员分组并进行侦查分工;

3.教师设计演练案例并给出“实训场景”;

4.学员做相关物品和道具的简要准备;

5.报警人和当事人根据角色分工,按照“实训场景”的框架和要求演绎“实训场景”;

6.接警民警接到报警;

7.侦查民警演绎侦查的过程;

8.侦查组通过 PPT 汇报案件侦查过程;

9.教师点评;

10.学员写出《实训报告》。

(七)组织实施

(1)第 1 次课(1 天)

①主讲教师通过多媒体导入邱某被强奸案中“案件来源”的内容并布置训练任务:一是模拟唐洪派出所民警受理报案并开展先期处置工作;二是模拟石碣公安分局刑警大队介入该案并开展初查工作。将全体学员分成两个小组,每组分别选出组长 1 人、派出所民警 2～3 人、分局刑警大队侦查员 2～3 人;在组长带领下,每个小组就完成上述两项训练任务应开展的具体工作进行讨论,形成汇报提纲,并先后由扮演派出所民警的学员汇报先期处置工作的基本

思路、扮演刑警大队侦查员的学员汇报初查工作的基本设想；所有汇报结束后，进行交叉点评（每组学员不能点评本组的汇报情况）。

②作业：制作受案登记表、接受证据清单、呈请立案报告书、立案决定书、立案通知书。

(2)第 2 次课(1 天)

①主讲教师通过多媒体导入邱某被强奸案中"案件侦查经过"的部分内容(强制措施)并布置训练任务：一是结合"拘捕犯罪嫌疑人陈某涛"的材料，模拟分局刑警大队的民警，演练针对陈某涛采取拘留强制措施的全部流程和所有手续；二是结合"询问相关知情人"的材料，模拟分局刑警大队的民警，演练辨认的侦查措施并完成辨认笔录。在组长带领下，每个小组就完成上述两项训练任务应开展的具体工作进行讨论，每个小组完成 1 项，全体学员制作相应的法律文书，包括呈请拘留报告书、拘留证、拘留通知书、辨认笔录等。

②作业：制作提请批准逮捕书等法律文书。

(3)第 3 次课(1 天)

①主讲教师通过多媒体导入邱某被强奸案中"案件侦查经过"的部分内容(讯问)并布置训练任务：针对犯罪嫌疑人陈某涛，开展两组模拟讯问(均为第一次讯问)。每组各选出讯问指挥人员 1 人、具体讯问人员 4～6 人。各组在充分讨论的基础上，分别由每组的讯问指挥人员汇报本案的讯问组织设想、主讯人员汇报本次讯问的基本思路；随后，由 1 名学员扮演犯罪嫌疑人陈某涛、学员扮演讯问人员，开展第一次模拟讯问(两组，每组 2～3 人)；最后，由学员、教师分别点评本次讯问在程序、实体及细节方面的问题。由学员整理、完成第一次讯问笔录。

②作业：完成本案进一步收集证据的思路。

本案例知识点及分析该案例所需要的理论：

(1)受案、初查

①受案及其处置要领。

②初查时机的把握与初查措施的采取。

(2)立案、采取侦查措施

①立案条件的把握及法律文书的制作。

②采取辨认等侦查措施的法律要求及需要注意的问题。

(3)讯问、查证

①讯问前的准备工作。

②第一次讯问的基本程序与注意事项。

③讯问的策略与方法。

④犯罪嫌疑人供述与辩解的固定。

⑤单个刑事证据的审查判断。

⑥全案刑事证据的综合审查判断。

⑦强奸案件的证据标准和取证思路。

(八)实训拟交成果

1.实训报告,主要包括心得体会、思考和建议;

2.人员分工表,实训视频(至少 5 分钟),现场处置图片(5～10 张,包括对物证的拍摄)、接处警登记表等。

(九)考评依据及方式

1.实训成绩以小组为单位评定,共 100 分,5 个方面。

采用优秀(90～100 分)、良好(80～89 分)、中等(70～79 分)、及格(60～69 分)、不及格(＜60 分)5 级评分标准。主要依据为:组长指挥 10%,团队协作 10%,接警情况 10%,视频侦查 15%,现场勘查 10%,数据分析 5%,社区访问 10%,实施抓捕 10%,审查讯问 10%,法律文书 10%。

2.本实训记入平时成绩。

优秀(90～100 分):组长指挥得当,小组成员合作默契,实训积极性非常高,实训准备充分,能够全身心地投入实训中;在实训过程中,接警规范,案件侦查过程流畅,视频侦查灵活运用,现场勘查保护规范,讯问准备充分,运用多种审讯技巧;法律文书制作准确;幻灯片制作质量优秀、汇报侦查过程思路清晰;实训报告格式规范,观点新颖,创新性强。

良好(80～89 分):组长指挥得当,小组成员合作较好,实训积极性较高,实训准备较充分;在实训过程中,接警比较规范,案件侦查过程顺畅,掌握视频侦查要素,现场勘查保护规范,讯问准备充分运用多种审讯技巧;法律文书制作准确;幻灯片制作质量良好、汇报侦查过程思路清晰;实训报告格式较规范,有一定的创新性。

中等(70～79 分):组长指挥一般,小组成员有一定的合作,实训积极性一般,实训前做了一些准备,但并不充分;在实训过程中,接警基本规范,询问基本切中要点,案件侦查过程通顺,知道视频侦查,现场勘查保护一般化,讯问准备一般，审讯技巧单一；法律文书制作合格；幻灯片制作质量较好、能汇报侦查过程；实训报告格式基本规范，创新性差。

及格（60～69 分）：组长指挥随意，小组成员合作较差，实训准备不太充分，小组成员实训积极性不高；在实训过程中，接警不太规范，询问不能切中要点，案件侦查无章法，知道视频侦查，现场勘查保护不规范，讯问准备不充分，不懂审讯技巧；法律文书制作合格；幻灯片制作完整、能汇报侦查过程；实训报告格式不太规范，没有创新性。

不及格（<60 分）：组长指挥错误，小组成员配合没有，实训前没有任何准备，实训积极性非常差；案件侦查过程生疏，不懂视频侦查，没有现场勘查保护意识，讯问准备不充分，不懂审讯技巧；法律文书制作错误；幻灯片制作较差、不能汇报侦查过程；实训报告格式极不规范。

第十章　刑事侦查卷宗(诉讼卷)制作*

(一)训练目的

通过实训,使学员学会制作刑事侦查卷宗(诉讼卷)。

(二)训练方案设计

通过给学员提供案例,让学员围绕卷宗制作的材料,进行具体化的理解与模拟化操作。

(三)训练要求

1.实训时数:4课时。

2.人员分工:以班为单位进行训练,每班10人,一个班即一个小组。

3.要达到的效果:了解卷宗的具体内容,通过实际填写加以掌握。

(四)训练依据

本训练属操作性模拟训练。实训依据是《刑事侦查卷宗(诉讼卷)》的具体内容。

(五)组织实施

1.指导教师介绍刑事侦查卷宗(诉讼卷)的具体内容以及如何规范填写。

2.实训分小组进行,学员各负其责,在指导教师的指导下,围绕卷宗具体事项进行实际填写。

3.训练结束,学员将卷宗装订成册。

(六)考评依据及方式

1.组织管理(20分):根据人员到位、规定任务按时完成情况评分。

---

* 本章撰稿人:褚红云。

2.填写内容规范(50 分):根据填写内容是否符合文书制作的相关规定情况评分。

3.实训报告的制作(20 分):根据实训报告的质量评分。

4.其他(10 分):指导教师自由评判。

附录:

受案登记表

(受案单位名称和印章)　　　　　　　　　　×公(　)受案字〔　〕　号

<table>
<tr><td>案件来源</td><td colspan="7">□110 指令□工作中发现□报案□投案□移送□扭送□其他</td></tr>
<tr><td rowspan="4">报案人</td><td>姓　名</td><td></td><td>性别</td><td></td><td>出生日期</td><td colspan="2"></td></tr>
<tr><td>身份证件种类</td><td></td><td>证件号码</td><td colspan="4"></td></tr>
<tr><td>工作单位</td><td colspan="2"></td><td>联系方式</td><td colspan="3"></td></tr>
<tr><td>现住址</td><td colspan="6"></td></tr>
<tr><td>移送单位</td><td></td><td>移送人</td><td></td><td>联系方式</td><td colspan="3"></td></tr>
<tr><td>接报民警</td><td></td><td>接报时间</td><td colspan="2">年　月　日
时　分</td><td>接报地点</td><td colspan="2"></td></tr>
<tr><td colspan="8">简要案情或者报案记录(发案时间、地点、简要过程、涉案人基本情况、受害情况等)以及是否接受证据:</td></tr>
<tr><td>受案意见</td><td colspan="7">□属本单位管辖的行政案件,建议及时调查处理
□属本单位管辖的刑事案件,建议及时立案侦查
□不属于本单位管辖,建议移送＿＿＿＿＿＿＿＿处理
□不属于公安机关职责范围,不予调查处理并当场书面告知当事人
□其他
受案民警:　　　　　　　年　月　日</td></tr>
<tr><td>受案审批</td><td colspan="7">
受案部门负责人:　　　　　　　年　月　日</td></tr>
</table>

一式两份,一份留存,一份附卷。

领导批示	
审核意见	
办案单位意见	

呈请　　报告书

第一部分:犯罪嫌疑人的基本情况〔姓名、性别、出生日期、出生地、身份证件号码、民族、文化程度、职业或工作单位及职务、政治面貌(如是人大代表、政协委员,一并写明具体级、届代表、委员)、采取强制措施情况、简历等〕。尚未确定犯罪嫌疑人的,写明案件基本情况。如果涉及其他人员的,写明该人基本情况。

第二部分:呈请事项(立案,采取或解除强制措施、侦查措施,破案,侦查终结,撤销案件等需要领导批示的事项)。

第三部分:事实依据(详细叙述有关案件事实,并对有关证据进行分析)。

第四部分:法律依据(写明依据的具体法律规定)。

第五部分:结语和落款。

*　*　*　公安局

立案决定书

（存根）

×公（　　）立字〔　　〕　　号

案件名称＿＿＿＿＿＿＿＿

案件编号＿＿＿＿＿＿＿＿

犯罪嫌疑人＿＿＿＿＿＿男/女

出生日期＿＿＿＿＿＿＿＿

住　　址＿＿＿＿＿＿＿＿

单位及职业＿＿＿＿＿＿＿

批 准 人＿＿＿＿＿＿＿＿

批准时间＿＿＿＿＿＿＿＿

办 案 人＿＿＿＿＿＿＿＿

办案单位＿＿＿＿＿＿＿＿

填发时间＿＿＿＿＿＿＿＿

填 发 人＿＿＿＿＿＿＿＿

*　*　*公安局

立案决定书

×公（　　）立字〔　　〕　　号

根据《中华人民共和国刑事诉讼法》第＿一百一十二＿条之规定，决定对＿＿＿＿＿＿＿＿＿＿＿＿＿＿＿＿案立案侦查。

（公安局印）

年　月　日

此联附卷

＊　＊　＊　公安局

传唤证
（存根）

×公（　）传唤字〔　〕　号

案件名称＿＿＿＿＿＿＿＿
案件编号＿＿＿＿＿＿＿＿
犯罪嫌疑人＿＿＿＿＿男/女
出生日期＿＿＿＿＿＿＿＿
住　　址＿＿＿＿＿＿＿＿
单位及职业＿＿＿＿＿＿＿
传唤原因＿＿＿＿＿＿＿＿
指定时间＿＿＿＿＿＿＿＿
批 准 人＿＿＿＿＿＿＿＿
批准时间＿＿＿＿＿＿＿＿
办 案 人＿＿＿＿＿＿＿＿
办案单位＿＿＿＿＿＿＿＿
填发时间＿＿＿＿＿＿＿＿
填 发 人＿＿＿＿＿＿＿＿

＊　＊　＊　公安局

传唤证
（副本）

×公（　）传唤字〔　〕　号

根据《中华人民共和国刑事诉讼法》第一百一十九条之规定，兹传唤涉嫌＿＿＿＿罪的犯罪嫌疑人＿＿＿（性别＿＿，出生日期＿＿＿，住址＿＿＿＿＿＿）于＿＿年＿月＿日＿＿时到＿＿＿＿＿接受讯问。无正当理由拒不接受传唤的，可以依法拘传。

公安局（印）
年　月　日

本证已于＿＿＿年＿月＿日收到。
被传唤人：（捺指印）
被传唤人到达时间＿＿年＿月＿日＿时。
被传唤人：（捺指印）
传唤结束时间＿＿年＿月＿日＿时。
被传唤人：（捺指印）

此联附卷

＊　＊　＊　公安局

传唤证

×公（　）传唤字〔　〕　号

根据《中华人民共和国刑事诉讼法》第一百一十九条之规定，兹传唤涉嫌＿＿＿＿＿＿罪的犯罪嫌疑人＿＿＿＿＿＿（性别＿＿，出生日期＿＿＿＿，住址＿＿＿＿＿＿＿＿＿＿＿）于＿＿年＿月＿＿日＿＿时到＿＿＿＿＿＿＿接受讯问。无正当理由拒不接受传唤的，可以依法拘传。

公安局（印）
年　月　日

此联交被传唤人

* * * 公安局

拘留证
（存根）

×公（ ）拘字〔 〕 号

案件名称＿＿＿＿＿＿
案件编号＿＿＿＿＿＿
犯罪嫌疑人＿＿＿＿男/女
出生日期＿＿＿＿＿＿
住　　址＿＿＿＿＿＿
拘留原因＿＿＿＿＿＿
批 准 人＿＿＿＿＿＿
批准时间＿＿＿＿＿＿
执 行 人＿＿＿＿＿＿
办案单位＿＿＿＿＿＿
填发时间＿＿＿＿＿＿
填 发 人＿＿＿＿＿＿

* * * 公安局

拘留证

×公（ ）拘字〔 〕 号

根据《中华人民共和国刑事诉讼法》第＿＿条之规定，兹决定对犯罪嫌疑人＿＿＿（性别＿，出生日期＿＿＿＿，住址＿＿＿＿＿＿）执行拘留，送＿＿＿＿＿看守所羁押。

公安局（印）
年　月　日

本证已于＿＿＿年＿＿月＿＿日＿＿时向我宣布。
被拘留人：　　　（捺指印）
本证副本已收到，被拘留人＿＿＿于＿＿年＿＿月＿＿日＿时送至我所。
接收民警：　　　看守所（印）

此联附卷

* * * 公安局

拘留证
（副本）

×公（ ）拘字〔 〕 号

根据《中华人民共和国刑事诉讼法》第＿＿条之规定，兹决定对犯罪嫌疑人＿＿＿（性别＿＿，出生日期＿＿＿＿，住址＿＿＿＿＿＿）执行拘留，送＿＿＿＿看守所羁押。

执行拘留时间：＿＿年＿＿月＿＿日＿＿时

涉嫌罪名＿＿＿＿＿＿

属于律师会见需经许可的案件：是/否

公安局（印）
年　月　日

此联交看守所

* * * 公安局

拘留通知书
（存根）

×公（ ）拘通字〔 〕 号

案件名称______
案件编号______
被拘留人______男/女
出生日期______
拘留原因______
拘留时间______
羁押处所______
地　　址______
办 案 人______
办案时间______
填发时间______
填 发 人______

* * * 公安局

拘留通知书
（副本）

×公（ ）拘通字〔 〕 号

______：

根据《中华人民共和国刑事诉讼法》第______条之规定，我局已于______年____月__日__时将涉嫌______罪的______刑事拘留，现羁押在______看守所。

公安局（印）
年　月　日

本通知书已收到。
被拘留人家属：　　年　月　日　时

如未在拘留后24小时内通知被拘留人家属，注明原因：______。
办案人：
年　月　日　时

此联附卷

* * * 公安局

拘留通知书

×公（ ）拘通字〔 〕 号

______：

根据《中华人民共和国刑事诉讼法》第______条之规定，我局已于______年____月__日__时将涉嫌______罪的______刑事拘留，现羁押在______看守所。

公安局（印）
年　月　日

注：看守所地址______

此联交被拘留人家属

＊ ＊ ＊ 公安局

提请批准逮捕书

×公(　)提捕字〔　〕　号

犯罪嫌疑人×××……［犯罪嫌疑人姓名(别名、曾用名、绰号等),性别,出生日期,出生地,身份证件种类及号码,民族,文化程度,职业或工作单位及职务,居住地(包括户籍所在地、经常居住地、暂住地),政治面貌(如是人大代表、政协委员,一并写明具体级、届代表、委员),违法犯罪经历以及因本案被采取强制措施的情况(时间、种类及执行场所)。案件有多名犯罪嫌疑人的,应逐一写明。］

辩护律师×××……［如有辩护律师,写明其姓名,所在律师事务所或者法律援助机构名称,律师执业证编号。］

犯罪嫌疑人涉嫌×××(罪名)一案,由×××举报(控告、移送)至我局(写明案由和案件来源,具体为单位或者公民举报、控告、上级交办、有关部门移送、本局其他部门移交以及工作中发现等)。简要写明案件侦查过程中的各个法律程序开始的时间,如接受案件、立案的时间。具体写明犯罪嫌疑人归案情况。

经依法侦查查明:……(应当根据具体案件情况,详细叙述经侦查认定的犯罪事实,并说明应当逮捕理由。)

(对于只有一个犯罪嫌疑人的案件,犯罪嫌疑人实施多次犯罪的犯罪事实应逐一列举;同时触犯数个罪名的犯罪嫌疑人的犯罪事实应该按照主次顺序分别列举;

对于共同犯罪的案件,写明犯罪嫌疑人的共同犯罪事实及各自在共同犯罪中的地位和作用后,按照犯罪嫌疑人的主次顺序,分别叙述各个犯罪嫌疑人的单独犯罪事实。)

认定上述事实的证据如下:

……(分列相关证据,并说明证据与犯罪事实的关系。)

综上所述,犯罪嫌疑人×××……(根据犯罪构成简要说明罪状),其行为已触犯《中华人民共和国刑法》第××条之规定,涉嫌×××罪,符合逮捕条件。依照《中华人民共和国刑事诉讼法》第八十一条、第八十七条之规定,特提请批准逮捕。

此致

×××人民检察院

公安局(印)

年　月　日

附:本案卷宗　　卷　　页

*　*　*　公安局

逮捕证
(存根)

×公(　)捕字〔　〕号

案件名称＿＿＿＿＿＿
案件编号＿＿＿＿＿＿
犯罪嫌疑人＿＿＿＿男/女
出生日期＿＿＿＿＿＿
住　　址＿＿＿＿＿＿
逮捕原因＿＿＿＿＿＿
批准或决定逮捕时间＿＿＿
批准或决定机关＿＿＿＿
执　行　人＿＿＿＿＿＿
办案单位＿＿＿＿＿＿
填发时间＿＿＿＿＿＿
填　发　人＿＿＿＿＿＿

*　*　*　公安局

逮捕证

×公(　)捕字〔　〕号

根据《中华人民共和国刑事诉讼法》第八十一条之规定，经＿＿＿＿批准/决定，兹由我局对涉嫌＿＿＿＿罪的＿＿＿＿(性别＿＿，出生日期＿＿＿，住址＿＿＿＿)执行逮捕，送＿＿＿＿看守所羁押。

公安局(印)
年　月　日

本证已于＿＿＿年＿＿月＿＿日＿＿时向我宣布。
被逮捕人：　　　(捺指印)
本证副本已收到，被逮捕人＿＿＿已于＿＿年＿＿月＿＿日送至我所(如先行拘留的，填写拘留后羁押时间)。
接收民警：　　看守所(印)
年　月　日

此联附卷

*　*　*　公安局

逮捕证
(副本)

×公(　)捕字〔　〕号

根据《中华人民共和国刑事诉讼法》第八十条之规定，经＿＿＿＿批准/决定，兹由我局对涉嫌＿＿＿＿罪的＿＿＿＿(性别＿＿，出生日期＿＿＿，住址＿＿＿＿)执行逮捕，送＿＿＿＿看守所羁押。

执行逮捕时间：＿＿＿年＿＿月＿＿日＿＿时

属于律师会见需经许可的案件：是/否

公安局(印)
年　月　日

此联交看守所

* * * 公安局

逮捕通知书

（存根）

×公（ ）捕通字〔 〕 号

案件名称________

案件编号________

被逮捕人________男/女

出生日期________

逮捕原因________

逮捕时间________

羁押处所________

家属姓名________

地　　址________

办 案 人________

办案单位________

填发时间________

填 发 人________

* * * 公安局

逮捕通知书

（副本）

×公（ ）捕通字〔 〕 号

________：

经________批准，我局于____年____月____日____时对涉嫌________罪的________执行逮捕，现羁押在________看守所。

公安局（印）

年　月　日

本通知书已收到。

被逮捕人家属：　　年　月　日　时

如在逮捕后24小时内无法通知的，注明原因：________。

办案人：

年　月　日　时

此联附卷

* * * 公安局

逮捕通知书

×公（ ）捕通字〔 〕 号

________：

经________批准，我局于____年____月____日____时对涉嫌________罪的________执行逮捕，现羁押在________看守所。

公安局（印）

年　月　日

注：看守所地址________

此联交被捕人家属

*　*　*　公安局

起诉意见书

×公(　)诉字〔　〕　号

犯罪嫌疑人×××…… [犯罪嫌疑人姓名(别名、曾用名、绰号等),性别,出生日期,出生地,身份证件种类及号码,民族,文化程度,职业或工作单位及职务,居住地(包括户籍所在地、经常居住地、暂住地),政治面貌,违法犯罪经历以及因本案被采取强制措施的情况(时间、种类及执行场所)。案件有多名犯罪嫌疑人的,应逐一写明。]

辩护律师×××……[如有辩护律师,写明其姓名,所在律师事务所或者法律援助机构名称,律师执业证编号。]

犯罪嫌疑人涉嫌×××(罪名)一案,由×××举报(控告、移送)至我局(写明案由和案件来源,具体为单位或者公民举报、控告、上级交办、有关部门移送或工作中发现等)。简要写明案件侦查过程中的各个法律程序开始的时间,如接受案件、立案的时间。具体写明犯罪嫌疑人归案情况。最后写明犯罪嫌疑人×××涉嫌×××案,现已侦查终结。

经依法侦查查明:……(详细叙述经侦查认定的犯罪事实,包括犯罪时间、地点、经过、手段、目的、动机、危害后果等与定罪有关的事实要素。应当根据具体案件情况,围绕刑法规定的该罪构成要件,进行叙述。)

(对于只有一个犯罪嫌疑人的案件,犯罪嫌疑人实施多次犯罪的犯罪事实应逐一列举;同时触犯数个罪名的犯罪嫌疑人的犯罪事实应该按照主次顺序分别列举;

对于共同犯罪的案件,写明犯罪嫌疑人的共同犯罪事实及各自在共同犯罪中的地位和作用后,按照犯罪嫌疑人的主次顺序,分别叙述各个犯罪嫌疑人的单独犯罪事实。)

认定上述事实的证据如下:

……(分列相关证据,并说明证据与案件事实的关系)

上述犯罪事实清楚,证据确实、充分,足以认定。

犯罪嫌疑人×××……(具体写明是否有累犯、立功、自首、和解等影响量刑的从重、从轻、减轻等犯罪情节)

综上所述，犯罪嫌疑人×××……（根据犯罪构成简要说明罪状），其行为已触犯《中华人民共和国刑法》第××条之规定，涉嫌×××罪。依照《中华人民共和国刑事诉讼法》第一百六十二条之规定，现将此案移送审查起诉。（当事人和解的公诉案件，应当写明双方当事人已自愿达成和解协议以及履行情况，同时可以提出从宽处理的建议）。

此致

×××人民检察院

公安局（印）

年　　月　　日

附：1.本案卷宗　　卷　　页。

2.随案移交物品　　件。

*　*　*　公安局

询问通知书
（存根）

×公(　)询通字〔　〕　号

案件名称＿＿＿＿＿＿
案件编号＿＿＿＿＿＿
证人/被害人＿＿＿＿男/女
出生日期＿＿＿＿＿＿
住　　址＿＿＿＿＿＿
单　　位＿＿＿＿＿＿
应到时间＿＿＿＿＿＿
应到地点＿＿＿＿＿＿
批 准 人＿＿＿＿＿＿
批准时间＿＿＿＿＿＿
办 案 人＿＿＿＿＿＿
办案单位＿＿＿＿＿＿
填发时间＿＿＿＿＿＿
填 发 人＿＿＿＿＿＿

*　*　*　公安局

询问通知书
（副本）

×公(　)询通字〔　〕　号

＿＿＿＿＿＿：

我局正在办理＿＿＿＿＿＿案，为查明案件事实，根据《中华人民共和国刑事诉讼法》第一百二十四条之规定，通知你于＿＿＿年＿月＿日＿时到＿＿＿＿＿＿接受询问。

公安局(印)
年　　月　　日

本通知书已收到。
被询问人：
年　　月　　日

此联附卷

*　*　*　公安局

询问通知书

×公(　)询通字〔　〕　号

＿＿＿＿＿＿：

我局正在办理＿＿＿＿＿＿案，为查明案件事实，根据《中华人民共和国刑事诉讼法》第一百二十四条之规定，通知你于＿＿＿年＿月＿日＿时到＿＿＿＿＿＿接受询问。

公安局(印)
年　　月　　日

此联交被询问人

* * * 公安局

扣押决定书

（存根）

×公（ ）扣字〔 〕 号

案件名称________

案件编号________

犯罪嫌疑人________男/女

出生日期________

被扣押单位________

扣押原因________

批 准 人________

批准时间________

办 案 人________

办案单位________

填发时间________

填 发 人________

* * * 公安局

扣押决定书

（副本）

×公（ ）扣字〔 〕 号

姓名______，性别__，出生日期______，身份证件种类及号码________住址________。

单位名称________法定代表人________，单位地址及联系方式________。

我局在侦查________案件中发现你（单位）持有的下列财物、文件可用以证明犯罪嫌疑人有罪或者无罪，根据《中华人民共和国刑事诉讼法》第一百四十一条之规定，现决定扣押：

编号	名称	数量	特征

持有人： 见证人： 公安局（印）

年 月 日年 月 日 年 月 日

此联附卷

* * * 公安局

扣押决定书

×公（ ）扣字〔 〕 号

姓名______，性别__，出生日期______，身份证件种类及号码________住址________。

单位名称________法定代表人________，单位地址及联系方式________。

我局在侦查________案件中发现你（单位）持有的下列财物、文件可用以证明犯罪嫌疑人有罪或者无罪，根据《中华人民共和国刑事诉讼法》第一百四十一条之规定，现决定扣押：

编号	名称	数量	特征

公安局（印）

年 月 日

此联交持有人

＊ ＊ ＊ 公安局

鉴定聘请书
（存根）

×公（ ）鉴聘字〔 〕 号

案件名称＿＿＿＿＿＿
案件编号＿＿＿＿＿＿
犯罪嫌疑人＿＿＿＿男/女
出生日期＿＿＿＿＿＿
鉴定内容＿＿＿＿＿＿
被聘请人＿＿＿＿＿＿
单位及职务＿＿＿＿＿
鉴定意见＿＿＿＿＿＿
提交时间＿＿＿＿＿＿
批 准 人＿＿＿＿＿＿
批准时间＿＿＿＿＿＿
办 案 人＿＿＿＿＿＿
办案单位＿＿＿＿＿＿
填发时间＿＿＿＿＿＿
填 发 人＿＿＿＿＿＿

＊ ＊ ＊ 公安局

鉴定聘请书

×公（ ）鉴聘字〔 〕 号

＿＿＿＿＿＿：

为了查明＿＿＿＿＿＿案，根据《中华人民共和国刑事诉讼法》第一百四十六条之规定，特聘请你对＿＿＿＿＿＿进行鉴定。请于＿＿年＿＿月＿＿日前将鉴定情况和意见书面送交我局。

公安局（印）
年 月 日

本聘请书已收到。
被聘请人：
年 月 日

此联附卷

＊ ＊ ＊ 公安局

鉴定聘请书

×公（ ）鉴聘字〔 〕 号

＿＿＿＿＿＿：

为了查明＿＿＿＿＿＿案，根据《中华人民共和国刑事诉讼法》第一百四十六条之规定，特聘请你对＿＿＿＿＿＿进行鉴定。请于＿＿年＿＿月＿＿日前将鉴定情况和意见书面送交我局。

公安局（印）
年 月 日

此联交被聘请人

＊　＊　＊　公安局

传讯通知书
（存根）

×公（　）传讯字〔　〕　号

案件名称______

案件编号______

被传讯人______男/女

出生日期______

住　　址______

单位及职业______

强制措施______

指定时间______

指定地点______

批 准 人______

批准时间______

执 行 人______

办案单位______

填发时间______

填 发 人______

＊　＊　＊　公安局

传讯通知书
（副本）

×公（　）传讯字〔　〕　号

______：

根据《中华人民共和国刑事诉讼法》第七十一条/第七十七条第一款第三项之规定，现通知你于____年__月__日__时到______接受讯问。

公安局（印）

年　月　日

本传讯通知书已于____年__月__日__时收到。

被传讯人或其家属：　（捺指印）

被传讯人到达时间____年__月__日__时。

被传讯人：　（捺指印）

文书无法送达被传讯人，或被传讯人未按规定接受传讯的，注明具体情况：______。

办案人：

年　月　日

此联附卷

＊　＊　＊　公安局

传讯通知书

×公（　）传讯字〔　〕　号

______：

根据《中华人民共和国刑事诉讼法》第七十一条/第七十七条第一款第三项之规定，现通知你于______年__月____日____时到______接受讯问。

公安局（印）

年　月　日

此联交被传讯人或其家属

＊　＊　＊　公安局

鉴定意见通知书

（存根）

×公（　）鉴通字〔　〕　号

案件名称＿＿＿＿＿＿＿＿

案件编号＿＿＿＿＿＿＿＿

犯罪嫌疑人＿＿＿＿＿男/女

出生日期＿＿＿＿＿＿＿＿

被 害 人＿＿＿＿＿男/女

出生日期＿＿＿＿＿＿＿＿

鉴定内容＿＿＿＿＿＿＿＿

鉴定结论＿＿＿＿＿＿＿＿

批 准 人＿＿＿＿＿＿＿＿

批准时间＿＿＿＿＿＿＿＿

办 案 人＿＿＿＿＿＿＿＿

办案单位＿＿＿＿＿＿＿＿

填发时间＿＿＿＿＿＿＿＿

填 发 人＿＿＿＿＿＿＿＿

＊　＊　＊　公安局

鉴定意见通知书

（副本）

×公（　）鉴通字〔　〕　号

＿＿＿＿＿＿＿＿：

我局指派/聘请有关人员，对＿＿＿＿＿＿＿＿进行了＿＿＿＿＿＿＿＿鉴定。鉴定意见是＿＿＿＿＿＿＿＿。根据《中华人民共和国刑事诉讼法》第一百四十八条之规定，如果你对该鉴定意见有异议，可以提出补充鉴定或者重新鉴定的申请。

公安局(印)

年　　月　　日

本通知书已收到。　本通知书已收到。

被害人或其家属：　犯罪嫌疑人：（捺指印）

年　月　日　　年　月　日

此联附卷

＊＊＊公安局

鉴定意见通知书

×公（ ）鉴通字〔 〕 号

________：

我局指派/聘请有关人员，对________进行了________鉴定。鉴定意见是________。根据《中华人民共和国刑事诉讼法》第一百四十八条之规定，如果你对该鉴定意见有异议，可以提出补充鉴定或者重新鉴定的申请。

公安局（印）

年 月 日

＊＊＊公安局

鉴定意见通知书

×公（ ）鉴通字〔 〕 号

________：

我局指派/聘请有关人员，对________进行了________鉴定。鉴定意见是________。根据《中华人民共和国刑事诉讼法》第一百四十八条之规定，如果你对该鉴定意见有异议，可以提出补充鉴定或者重新鉴定的申请。

公安局（印）

年 月 日

此联交犯罪嫌疑人

＊＊＊公安局

监督视居住决定书/执行通知书

（存根）

×公（ ）监居字〔 〕 号

案件名称______

案件编号______

被监视居住人______男/女

出生日期______

住 址______

监视居住原因______

监视居住地点______

指定居所______男/女

起算时间______

执行机关______

批 准 人______男/女

批准时间______

出生日期______

办 案 人______

办案单位______

填发时间______

填 发 人______

＊＊＊公安局

监视居住决定书

（副本）

×公（ ）监居字〔 〕 号

犯罪嫌疑人______，性别__，出生日期______，住址______。

我局正在侦查______案，因______，根据《中华人民共和国刑事诉讼法》第__条之规定，决定在______对犯罪嫌疑人监视居住/指定居所监视居住，由______负责执行，监视居住期限从______年____月____日起算。

在监视居住期间，被监视居住人应当遵守下列规定：

一、未经执行机关批准不得离开执行监视居住的处所；

二、未经执行机关批准不得会见他人或者通信；

三、在传讯的时候及时到案；

四、不得以任何形式干扰证人作证；

五、不得毁灭、伪造证据或者串供；

六、将护照等出入境证件、身份证件、驾驶证件交执行机关保存。

如果被监视居住人违反以上规定，情节严重的，可以予以逮捕；需要予以逮捕的，可以先行拘留。

公安局（印）

年 月 日

本决定书已收到。

被监视居住人： （捺指印）

年 月 日

此联附卷

＊　＊　＊　公安局

监视居住决定书

×公（　）监居字〔　〕　号

犯罪嫌疑人______，性别__，出生日期______，住址__________。

我局正在侦查__________案，因______________，根据《中华人民共和国刑事诉讼法》第____条之规定，决定在________对犯罪嫌疑人监视居住/指定居所监视居住，由______负责执行，监视居住期限从______年__月__日起算。

在监视居住期间，被监视居住人应当遵守下列规定：

一、未经执行机关批准不得离开执行监视居住的处所；

二、未经执行机关批准不得会见他人或者通信；

三、在传讯的时候及时到案；

四、不得以任何形式干扰证人作证；

五、不得毁灭、伪造证据或者串供；

六、将护照等出入境证件、身份证件、驾驶证件交执行机关保存。

如果被监视居住人违反以上规定，情节严重的，可以予以逮捕；需要予以逮捕的，可以先行拘留。

公安局（印）

年　　月　　日

＊　＊　＊　公安局

监视居住执行通知书

×公（　）监居字〔　〕　号

__________：

因______________，我局决定在______________对涉嫌__________罪的犯罪嫌疑人________（性别__，出生日期______，住址__________）监视居住/指定居所监视居住，交由你单位执行，监视居住期限从______年__月__日起算。

在监视居住期间，执行机关监督被监视居住人遵守下列规定：

一、未经执行机关批准不得离开执行监视居住的处所；

二、未经执行机关批准不得会见他人或者通信；

三、在传讯的时候及时到案；

四、不得以任何形式干扰证人作证；

五、不得毁灭、伪造证据或者串供；

六、将护照等出入境证件、身份证件、驾驶证件交执行机关保存。

如果被监视居住人违反以上规定，情节严重的，可以予以逮捕；需要予以逮捕的，可以先行拘留。

属于律师会见需经许可的案件：是/否

公安局（印）

年　　月　　日

此联交执行机关